2012年
嘉兴经济社会发展蓝皮书

BLUE BOOK
OF JIAXING ECONOMIC
AND SOCIAL DEVELOPMENT
(2012)

陈新友 主编
徐连林 余 剑 副主编

ZHEJIANG UNIVERSITY PRESS
浙江大学出版社

前　言

在各方的大力支持关心下，嘉兴市首部蓝皮书——《2012年嘉兴经济社会发展蓝皮书》与大家见面了。

《2012年嘉兴经济社会发展蓝皮书》是中共嘉兴市委党校围绕中心，服务大局，充分发挥资政服务作用，组织党校骨干教师，整合各方力量，编撰的一部力求系统总结2011年嘉兴改革发展成就和经验，科学预测2012年及今后一个时期嘉兴经济社会发展趋势和走向的著作。

2011年，面对错综复杂的国内外形势我市积极应对困难挑战，加强结构调整步伐，全面启动服务业、战略性新兴产业、大企业“三大倍增计划”；稳步推进区域城乡统筹发展，大力实施“与沪杭同城”战略，扎实开展“两分两换”和“两新工程”建设；狠抓节能减排和环境保护，全面加强和创新社会管理，确保“十二五”规划开局之年在科学发展、转型发展的道路上迈出坚定步伐。

当前，我们面对更加复杂多变的外部环境和更加凸显的资源要素制约，需要始终突出发展转型、发展惠民和发展保障，需要紧紧围绕创业创新城、人文生态城、和谐幸福城建设，加快推进经济转型升级，加快提高城市功能品位，加快提升基本公共服务均等化水平，稳中求进、稳中求好，确保2012年经济平衡较快发展和社会和谐稳定。

一个社会的存续和发展，有其特定的政治和经济社会态势，而解决问题的途径和方法，则将在我们的思考和研究中迸发出来。秉承这一思想，《2012年嘉兴经济社会发展蓝皮书》不是简单地对发展情况进行解读，也不是一般性地对统计数据进行发布，而是进行了深入分析、理性思考和系统研判,尤其是在梳理现象中查找问题症结,在总结经验中摸索内在规律,在提炼概括中探寻方法路径,力求全面客观地反映嘉兴总体经济发展的实际,供关心和研究城市经济发展的有关方面参考。

编　者

2012年4月

目　　录

经 济 篇

社 会 篇

政 治 篇

文 化 篇

2011年嘉兴经济社会发展总报告

□ 课题组

2011年，嘉兴坚持以科学发展为主题，按照市委、市政府"保持平稳增长、突出转型升级、深化统筹协调、坚持务实为民"的工作目标，积极应对国内外复杂的经济发展环境，采取切实有力措施，着力实施"三大倍增"计划，经济社会运行态势总体良好，转型发展取得新成效。在全局形势总体良好的同时，也存在着许多值得重视的问题。

一、2011年嘉兴经济社会发展状况

2011年，全市经济社会运行总体良好，经济继续保持平稳较快增长，各项主要经济指标均实现两位数增长，全市生产总值2668.06亿元，增长10.6%，增幅比2010年度回落3.1个百分点，但分别高出全国、全省1.4个百分点和1.6个百分点。社会建设继续呈现良好的态势，民生社会事业获得全面发展。

(一)影响经济增长的投资、消费和出口三个要素中，固定资产投资增速趋缓，消费品市场稳步增长，外资外贸较快增长

固定资产投资额(即原限额以上投资)1502.5亿元，同比增长12.8%，其中投资项目(单位)投资1117.72亿元，增长5.3%，增速同比分别下降8.5个和11.4个百分点。房地产开发投资额384.8亿元，增长42.3%，增速同比回落2.3个百分点。全市商品房销售面积390.74万平方米，同比下降34.5%。工业生产性投资665.7亿元，增长9%，增速同比回落5.4个百分点。全市基础设施投资281.85亿元，下降14.8 %，增速同比回落27.2个百分点。

社会消费品零售总额948.57亿元，比上年增长18.7%，增速回落0.2个百分点；扣除价格影响，实际增长13.0%，增速回落1.3个百分点。建党90周年

节庆拉动效应明显，消费品市场呈逐季增长态势。1—4季度全市零售总额分别增长16.3%、16.7%、21.5%和19.9%。城乡市场分别增长18.9%和17.1%。批发和零售业占主导，住宿餐饮业发展快，批零业和住餐业分别增长18.5%和19.8%。

新批外商投资项目260个，同比减少40个；合同利用外资31.13亿美元，同比下降2.9%；实际利用外资17.21亿美元，同比增长6.9%，增幅比上年回落13.7个百分点。全市进出口总额284.84亿美元，同比增长24.8%，增幅比上年回落7.8个百分点，其中进口92.13亿美元，同比增长35.8%；出口192.72亿美元，同比增长20.1%，进口、出口增幅比上年分别回落3.5个和9.9个百分点。

（二）在三次产业结构上，农业形势总体平稳，工业生产增速趋缓，服务业发展贡献度提高，表现出良好的发展态势

在国家鼓励粮食生产政策和市场机制共同作用下，全市粮食生产形势保持平稳增长态势。全市第一产业增加值146.09亿元，增长3.1%。全市全年农作物播种面积510.4万亩，同比基本持平，其中全年粮食面积304.5万亩，增长1.5%，总产量135.4万吨，增长0.7%。经济作物结构继续调整。畜牧业生产形势良好。12月末，全市生猪季末存栏294.7万头，同比下降0.9%；生猪出栏483.1万头，同比增长0.7%。蚕茧总产量2.7万吨，同比增长1.7%。水产养殖结构不断优化。

受生产要素和市场约束进一步加大影响，全市第二产业增加值1536.18亿元，增长10.5%，工业增加值1377.07亿元，增长12.1%，第二产业增加值对GDP增长的贡献率57.5%，贡献率同比回落8.4个百分点，拉动经济增长6.1个百分点。其中工业经济对GDP增长的贡献率59.1%，贡献率同比回落3.3个百分点，拉动经济增长6.3个百分点。全市规模以上工业企业总产值5677.00亿元，现价同比增长25.6%，增速分别比一季度、上半年、前三季度回落7.8、4.4和1.6个百分点，但仍高于全省平均4.2个百分点，居全省第4位。化纤、化学原料、纺织三大行业工业总产值分别增长42.5%、37.4%和18.2%，三大行业对全市工业经济增速贡献率36.1%。

全市第三产业增加值985.79亿元，增长12%，服务业增加值对GDP增长的贡献率40.9%，贡献率同比提高8.1个百分点，拉动GDP增长4.3个百分点。建党90周年节庆拉动效应明显。全市批零贸易业、住宿餐饮业、信息传输计算机及商务等营利行业增加值增长加快，分别增长22.3%、19.2%和22.9%，增速分别高出服务业平均增速10.3个、7.2个和10.9个百分点。受国

家宏观调控政策影响，全市房地产业、金融业增加值增速明显回落，分别增长－9.2%和6%，增速同比分别回落10.3个和8.2个百分点。现代物流业势头良好，全年交通运输、仓储和邮政业增加值增长10.5%，嘉兴港货物吞吐量5258万吨、集装箱51.5万标箱，同比分别增长18.7%和47.1%。

（三）在经济运行质量上，财政收入增长较快，工业经济效益良好，呈现运行质量继续改善的状况

财政一般预算收入416亿元，同比增长24.4%，增速同比提高4.7个百分点。其中地方财政收入226.4亿元，增长28%，增速同比提高3.2个百分点。地方财政收入中增值税、营业税、企业所得税同比分别增长12.1%、9.5%和39.3%。财政一般预算支出240.61亿元，增长20.9%，增速同比回落2.7个百分点。

规模以上工业企业主营业务收入、利税、利润分别为5368.25亿元、458.21亿元和294.72亿元，同比分别增长21.8%、7.8%和－0.4%。规模以上轻、重工业利税总额分别增长8.1%和7.6%。其中制造业主营业务收入、利税和利润分别增长22.3%、7.0%和－2.3%。五成行业盈利增长。其中建材、电力、通信设备实现利润总量大、增长快，利润总额分别增长32.5%、11.6%和23.4%。

（四）在经济转型发展上，创新驱动有新进展、结构调整有新变化、节能降耗有新成效

创新驱动有新进展。2011年，面对资源要素制约的新形势，全市大力实施“三大倍增计划”，积极鼓励和引导优势企业通过强强联合、兼并重组等做大做强，加快“退低进高”，大力发展战略性新兴产业和高新技术产业，加快传统产业改造提升，进一步提升产业层次，战略性新兴产业发展较快。全市战略性新兴产业总产值1611.21亿元，增长37%，快于全市规模以上工业增速11.4个百分点。其中新材料1125.14亿元，增长41.2%；节能环保产业90.47亿元，增长29.4%；物联网及相关产业30.95亿元，增长53.0%；生物产业15.84亿元，增长54.0%；新能源产业334.89亿元，增长25.2%；核电关联产业13.91亿元，增长20.2%。全市财政用于科技方面支出9.48亿元，增长25.7%，高出财政支出平均增速4.8个百分点。产品升级换代取得积极成效，全市规模以上工业新产品产值1769.14亿元，增长40.3%，高出平均增速14.7个百分点。全市规模以上高新技术产业和装备制造业产值分别为1059.41亿元和1192.52亿元，分别增长32.4%和25.9%，占总产值比重分别为18.7%和21%，其中高新技术产业比重同比提高1个百分点。

结构调整有新变化。2011年，全市第一、二、三产业结构由上年同期的5.5∶58.3∶36.2调整为5.5∶57.6∶36.9，服务业比重提高0.7个百分点。全市规模以上轻重工业结构由上年同期的52.2∶47.8调整为49.8∶50.2，重工业比重提高2.4个百分点。全市服务业投资712.09亿元，增长18.6%，增速高出工业投资10个百分点，其中生产性服务业投资189.18亿元，增长11.3%，增速高出制造业投资0.7个百分点。全市服务业投资比重47.4%，比上年提高2.8个百分点。全市利用外资结构调整优化。全市第一、二、三产业实际利用外资比重结构由上年的1.3∶81.9∶16.8调整为1.4∶65.9∶32.6，服务业比重同比提高15.8个百分点。

节能降耗有新成效。初步测算，全市规模以上工业企业综合能源消费1116.8万吨标准煤，比上年增长7.6%，增速比前三季度回落1.8个百分点，低于上年增速1.8个百分点。万元工业增加值能耗下降6.5%，降幅高于前三季度1.3个百分点，但低于上年4.3个百分点。全市八大高耗能行业增速前高后低，全年综合能源消费量868.6万吨标准煤，增长8.0%，占规模以上工业能源消费量的77.8%，比重低于上年0.3个百分点。分季度累计能耗增速分别为10.8%、11.2%、9.9%和8.0%。

(五)在民生保障上，城乡统筹发展有新面貌，民生改善有新亮点，全市农民收入水平已连续八年位居全省第一

统筹发展有新面貌。全市城乡统筹发展不断深化，近几年，市委、市政府创新城乡发展机制，将统筹城乡综合配套改革作为嘉兴经济社会转型升级的突破口，努力缓解城市空间、生态环境等发展瓶颈，促进城乡统筹发展。深入推进以"十改联动"为主要内容的统筹城乡综合配套改革，创新探索农村土地流转经营权抵押贷款、组建农村劳务合作社、农村集体资产产权交易等配套改革，全市"两新"工程扎实推进，新市镇建设不断加快。自2008年至2011年底，全市15个"两分两换"试点镇(街道)累计已集聚农户3.19万户，其中当年7980户，累计入住1.9万户；累计流转承包地面积14.39万亩，其中当年流转面积3.49万亩；已签约农业项目109个，当年签约项目61个。全市区域经济协调发展，各地经济均保持了平稳较快发展。嘉善、海宁、平湖和桐乡经济增速高于全市平均水平，南湖区、秀洲区和海盐低于全市平均水平。与前三季度相比，嘉善增速提升0.1个百分点，平湖增速持平，其他地区增速均有不同程度回落。

民生改善有新亮点。2011年，城乡居民收入继续提高。全市城镇居民人均可支配收入31520元，名义增长14.7%，实际增长8.7%，其中工资性收入、经营性收入、财产性收入和转移性收入分别占家庭人均总收入比重为64.6%、

11.5%、3.1%和20.8%；全市农村居民人均纯收入16707元，名义增长16.3%，实际增长10.2%。其中工资性收入、经营性收入、财产性收入和转移性收入分别占家庭人均总收入比重63.8%、30.5%、2.5%和3.3%。全市城乡居民人均收入比由上年的1.91∶1缩小到1.89∶1；全市农民收入水平已连续八年居全省第一。城乡居民人均消费性支出分别为19535元和10614元，名义增长分别为18%和14.5%，实际增长分别为11.8%和8.5%。政府民生支出继续增加。全市财政用于民生支出174.91元，增长22.6%，民生支出占财政支出的比重由上年同期的71.7%提高到72.7%。社会保障、劳动就业工作继续加强。2011年底，全市养老保险、基本医疗、失业、工伤、生育保险参保人数分别达141.99、146.1、86.32、132.9和107.21万人。全市共有211.22万城乡居民参加合作医疗保险，其中参保农民数为154.9万人，参保率达98.6%，城镇居民参保数达56.32万人，参保率达97.5%，基本建立了覆盖全社会的社会保障体系。新型社会救助体系日趋完善。全市农村"五保"对象和城镇"三无"人员集中供养率均达到100%。城乡享受最低生活保障户数1.79万户、保障人数3.38万人，同比分别下降2.7%和2.9%。

(六)在社会事业发展上，教育、文化、卫生、体育事业全面进步，人民生活更加殷实

教育现代化成效显著。基础教育优质均衡发展，职业教育与普通教育协调推进，高等教育实现新跨越。全市学前幼儿入园率达98.2%，进入等级幼儿园儿童比例达88.8%。十五年教育普及率达到99.5%。2011年全市高等教育毛入学率达到48%，比2006年提高11.5个百分点，年末全市拥有普通高校6所，高校在校生5.68万人。全市外来民工子女学校38所，在校生3.67万人。年末全市拥有各类民办学校30所，在校生6.68万人。

文化事业繁荣发展。全市相继出台了推动文化大发展大繁荣实施意见和政策措施。覆盖城乡的公共文化服务体系不断完善，建成七一广场、南湖革命纪念馆新馆、公共图书馆乡镇分馆，村级文化中心实现全覆盖，嘉兴市被文化部命名为"全国文化信息资源共享工程示范市"。群众性文化节庆活动丰富多彩，连续三年举办中国嘉兴端午民俗文化节。新闻广播事业快速发展。电视人口综合覆盖率达到100%。开展国家历史文化名城创建工作。

卫生体育事业不断发展。全市公共卫生体系和基本医疗服务体系不断健全，五年累计建成省级规范化城乡社区卫生服务中心69个，市第一医院新址全面落成。全市每千户籍人口拥有医生数由2006年的1.9人增加到2010年的2.3人。农村卫生条件全面改观。妇幼保健水平进一步提高。人口平均预期寿

命由2006年的77.3岁延长到2010年的79.3岁。体育事业蓬勃发展。

二、2011年嘉兴经济社会发展值得关注的现象

2011年,全市扎实推进经济发展方式转变,经济运行开局总体良好,但全市经济社会发展依然面临诸多不确定因素。突出表现在国家宏观调控力度持续趋紧,特别是金融货币政策趋紧对经济社会发展的影响将逐渐显现;外贸出口形势仍不容乐观;各项要素制约有所显现;企业生产经营提效、产业转型升级、区域竞争和统筹城乡、社会建设等仍面临较大压力。

(一)外需拉力逐季减弱,外贸出口增速居全省中下水平,出口总额增长20.1%,居全省第8位

2011年,受世界经济复苏缓慢、全球贸易保护主义抬头、人民币升值加速、原材料价格波动等诸多困难,特别是受美债信用评级下调、欧债危机升级以及全球经济下滑风险加大等不利因素影响,全市外贸出口困难重重。全市规模以上工业企业出口交货值1279.02亿元,同比增长17.2%,增速比一季度、上半年、前三季度回落1.8、3.3、0.8个百分点。出口依存度相对较高的服装、皮革、家具等行业出口增长缓慢。全年服装、皮革、家具三大行业出口交货值分别为165.18亿元、118.13亿元、71.06亿元,同比分别增长15.2%、4.1%、1.7%,增速分别低于全市平均2、13.1、15.5个百分点;出口依存度分别为56.3%、35.6%、75.7%,同比分别下降0.4、6.8、4.5个百分点。四季度全市工业企业产品订货景气指数103.64,比上季下降7.5点,其中产品出口订货景气指数95.27,预计下季出口订货景气指数90.97,下滑4.3点。与省内其他市相比,我市外贸出口增速居中下水平,全市出口总额增长20.1%,居全省第8位。

(二)投资增速回落明显,固定资产投资1502.48亿元,增长12.8%,增速比上年回落10.3个百分点,投资总量列全省第4,增速居全省第11位

2011年,在国家宏观调控政策的背景下,全市固定资产投资增幅持续回落。全市固定资产投资1502.48亿元,增长12.8%,增速比上年回落10.3个百分点。嘉兴投资总量列全省第4,增速居全省第11位。主要因素:一是受去年投资增速“前低后高”基数影响。二是新开工项目投资增幅回落较大。全市新开工项目个数2356个,增长4.7%,增幅比上年回落4.3个百分点;新开工项目计划投资总额1644.38亿元,增长23.6%,增幅比上年回落2.7个百分点。三是基础设施投资下降,大部分项目投资高峰已过。全市700多个基础设施项目中

有七成以上已完成计划总投资的一半,其中亿元以上项目超过一半投资已过半。全市基础设施投资同比下降14.8%,比上年回落27.2个百分点。四是各类经济类型、行业间投资反差较大,全市国有控股投资增长3.7%,低于民间投资14.5个百分点;全市工业投资和制造业投资增速分别为8.6%和10.6%,分别低于房地产投资增速33.7个百分点和31.7个百分点。五是受宏观调控政策下融资难和工业企业效益下降的双重影响。五是各县(市、区)投资不平衡。南湖区、秀洲区、海盐投资增速分别为5.3%、5.3%、3.4%,明显低于全市平均水平;而嘉善、平湖、海宁、桐乡等投资增速相对较高。

(三)价格水平仍应关注,市区居民消费价格同比上涨5.5%,涨幅均高于全国和全省0.1个百分点,但低于台州、温州、舟山、金华、衢州,居全省第6位

2011年,在资源性产品价格持续上涨、国际国内主要农产品价格连创新高、劳动力成本不断上扬等因素共同推动下,市区居民消费价格水平持续高位运行。市区居民消费价格同比上涨5.5%,涨幅均高于全国和全省0.1个百分点。八大类全面上涨,其中食品价格上涨10.9%,16个食品种类全部上涨,尤其是猪肉价格同比涨幅从1月份的8.0%,一路飙升至6月份的51.9%,引起社会广泛关注。服务项目价格同比上涨5.1%,工业品价格上涨1.9%。从季度看,四个季度的同比涨幅分别为4.5%、5.1%、6.6%、5.6%,均远超2010年4%的平均涨幅。从月度看,前5个月,CPI涨幅基本平稳,同比涨幅维持在4.5%左右,但进入6月后涨幅迭创新高,9月更是达到6.8%,创下39个月以来的新高,四季度以后高位回落趋稳。与省内其他市相比,市区居民消费价格涨幅低于台州、温州、舟山、金华、衢州,居全省第6位。

(四)企业生产经营压力大,劳动密集型行业技能型岗位用工缺口、电力供求矛盾、大宗商品价格不断上涨、货币政策趋紧等因素,使中小企业生产形势不够景气

2011年,国内财政政策拉动效应减退、货币政策趋紧、通货膨胀预期上升、用工结构性矛盾等因素影响企业生产经营和效益。一是用工压力。结构性用工矛盾依然存在。用工缺口较大的主要分布在服装、纺织、电子、食品、化纤等几个重点劳动密集型行业,以技能型岗位缺口为主,其中操作工等缺口较大。四季度劳动力需求景气指数105.9,比上季和去年同期分别下降12.6点和12.8点。二是用电压力。受省外购电减少影响,全年全市启动多次有序用电方案,特别是7月、8月和9月电力供求矛盾相对较为突出。全市全社会用电量同比增长12.9%,其中工业用电增长12.6%,工业用电量增速比上年回落3个百分点。三是成本压力。受国际、国内市场大宗商品价格不断上涨等因素的影响,全市工业生产者价格涨幅“高进低出”。全市工业生产者出厂价格同比上涨3.9%,生产者购进价格上涨6.3%。工业生产者价格涨幅“高进低出”差距为2.4个百分点。全年全市规模以上企业亏损面12.3%,比上年提高4.0个百分点,其中制造业亏损面12.2%,比上年提高4个百分点。中小企业生产形势仍不够景气。全市工业中总产值规模100万元以下的企业总产值下降99.9%;100万～500万元的企业总产值下降90.4%;500万～1000万元的企业总产值下降71.6%,增速分别低于规上企业平均增速125.5、116和97.2个百分点。四是融资压力。2011年,央行7次上调准备金率,3次加息,实行差别准备金率政策,加强对金融机构调控管理。全市各类金融机构加强贷款投放限额管理,信贷规模同比减少。12月末,全市人民币存、贷款余额分别为4075.18亿元和3038.69亿元,同比增长15.6%和16.2%,增幅同比回落8个百分点和4.3个百分点。其中城乡居民储蓄余额1870.56亿元,同比增长15.4%,增幅同比回落2.4个百分点。全年金融机构人民币新增贷款356.3亿元,同比少增89亿元。特别是小微企业融资困难多。据四季度全市1915家小微企业问卷调查结果,有6.0%的企业认为资金很紧张(缺口20%以上),28.9%的企业认为资金紧张(缺口1%～20%)。

(五)统筹城乡发展难度加大,城镇化水平已达54.4%,可提升空间收窄

由于受国家对土地控制加大和银根收紧等影响,2011年嘉兴新启动安置房建设进展明显放缓。前三季度,全市共启动安置房建设16743户(比上期增长3960户),仅完成年度目标任务(3万户)的55.8%,其中,南湖区完成55.63%,秀洲区完成34.38%,嘉善县完成55.49%,平湖市完成65.10%,海盐县完成56.24%,海宁市完成46.88%,桐乡市完成64.72%。同时,受统筹城乡累积效应影响(嘉兴市城镇化水平从2006年的48.1%提高到2011年的54.4%,提高了6.3个百分点),全市在社会保障、就业民生、公共服务等方面仍然有较多的后续投入需求,各类资源存在缺口。而城乡统筹发展工作将直接影响公共资源均等化配置、社会管理成效等社会建设的发展。

三、2012年嘉兴经济社会发展展望和建议

2011年,随着刺激政策的逐步退出和宏观环境的逐步收紧,国内经济增长由政策刺激向自主增长有序转变,物价虽基本得到控制但仍较快上涨,经济增

长呈平稳减速态势。2012年全市经济社会发展仍面临复杂多变的国内外经济社会环境。

(一)2012年嘉兴经济社会发展展望

1. 从全球看,2012年世界经济形势总体上仍将十分严峻复杂,世界经济复苏的不稳定性不确定性增多

国际货币基金组织认为世界经济还处在新的危险阶段,并将今明两年的经济增长预期均下调到4%。联合国经济和社会事务部发布的《2012年世界经济形势与展望报告》称,按照悲观方案预测,发达国家有可能再次出现衰退,即二次探底。从几大经济体看,发达国家内生动力不足,债务负担沉重,导致进一步实施财政刺激的空间不大,只能依赖宽松的货币政策。新兴经济体依然面临比较高的通胀压力,货币政策仍偏于紧缩,同时,发达国家会继续加大对新兴经济体货币升值的干预力度。为挽救经济和债务危机,欧洲央行将欧元区基准利率下调0.25个基点,美国维持0到0.25%的联邦基准利率至2013年,并可能通过额外的量化宽松提高流动性,将可能带来新一轮的全球性通货膨胀。从投资者信心看,全球金融市场剧烈波动,黄金、原油等大宗商品价格在新的平台高位震荡,投资者信心遭受重击。全球经济放缓预期增强增加了我国经济外部发展环境的不稳定性,一些新兴经济体为保护本国工业,也加入欧美等国行列,对我国进口产品实施贸易保护限制,贸易摩擦加剧,对外贸易形势仍然严峻。世界银行1月18日发布的最新《2012年全球经济展望》称,鉴于欧元区债务问题和几个大的新兴经济体增长趋弱导致全球增长前景黯淡,发展中国家应准备好应对下行风险。其中世行对全球的增长率预测现为2012年2.5%,2013年3.1%。

2. 从全国看,工业经济总体增速趋缓势头仍在延续,但中央宏观政策突出稳中求进的总基调,为嘉兴经济平稳发展和结构调整创造了有利条件

中央经济工作会议指出,当前我国经济发展中不平衡、不协调、不可持续的矛盾和问题仍很突出,经济增长下行压力和物价上涨压力并存,部分企业生产经营困难,节能减排形势严峻,经济金融等领域也存在一些不容忽视的潜在风险。2011年11月中国制造业采购经理指数(PMI)为49.0%,比上月下降1.4个百分点,这是该指数自2009年3月份以来首次降至临界点——50%以下,并低于历史同期均值2.9个百分点。12月PMI回升至50.3%,仍处较低水平。这表明制造业国内外市场需求趋缓,企业生产动力不足,工业经济总体增速趋缓势头仍在延续。会议强调2012年要突出把握好稳中求进的工作总基调。国家将继续实施积极的财政政策和稳健的货币政策,保持宏观经济政策的连续性

和稳定性，增强调控的针对性、灵活性、前瞻性，继续处理好保持经济平稳较快发展、调整经济结构、管理通胀预期的关系，加快推进经济发展方式转变和经济结构调整，保持经济平稳较快发展和物价总水平基本稳定，保持社会和谐稳定，这将为我市经济平稳发展和结构调整创造有利条件。

3. 从嘉兴看，世界经济复苏进程减缓和国家宏观调控力度加大因素叠加对经济发展的累积效应正在加大，产业转型升级、区域竞争和社会建设等仍面临较大压力

嘉兴中小企业比重大，资源要素制约严重，金融货币政策趋紧对经济发展的影响不断显现；投资增速回落明显；外贸出口形势仍不容乐观；企业生产经营提效、产业转型升级和区域竞争等仍面临较大压力。据对全市351家企业景气监测调查显示，四季度反映企业决策者对当前宏观经济判断的企业家信心指数为99.3，比上季下降13.3点，同比下降29.9点，企业家信心指数跌至2009年以来最低；综合反映企业生产经营状况的企业景气指数为124.3，比上季下降2.7点，同比下降22.5点。预计下季企业家信心指数98.5，比本季下降0.8点，企业景气指数113.9，比本季下降10.4点。

同时，受财力、用地指标等客观因素制约，以及老龄化、市民化等人口结构变动影响，嘉兴市社会建设将面临更多挑战。统筹城乡一体化发展瓶颈问题突出；公共资源均等化需要作出新调整和新突破；社会凝聚力建设将面对新的不确定性因素。

(二)2012年嘉兴经济社会发展建议

2012年是党的十八大召开的重要之年。嘉兴经济发展中既有机遇也有挑战。根据中央经济工作会议提出的“稳中求进”的总基调，一要坚定贯彻执行中央宏观调控政策，创造性开展工作，切实解决发展中遇到的突出矛盾和问题，努力保持经济平稳较快发展，保持物价总水平基本稳定，保持社会和谐稳定。二要抢抓机遇、克难攻坚，力争在经济转型升级上实现新突破，在深化改革开放上迈出新步伐，在保障和改善民生上取得新成效，进一步巩固全市经济健康平稳增长的良好态势。具体建议：

1. 优化资源配置，缓解要素瓶颈约束

继续坚持民资、外资、国资“三资”并举，继续优化投资结构，以增量促转型。要高度重视实体经济发展，完善有利于实体经济发展的政策措施，促进资源要素更多地向实体经济领域集聚，切实帮助企业解决面临的融资难、用电难、用工难等要素制约问题，充分发挥市场配置资源的基础性作用。一是优化投资结构。要充分发挥政府调控职能和政策导向，重点推进全市产业集聚平台、新兴

产业、临港产业、传统产业提升等方面项目建设力度，大力发展民间投资，完善项目推进机制。优化政府投资项目，加快建设一批重大基础设施、社会事业和民生保障等项目，带动全社会投资和扩大内需。优化招商选资结构，在继续抓好先进制造业、现代农业引资的同时，加大现代服务业领域的引资力度，提高引资质量。二是优化土地利用效率。探索构建节约集约用地的激励和约束机制及政策保障体系，建立新项目评价体系，优先保障优质项目和民生工程用地需求。开展建设用地"二次开发"试点，提高存量土地配置效率。探索建立土地退出补偿机制，盘活批而未供、供而未用、供而未尽土地，进一步优化配置土地资源，提高土地利用效率。三是优化融资结构。利用货币政策微调的有利时机，拓宽中小企业资金融通渠道。继续推进国有投资公司和大型民营企业发行企业债券。继续扩大直接融资规模，优先推动一批企业上市融资。利用建设南湖区金融创新示范区的契机，探索资金流向监管的有效途径，确保银行信贷资金等主要用于实体经济。四是优化用能结构。大力发展低碳经济，加大节能降耗力度。大力倡导低碳生活方式，达成全民共识，以节约能源资源和保护生态环境，促进资源节约型和环境友好型社会建设。进一步淘汰落后产能，继续推进重点行业和企业节能减排。加强固定资产项目能评审查和竣工投产后的能耗评价，有效控制新增用能。探索建立用能动态平衡机制，优质企业优先供电。继续推动循环经济发展，全面实施主要污染物排污权交易，实行排污许可证制度，推行环境资源有偿使用。

2. 优化经济结构，推进经济转型发展

着力优化需求结构，加快形成"三大需求"协调拉动经济增长的格局。着力提高经济增长的质量和效益，增强发展的稳定性、协调性和可持续性。一是加快推进经济结构调整。全市要继续认真落实"三大倍增"计划，继续高度重视现代服务业和战略性新兴产业发展，重点扶持发展现代物流、商务服务、服务外包和文化创意、旅游休闲、现代商贸等服务业行业。重点培育新兴产业中技术含量高、能源消耗少、环境污染低的企业和环节。实施大企业"创优引领"计划，积极培育块状经济和行业中的龙头企业和骨干企业，鼓励具有独立法人的企业和机构落户我市。扎实推进"退低进高"、"退二进三"，大力发展战略性新兴产业和高新技术产业，改变嘉兴产业层次低、服务业比重偏低、企业规模小的状况，在结构调整中促进经济平稳较快增长。着力构建以服务业为主的现代产业体系，促进经济增长由主要依靠第二产业向依靠第一、二、三产业协同带动转变。二是加快科技创新平台建设。全市要以全国科技进步示范市和首批国家创新型试点城市为契机，继续加强科技创新平台建设，扎实推进全省区域创新体系副中心建设，着力推进自主创新，提升科技综合实力和区域创新能力，为经济转型升级提供强劲技术支撑。三是加快重大产业集聚区建设。重点推进嘉兴现代服务业集聚区，以及临杭和临沪新区、滨海新区等产业集聚新平台建设。要紧紧抓住浙江海洋经济发展示范区建设上升为国家战略的重大契机，从全局和战略高度重视发展海洋经济，实现海陆资源互补、海陆产业互动，提高嘉兴海洋经济发展质量和效益，为全市经济持续增长拓展空间、培育新增长点。

3. 加快统筹发展，创新社会管理模式

继续着力推进区域城乡统筹发展。积极推进统筹城乡综合配套改革，加快建设现代化网络型大城市。一是提升中心城市功能品位。加快国际商务区、湘家荡、南湖湖滨等重点区域开发建设，整体布局城市综合体，统筹推进南湖新区、秀洲新区、经济开发区发展，提升中心城市集聚辐射。二是加快新市镇建设步伐。实施小城市梯度发展策略，进一步加大省级小城市试点的培育力度，形成以县城为核心，小城市为重要结点，特色镇为终端的梯度发展格局。深入实施“百千”工程。改善农村人居和生态环境，加快建设全面小康农村新社区。深化公共服务均等化改革，完善新型户籍管理制度，健全农村公共服务体系。三是创新社会管理模式。当前，全市新社会阶层加快形成，越来越多的“单位人”变成“社会人”，私营业主、个体工商户、各类企业技术人员和管理人员等一批新的社会阶层迅速形成。新居民数量增长仍然迅速，成为社会管理不可忽视的新群体。要围绕加强和创新社会管理问题，继续深入推进“法治嘉兴”、“平安嘉兴”建设，深化“法治政府”、“责任政府”、“有限政府”建设，不断扩大公民有序政治参与，通过建立和畅通人民群众利益诉求表达和社会矛盾调处机制，积极探索群众信访代理制，保持全市社会和谐稳定，为全市经济持续平稳健康发展提供有力保障。

4. 坚持以人为本，保持社会和谐稳定

把保障和改善民生作为一切工作的出发点和落脚点，积极而为，量力而行，进一步完善促进增收、扩大就业、加强社保等政策措施，推进基本公共服务均等化，努力在和谐中凝聚力量，在和谐中推进发展。要在经济发展的基础上，统筹兼顾各方利益，让发展改革的成果惠及全体人民，要进一步加大力度改善民生，以提高居民收入水平和扩大最终消费需求为重点，提高居民收入在国民收入中的比重。要提高城乡居民，特别是农村居民医疗、教育、社会保障水平，努力解决居民的后顾之忧。着力促进就业创业。要加大重点人群就业帮扶力度，全面实施“五大创业行动计划”，完善以创业促进就业的长效机制，积极构建和谐劳动关系。继续完善增收机制。深化收入分配制度改革，努力实现城乡居民收入与经济同步增长。2011 年，全市市场物价高位运行对低收入家庭带来了较大的压力，并影响低收入居民生活水平。要继续关注低收入群体生活。在生产领域继续落实“米袋子”、“菜篮子”工程，增加农副产品市场供应；在流通领域加强市场综合治理，稳定市场物价；在分配领域继续完善社会救济和价格补贴制度，加大转移支付力度。构建全民社保体系。进一步完善统筹城乡的社会保障制度，实行各类养老制度之间、医疗制度之间相互衔接转换，并逐步推动实现常住人口的基本全覆盖。总之，要扎实解决涉及群众利益的难点热点问题，把改善民生作为保增长促发展的出发点和落脚点，全力确保就业稳定，继续完善社会保障体系，加快社会事业发展，切实维护社会稳定。

经济篇

JINGJIPIAN

嘉兴战略性新兴产业发展现状与对策研究

□ 郑国政

战略性新兴产业是内含当代科技发展前沿成果、引导产业结构优化升级、提升国民经济素质和竞争力的先导产业，即以重大技术突破和重大发展需求为基础，对经济社会全局和长远发展具有重大引领带动作用，知识技术密集、物质资源消耗少、环境影响小、成长潜力大、综合效益好的产业。在世界经济发展模式与格局发生深刻变化，各国与地区纷纷对产业结构进行战略性调整的关键时期，发展具有一定产业基础和技术优势的战略性新兴产业，培育具有战略意义的全新经济形态的产业群，对于嘉兴调整工业结构、转变经济发展方式和培育新的经济增长点具有十分重要的意义。

一、战略性新兴产业决定嘉兴的发展与未来

（一）抢占产业高地，以科技创新提升区域竞争力

西方国家工业化与现代化的实践表明，人类社会所经历的三次科技革命，都诞生了相对应的战略性新兴产业。战略性新兴产业代表着技术创新和产业的发展方向，能够在未来成为主导性与支柱性的产业，有良好的技术性和经济性。“从历次大的经济周期（危机）看，都是以基本资源和能源改变、若干标志性新兴产业兴起为核心特征，最终引发全球各国资本、人力资本大的流动，形成新的产业结构和增长模式。所以，国际金融危机后新兴产业已经成为各国走向经济复兴的选择和重点，必然将改变世界经济增长的轨迹和旧有格局。”[①]身处后危机时代，加快发展战略性新兴产业，抢占新一轮经济与科技的制高点，对改变

---

① 肖兴志：《中国战略性新兴产业发展研究》，科学出版社 2011 年版。

嘉兴产业集群长期处于制造业低端，产业核心技术受制于人的现状，加速嘉兴产业转型升级，提升区域竞争力，具有十分重要的意义。

（二）抓住重要契机，促进区域产业结构升级

目前，全球经济结构与增长模式正发生深刻变化，发达国家纷纷实施“再工业化”战略，把科技创新作为重要着力点，把发展战略性新兴产业作为引领复苏的战略突破口和实现新一轮经济增长的引擎。以新能源、新材料、物联网、生物医药等为代表的新兴产业，正经历产品生命周期的创新、成熟阶段，逐渐进入标准化阶段。顺应产品生命周期，抓住产品走向标准化阶段中产业“爆炸式”发展的重要契机，对嘉兴已形成一定基础的战略性新兴产业加以必要的扶持和引导，是培育发展战略性新兴产业，并带动和支撑嘉兴传统产业转型升级，实现“嘉兴制造”向“嘉兴创造”转变，促进区域产业结构升级的必然选择。

（三）推进绿色发展，走可持续发展与低碳经济之路

21 世纪人类对经济发展与环境保护的关联性越来越重视，积极培育绿色节能环保产业正成为各国的普遍做法。我国中央政府正通过对项目直接投资鼓励企业创新研发、产业政策强制淘汰等方式，激励企业参与到低碳经济的实践中。嘉兴资源相对贫乏，环境承载力弱，尤其面临着土地后备资源短缺、能源缺口较大、节能减排任务繁重等多重压力。“十二五”时期是嘉兴经济发展由资源依赖向低碳发展、由生产制造向创新发展转型的重要时期。发展战略性新兴产业有利于有效突破资源环境约束，建设资源节约型和环境友好型社会；有利于调整优化经济结构，推进绿色发展、可持续发展。

二、嘉兴战略性新兴产业发展现状①

（一）战略性新兴产业初具规模，发展势头良好

2011 年，全市六大战略性新兴产业总体实现营业收入 1732.3 亿元，增长 30.6%，占全市规上工业的比重为 32.3%。实现利税 199.27 亿元，其中利润总额 139.73 亿元，同比分别增长 10.9%和 2.0%。六大产业中，新材料产业实现营业收入 1178.8 亿元，新能源产业实现营业收入 331.3 亿元，节能环保产业实现营业收入 105.3 亿元，三大产业占全市战略性新兴产业的比重达到 93.2%。

---

① 六大战略性新兴产业发展现状数据，来自嘉兴市发展和改革委员会、嘉兴市经济和信息化委员会、嘉兴市统计局。

总量规模不断扩张，增长速度快速攀升，发展势头良好。

表1　2011年嘉兴战略性新兴产业总量指标

	企业数（个）	主营业务收入（亿元）	比上年增长（%）	主营业务收入产业构成（%）
新兴产业合计	468	1732.32	30.6	100
新能源产业	71	331.26	11.8	19.1
新材料产业	274	1178.85	37.6	68.1
节能环保产业	66	105.27	24.4	6.1
生物产业	16	23.66	48.8	1.4
核电关联产业	29	42.68	20.3	2.5
物联网及相关产业	12	50.59	35.6	2.9

数据来源：嘉兴市统计局《2011年嘉兴战略性新兴产业发展报告》。

产业分布与发展状况：

——新能源产业。主要分布于秀洲区、嘉善县、桐乡市和海宁市，以太阳能光伏和光热为主。2011年，光伏行业受欧洲国家削减光伏补贴政策和国内阶段性产能过剩影响，企业生产经营难度加大，国内光伏行业正处优胜劣汰的洗牌进程，对嘉兴光伏企业来讲机遇大于挑战。

——新材料产业。主要分布于嘉兴港区化工新材料产业集聚区、海宁经编新材料产业集聚区、海宁磁性材料产业集聚区。主要以中间体类新材料、新型电子信息材料、新型金属材料和传统产业替代材料为主。各类新材料均保持了强劲增长势头，成为新兴支柱产业。

——节能环保产业。主要分布于杭州湾LED产业集聚区、秀洲区LED产业集聚区、海宁节能环保产业集聚区。国内居住照明需求对LED的接受程度还不高，国内市场仍处于培育期，目前企业以出口和工业照明领域为重点。

——生物产业。主要分布于平湖生物医药产业集聚区。企业单体小，成长速度快。

——核电关联产业。主要分布于海盐核电关联产业集聚区。已建成总装机容量365万千瓦，成为我国核电站堆型最丰富、国产化程度最高、机组投资比最具经济优势的核电基地。海盐县现有16家核电服务企业和近30家核电装备制造企业，近50家企业加入核电关联产业联盟。

——物联网及相关产业。主要分布于嘉兴科技城及嘉兴工业园区、余新镇等周边产业园区。嘉兴物联网产业起步较早，在关键技术攻关、新型标识和传感元器件制造、商业化应用开发以及网络运营服务等方面具有一定领先优势。行业产业化刚刚起步,企业规模不突出,经济危机后一大批创新应用、产品、技术等的出现带动了相关产业链的迅猛发展,成为今年工业领域的特点。

(二)战略性新兴产业正成为嘉兴工业经济增长及结构调整的新动力

1. 战略性新兴产业成为嘉兴工业经济增长的新动力

在全市工业产值增速持续放缓、不少企业效益下降亏损加大的背景下,嘉兴六大战略性新兴产业表现了较为良好的发展态势,其产值、利税、利润增幅远远高于同期全市平均水平,成为全市工业经济中的"绩优板块"。2011 年,六大新兴产业实现产值同比增长 36.8%,快于全市规模以上工业平均增速 11.2 个百分点;实现利税和利润同比增幅分别为 10.9%和 2.0%,均高于全市平均水平;六大新兴产业共有规模以上企业 468 家,占全市规上工业的 12.89%,但其总产值对全市规上工业产值的贡献率已高达 40.89%,成为嘉兴工业经济增长的新动力。

2. 战略性新兴产业成长迅猛

新材料产业达到千亿产业规模。各类新材料均保持了强劲增长势头,成为新兴支柱产业。新能源产业虽遇行业困难但仍有较大成长。秀洲区被授予"国家级新能源产业基地"荣誉称号;嘉善县获得浙江省光伏产业(嘉善)示范基地,2011 年产值超百亿元,产品不断提升。物联网及相关产业增长迅猛,高新技术突出。一大批创新应用、产品、技术等的出现带动了相关产业链的迅猛发展。全市 12 家物联网及相关产业规上企业产值与利润均有较快增长,成为今年工业领域的亮点。以 LED 产业为代表的节能环保产业,面对投资急剧扩张、生产成本上涨、利润下滑、产能过剩的形势,正通过夯实基础,打造产业链。生物产业虽然企业规模小,但成长速度快,经营效益好。核电关联产业全面发展。

(三)战略性新兴产业培育力度不断加大

1. 制定与实施战略性新兴产业发展规划

根据国务院出台的《关于加快培育和发展战略性新兴产业的决定》(国发〔2010〕32 号),中共浙江省委、浙江省人民政府出台了《关于加快培育和发展战略性新兴产业的实施意见》,嘉兴及时制定了《嘉兴市战略性新兴产业"十二五"发展规划》。结合国家及浙江省战略性新兴产业发展导向,根据嘉兴现有产业基础与发展机遇,明确提出了培育和发展新能源、新材料、物联网及相关产业、节能环保、生物、核电关联六大战略性新兴产业。

2. 加大战略性新兴产业培育力度

认真贯彻落实《嘉兴市战略性新兴产业倍增计划实施意见》，安排了战略性新兴产业发展专项资金，制定了《嘉兴市级战略性新兴产业发展专项资金管理办法》，形成了培育战略性新兴产业和大企业"倍增"的工作机制。到2015年，计划培育10家销售收入达百亿元龙头企业、100家销售收入超10亿元骨干企业。"十二五"期间，市本级财政每年筹集5亿元专项资金，专门用于支持战略性新兴产业发展。强化投资引导，制定了近期嘉兴发展战略性新兴产业重点领域导向目录，下发了全市百项新兴产业重点项目，计划总投资276.5亿元，以百项战略性新兴产业重点项目为抓手，落实战略性新兴产业倍增计划。

三、嘉兴战略性新兴产业发展存在的主要问题

从总体上看，嘉兴战略性新兴产业发展还处于培育期，发展尚处于起步阶段，与苏南、上海等周边地区相比，存在产业规模不够大、产业质量不够高、龙头骨干企业不够多、人才等高端资源要素集聚不足、在周边地区竞争中政策扶持力度尚显不足等诸多问题。

(一)缺乏引领战略性新兴产业的标杆性企业

嘉兴战略性新兴产业还处于培育期，在战略性新兴产业领域，企业规模偏小，缺乏龙头企业引领。2011年，嘉兴六大战略性新兴产业共有规模以上企业468家，仅占全市规上企业数的12.8%，实现总产值1732.3亿元，占规模以上工业总产值比重仅为32.3%。除新材料产业产值超千亿元、新能源产业与节能环保产业超百亿元外，生物、核电关联、物联网三大产业产值分别仅为23.66亿元、42.68亿元和50.59亿元。由于缺乏对产业发展具有战略意义的标杆性企业，尚未形成龙头企业带动、骨干企业支撑和其他企业共同发展的产业格局，尤其是龙头企业不够大不够强，具有行业影响力、行业领军的首位企业仍然偏少，从而影响高端要素向嘉兴集聚，制约战略性新兴产业持续发展。

(二)企业科技、产品、品牌创新的意识不强

企业是自主创新的主体，也是新兴产业发展的主要推动力量。但从当前情况看，仍有相当一部分新兴产业企业技术创新意识不强。2011年，全市战略性新兴产业的科技活动经费支出总额35.4亿元，同比增长19.3%，占当年主营业务收入的2.0%，但比上年下降了0.2个百分点，产业研发投入强度有所下降。由于相当多的企业尚未建立起有效的产品开发组织机构和技术创新机制，设备

和关键核心技术对外依赖性强，使嘉兴工业领域战略性新兴产业主要停留在加工生产环节，关键技术和相关专利技术大多被外国企业控制和垄断，自主品牌相对缺乏，造成跟踪国际、国内高技术研究的能力相对较弱，企业在新产品开发和市场开拓方面处于被动地位。

(三)引领战略性新兴产业的创新人才明显缺乏

嘉兴新兴产业虽已起步发展，但受制于原有产业基础、产业平台、城市平台、企业创新文化等多种原因，创新人才等高端要素集聚明显不足，高端要素集聚的瓶颈急需打通。一是与当前快速发展的需求相比，高层次、复合型的技术带头人和技能型人才引进不足。二是企业研发经费投入不足，研发人员数量偏少，原有技术人才层次偏低，尤其是能起核心带动的关键人才又显得非常缺乏。三是相当多从事传统产业的企业发展理念和人才观念滞后，缺乏引进人才、技术创新、产品升级的再创业冲动。与当前快速发展的新兴产业需求相比，缺乏高素质领军型人才、具有创新精神的企业家、各层次的专业技术人员和熟练工人已逐渐成为制约发展的瓶颈之一。

(四)政策引导扶持的力度有待进一步加强

嘉兴战略性新兴产业发展面临着周边地区竞争加剧的压力。一是宏观层面产业同构压力与微观层面产业错位分工并存。二是周边的上海、苏州、无锡、常州、杭州、宁波等城市具有更高能级的城市平台，在战略性新兴产业发展上具有强劲的竞争实力和部分领域的先行优势。三是苏南、上海等地区在发展战略性新兴产业方面时有超乎寻常的大力度政策推动。周边城市的快速发展、特色发展、先行发展，必将加大争夺要素资源的力度，使嘉兴战略性新兴产业发展面临巨大的竞争压力。四是嘉兴战略性新兴产业发展的长效发展机制尚未完全建立，扶持新兴产业发展的相关政策体系还不够健全，在土地供应、资金融通、用电保障、税收优惠、风险投资和人才培养等方面的政策扶持培育力度有待提高，全社会共同推进战略性新兴产业发展的氛围有待进一步加强。

四、加快嘉兴战略性新兴产业发展的应对策略

嘉兴已经出台的《嘉兴市战略性新兴产业“十二五”发展规划》提出了三大目标。

——产业发展规模：到2015年，战略性新兴产业产值在2010年的基础上增长两倍，突破3600亿元，占全市工业总产值的比重达30%以上，力争新能源、

新材料两个产业产值分别超千亿元，物联网及相关产业、节能环保、生物和核电关联等四个产业产值分别超百亿元。

——企业组织结构：到 2015 年，培育一批年销售收入超百亿元企业，突出大企业对战略性新兴产业发展的引领和支撑作用。培育一批“专、精、特、新”企业和科技型、创新型中小企业，实现战略性新兴产业企业梯队发展。

——产业创新能力：到 2015 年，战略性新兴产业关键核心领域和重点产品技术水平达到国内先进水平，拥有一批具有自主知识产权的核心技术。力争建立 1～2 个战略性新兴产业技术创新联盟，省级以上企业技术（研发）中心 50 个，战略性新兴产业企业技术研发经费占销售收入的比重达到 3%以上。

实现三大目标，需进一步落实《嘉兴市战略性新兴产业“十二五”发展规划》的目标任务，着力强化以下工作。

(一)进一步探索与总结嘉兴战略性新兴产业的形成路径与政策效应

1. 加大扶持力度，促进相对独立的新兴产业快速成长

一是立足现在，放眼未来，进一步制定相对独立的新兴产业及相关产品的专项规划。二是制定并实施各类支持性政策。对属于原始创新、处于导入期的高投入、高风险重点产业或产品（如物联网及相关产业、LED 芯片研发及产业化），提供强有力、系统性的财税、融资、土地等政策支持，并及时完善标准体系，加快建立符合战略性新兴产业发展的行业标准。三是加强国际国内合作。充分利用战略性新兴产业全球科技前沿成果，通过联合开发、分工协作等方式，促进智力、资本和市场的深度合作，加快产业发展。四是通过刺激市场需求促进新成果的市场化。根据区域发展的现实需要，适度引导、推动和鼓励新产品的应用，促进市场的形成。

2. 加大改造力度，促进传统产业向新兴产业转型

一是推动企业在传统产业中广泛引入信息等先进技术。通过资源整合优化、改造提升，促进新兴产业形成和壮大；通过新兴产业带来的高技术产品向传统产业渗透和辐射，加速传统产业集群升级。二是鼓励、引导企业加大对传统产业创新研发环节的投入。三是促进传统产业形成新的产业组织模式。充分运用经济、行政、法律手段，加快传统产业的有机整合，形成以大企业为主导，中小企业为补充，各种企业协调发展的竞争格局。

3. 促进两种实现路径的协调发展

一是扶持相对独立的新兴产业。通过各种渠道传播科技与产业创新的新理念与新方法，促进传统产业的改造升级。二是促进传统产业改造提升，充分

发挥传统产业已有的资源、资金优势与发展经验，规避新兴产业初创期所面临的风险，保障新兴产业的顺利发展。

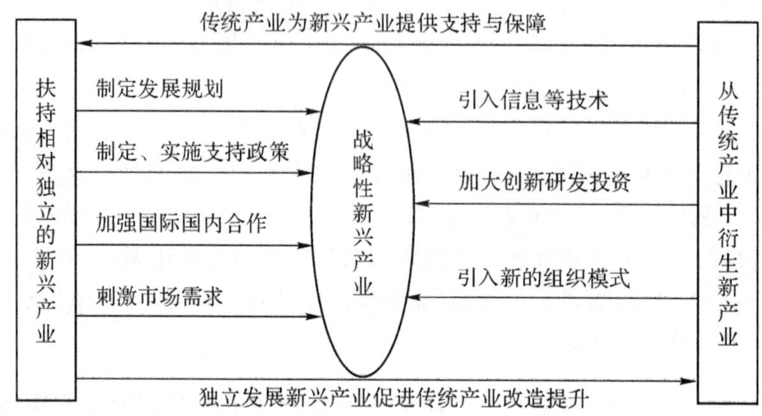

图1　战略性新兴产业实现的两种路径与相互关系

4.探索与总结促进嘉兴战略性新兴产业成长的政策效应

一是灵活把握不同产业发展阶段的政策重点与力度。在产业形成期与成长期，对整体经济具有战略性作用的新兴产业给予强有力的政策扶持。重点是财政投入、税收优惠以及提供融资便利；当新兴产业有了一定的发展后，鼓励产业运用市场机制加快发展。重点是科技政策的引导与支持。二是重视政策工具的多样化和协同作用。促进产业形成与成长的过程，应该综合运用财税政策、金融政策、科技政策、贸易政策；不同阶段财税政策、金融政策、科技政策、贸易政策的运用，其政策力度各有侧重。

(二)不断强化促进嘉兴战略性新兴产业发展的四大领域建设

1.加快产业园区建设，着力构筑促进战略性新兴产业集聚发展的平台

一是从全球产业链、价值链、供应链和资本链整合提升高度，整体谋划、科学规划产业集群发展，提升资源要素集约利用水平，争取行业在国际市场上的话语权，抢占新一轮经济发展制高点。突出重点，围绕“4＋2”(新能源、电子信息、高端装备制造、新材料四大主导高新技术产业和节能环保、生物医药两大新兴产业)加快集群化发展。二是要把嘉兴、嘉善两个国家级经济技术开发区、嘉兴国际商务区、省科创基地以及其他省级高新技术开发区作为主阵地来规划建设，着力培育形成一批战略性新兴产业示范基地。

2.加大龙头企业培育，着力构筑引领战略性新兴产业发展的市场主体

一是根据我市新兴产业结构特点，着力培育关联度大、主业突出、创新能力

强、带动性强的龙头企业，发挥其在产业辐射、技术示范等方面的引领作用；发展专业化配套企业，提高企业间配套协作水平，形成一批专业化优势显著、竞争能力强的专业化配套企业。二是鼓励行业龙头企业和大企业进行并购重组，发挥现有产品、技术、市场、品牌等优势效应，进一步扩大生产规模，巩固行业龙头地位。三是按照“重点项目——旗舰企业——新兴产业——相关产业——新兴产业规模化”的发展模式，以扶持重大项目为突破口，抓好战略性新兴产业招商推介工作。四是鼓励企业通过合股、抱团等形式进军新兴产业，拓宽战略性新兴产业项目渠道。

3.加快研发平台建设，着力构筑促进战略性新兴产业发展的技术创新平台

一是积极搭建产学研合作平台。充分利用清华长三角研究院、中科院应用技术研究院、浙江科技(孵化)城、嘉兴科技创业服务中心等公共技术创新平台，充分发挥各自的作用。二是整合平台资源，发挥集成优势，促进产业发展。积极建立各平台间的联席会议、项目交流会、工作协调会等多种形式的沟通与整合机制，畅通信息，形成合力，加快战略性新兴产业科技成果转化。三是建设一批企业技术中心、工程研究中心及重点实验室。积极依托大企业建设一批国家级和省级企业技术中心、工程研究中心及重点实验室，鼓励企业与高等院校、科研院所联合建设一批创新组织，完善以企业技术中心建设为重点的技术创新体系。依托行业龙头企业组建行业标准化技术委员会，提高企业自主创新能力。四是成立市战略性新兴产业推进中心，进一步优化战略性新兴产业发展软环境。

4.加大人才队伍建设，着力构筑促进战略性新兴产业发展的人才高地

一是要深入实施人才工程。以领军人才引领工程、专业技术人才开发工程、企业经营管理人才素质提升工程、高技能人才振兴工程等人才工程，加快引进和培育围绕六大战略性新兴产业的高端人才和紧缺急需人才。加大培训力度，统筹推进经营管理人才队伍、专业技术人才队伍和高技能人才队伍建设。二是要鼓励在禾高校增加和提升战略性新兴产业的相关专业。鼓励嘉兴企业与高等院校、科研院所的人才共建。三是创新人才引进方法。以重大项目、研发机构和创新基地、新兴产业基地建设为载体，积极引进高端技术人才和技术团队，特别是领军型人才，支持海外留学归国人才到嘉兴创业。四是培养和宣传优秀本土“禾商”。以现代企业家和职业经理人为重点，培养造就一大批具有较强市场开拓能力、现代企业经营管理能力和社会责任感的优秀本土“禾商”。五是完善多层次的人才激励机制，改善人才创业环境，加快形成战略性新兴产业的人才高地。

(三)切实抓好促进嘉兴战略性新兴产业发展的四个关键环节

一是突出产业链招商。强化面向战略性新兴产业发展的招商选资,用“以商引商”的方法,加快构建发展前景和市场需求稳定、经济技术效应良好、具有很强带动效应的新兴产业集群。二是加强金融创新。充分发挥政府资金的“领投”效应(股权方式投入),通过市场化方式带动风险投资和金融机构资金跟进,解决战略性新兴产业发展初期的融资问题。强化政府发展基金的引导作用,积极扶持新兴产业初创与成长。三是优化土地资源配置。积极探索通过竞争的方式整合土地资源来统筹安排项目,提高招商选资的质量,促进土地资源发挥最大的效益。四是强化政府对战略性新兴产业发展的引导。通过科学规划,引导错位发展、联动发展,实现嘉兴战略性新兴产业的健康发展。

参考文献

[1]肖兴志.中国战略性新兴产业发展研究.北京:科学出版社,2011.
[2]王树化,范玮,孙克强.江苏战略性新兴产业发展研究.江苏纺织,2010(6).

嘉兴高效都市型农业建设现状及对策研究

□ 余 剑 贺学明

为加快发展现代生态高效都市型农业，增强粮食综合生产能力，促进农业转型升级，自2010年起，嘉兴市全面部署实施农业“五个一百”示范工程建设：即从2010年起，争取用5年左右时间，集中力量建设和培育100个以上粮食生产功能示范区，100个以上现代农业示范园，100家以上农业龙头示范企业，100家以上农民专业合作示范社，100个以上知名农产品示范品牌，推动农业布局优化、规模集聚、产业融合、功能拓展，促进农业可持续发展。在市委、市政府的高度重视和坚强领导下，在全市上下的共同努力下，我市农业“五个一百”示范工程建设进展顺利，取得了阶段性成效，有力地推动了农业转型升级和农民持续稳定增收。

一、高效都市型农业建设现状及主要做法

一年多来，全市各级农经部门认真贯彻落实市委市政府关于开展“五个一百”示范工程建设的决策部署，坚持把“五个一百”示范工程作为农业工作的重中之重予以推进和落实，及时梳理工作思路，出台行动计划和扶持政策，建立健全工作机制，组织力量抓紧实施，“五个一百”示范工程建设稳步推进，并取得了较好的阶段性成效。到2011年底，全市累计建成粮食生产功能区404个，面积33.15万亩，其中千亩以上粮食生产功能示范区85个；有147个园区列入省级创建点，其中农业综合园区16个(全省137个)、规划面积59万亩，主导产业示范区43个，特色农业精品园88个，目前已启动建设99个；市级以上农业龙头企业已发展到199家；建成规范化农民专业合作社487家，市级示范性农民专业合作社99家，已获得19个国家级知名农产品品牌。

(一)建立机制

着力在创新机制上下工夫，促进管理科学化。一是建立了工作机制。市、县两级都及时建立了领导机构，制定了实施意见，编制了建设规划，出台了扶持政策，全力推进“五个一百”示范工程建设。各地都把此项工作列入“十二五”规划，作为重点工作来推进。二是建立了责任机制。把建设、培育等各项目标任务分解落实到各地区、各年度，同时建立了责任考核制度、工作例会制度、定期督查制度、领导联系制度，确保各项建设任务落到实处。三是建立了管理机制。先后组建了3个综合园区管委会和3个农业投资开发公司，切实加强综合园区管理。制定了建设标准、资金整合使用、验收管理等一系列办法措施，规范“五个一百”示范工程建设。

(二)强化基础

从抓投入、设施、装备等要素入手，强化基础设施。一是加大农业投入。市委市政府高度重视，每年安排2000万元专项资金用于“两区”建设，对龙头企业、合作社、农业品牌建设都加大了扶持力度。各级农经部门主动加强与有关部门的沟通与协调，积极整合农、林、牧、渔、农业综合开发等资金，重点用于“五个一百”示范工程建设。同时，加强农业招商引资，积极引导社会资本参与“两区”建设。2011年，全市已投入建设资金达6.64亿元。二是加强设施装备。深入实施标准农田提升、农机化促进、土地综合整理等工程，积极推进“两区”排灌设施、机耕道路、电网库房等基础设施建设。落实发展设施农业扶持政策，推广大棚设施、喷微灌的应用。目前“两区”内农田有效灌溉率基本达到100%，新增设施农业面积7330亩。三是推动要素集聚。按照一、二、三产业联动发展的思路，因地制宜合理布局加工、营销、休闲观光等配套设施，积极引导土地、资金、人才等各种要素向“两区”集聚。同时，加快推进土地流转，以规模经营带动要素集聚。到2011年底，全市土地流转面积已达73.14万亩，占家庭承包经营耕地面积的29.6%。

(三)提升主体

通过实施经营主体的壮大、提升工程和新型主体的培育工程，推进主体生产规模化、经营职业化。一是注重主体壮大。市、县两级都制定了一系列扶持农业经营主体壮大的政策，围绕七大主导产业，在农产品生产、农产品精深加工以及农产品销售等领域有重点地培育壮大了一批示范性农业经营主体。到2011年底，产值超亿元的农业龙头企业已发展到35家；产值超千万元的农民专业合作社已发展到64家。二是注重主体素质提高。大力实施“五个一批”人才培育工程、农民大学生培养计划、农村“两创”实用人才培训和农业专业技能计划，不断提高农业主体的素质。仅2011年，全市培训农村劳动力5.8万人。三是注重主体内涵拓展。积极培育多种形式的家庭农场，此项工作2011年已在秀洲、海盐试点。加快培育现代职业农民，积极鼓励和引导大中专毕业生、科技人员投身农业。同时，全面推进“三位一体”基层农业公共服务体系建设，着力培育社会服务主体，促进专业化、社会化服务。2011年，全市实行粮油全程服务面积达20.28万亩。

(四)提高品质

大力推广先进适用技术、推进农业标准化生产和品牌化经营，不断提升农产品品质。一是推广应用先进适用技术。积极引进应用和示范推广新品种、新技术，大力推广万元千斤、种养结合、农牧结合、农渔结合等新型农业模式。目前粮食生产功能示范区内年复种指数达200%，良种覆盖达100%，水稻生产综合机械化水平达到80%；现代农业园区内生态循环模式得到普遍应用。二是推进标准化生产。严格农业投入品使用管理，大力发展标准化生产，全面推行农产品生产记录、产地准出、健全质量安全可追溯机制。完善农产品质量安全检验检测设施，强化农业投入品和农产品检验检测，保障农产品质量安全。到目前，全市无公害农产品、绿色食品和有机食品已分别达到420个、117个和47个。三是加强农业品牌建设。积极推进农产品向品牌化、优质化转型，鼓励经营主体从无牌向有牌、有牌向名牌转变。积极引导生产主体联合起来打品牌，培育区域公共品牌，提高品牌知名度和效益。嘉善县已打造精品农业集体商标——“银嘉善”，秀洲区王江泾已打造青鱼干集体品牌——“王江泾青鱼干”。

二、高效都市型农业建设存在的问题及困难

总体上看，“五个一百”示范工程建设通过一年多时间的实践和强力推进，取得了较大进展和成效，但也存在不少困难和问题，主要表现在：

(一)思想认识还不够到位

一些地方和干部对“五个一百”示范工程建设的认识不足，没有像抓工业、抓招商那么重视，实质性动作不大。从前期督查的情况来看，个别地方“五个一百”规划编制完成后，未能按计划推进实施；有的在“三农”上投入不足，有“等、靠、要”的思想，社会投入也未能跟进，财政资金未能充分发挥“四两拨千斤”的

作用；有的存在重硬件轻软件、重现代农业园区轻粮食生产功能区的倾向，对经营机制、管理措施、服务体系以及农业产业循环模式等考虑得还不多。各地“五个一百”建设水平参差不齐，农业主体规模总体偏小、带动能力偏弱，年销售额超500万元以上农业专业合作社仅占15%，近千家农业龙头企业中，年销售额超亿元的只有35家。具有影响力的农业品牌偏少，800多个农业品牌中，国家级知名农产品品牌只有19个。

(二)要素制约比较突出

主要是土地紧、资金紧和劳力紧。从土地看，各地都反映由于农业税的减免和财政支农补贴力度的加大，降低了农民流转土地的意愿，土地流转难度加大，配套设施用地矛盾突出，制约了建设进度。土地经营仍以小规模分散经营为主，全市实行规模经营在20亩以上的面积只占总承包面积的11.7%，经营面积在20亩以上的农户不到总农户数的1%。从资金看，尽管各级政府对“两区”建设的投入力度逐步加大，但随着建设的推进，对资金的要求更加迫切，而财政投入相对有限，农业招商压力加大，社会资本中既有实力又有产业基础、既懂技术又会经营的主体偏少，社会资本进入农业领域动力不足。从劳力看，目前我市农业老龄化、兼业化、副业化趋向明显，农村劳动力特别是中青年劳动力不断向二、三产业转移，2010年底全市纯务农劳动力约16万人，仅占农村劳动力的10.7%，而且一线从事农业的农民平均年龄已超过57岁，农业用工特别是农忙季节性用工矛盾突出。

(三)管理机制有待进一步健全

各地虽然都成立了相应机构，但还存在着职能发挥不充分、人员配置不到位、协调问题不及时等现象，合力推进“五个一百”示范工程建设的工作机制需进一步加强。特别是一些综合园区的建设还没有专门的机构和人员负责，基础设施的建设、项目的实施、配套的服务、农业招商力量薄弱等方面问题尚未得到有效解决。对此，各地要引起高度重视，认真分析研究，切实加以改进。

三、加快高效都市型农业建设的对策措施

开展“五个一百”示范工程建设，是今后一个时期我市推进现代都市型生态农业发展的主抓手。为此，必须从嘉兴的实际出发，高标准谋划、大力度推进，切实把各项工作落到实处。

(一)明确三个发展目标

一是把“五个一百”示范工程建成引领嘉兴现代农业发展的样板工程。加快建设一批符合现代农业发展方向、生产条件优良、物质装备先进、科技应用领先、经营机制完善的示范样板，以点带面提升我市农业的整体水平，探索富有嘉兴特色的现代农业发展新路子。二是把“五个一百”示范工程建成提升现代农业经营主体的特色工程。按照带动力强、与农户结成利益纽带紧、有市场话语权的目标，以实施主体提升行动和“亿千”龙头工程(产值超亿元、带动农户超千户的龙头企业)为载体，加快培育一批示范性的现代农业经营主体。同时，鼓励发展龙头带动型、粮食生产型、农牧结合型等多种形式的家庭农场，为现代农业发展注入新活力。三是把“五个一百”示范工程建成特色精品精致农业的集聚工程。坚持走精品化路线，着力在农产品安全和品质上下工夫，运用先进技术、精深加工工艺和现代营销方式，大力开发、加快构筑“品种更加精选、管理更加精细、品质更加精良”的特色精品精致农业，提高农产品的附加值和综合效益，着力打响嘉兴农业新品牌。

(二)把握三个基本要求

一是始终坚持保安全促增收。把保安全促增收作为实施“五个一百”示范工程的首要任务，在确保粮食和主要农产品生产稳定的前提下，围绕促进农业增效、农民增收，深入推进农业产业结构战略性调整，优化农业资源配置，加快转变农业生产经营方式，引导鼓励农民在农业领域就业创业，充分挖掘农业增收潜力。二是始终坚持生态优先理念。正确处理好农业的生态效益与经济效益之间的关系，合理保护和开发利用农业资源，大力发展生态循环农业，创新推广“万元千斤”等生态安全、优质高产、节本增收的农作模式及配套技术，深入实施肥药减量、增效、控害工程，切实减少和防止对农村生态环境的污染和破坏。三是始终坚持服务城市发展。顺应都市型农业的发展趋势，在发挥嘉兴农业已有生产优势的同时，加快推动农业与二、三产业融合发展，不断拓展农业潜在的生态、生活功能，着力开发建设一批高品位、高质量的农业产品，不断满足城市居民日益增长的物质和精神体验需求，努力在为城市服务的过程中实现嘉兴农业的转型升级。

(三)抓好三个关键环节

一是以“两区”建设为重点，着力提高现代农业设施装备水平。深入实施标准农田质量提升工程，切实加强“两区”农田水利设施建设，确保“两区”排灌方便、道路畅通、用电便捷、防洪安全，建成一批田成方、树成行、路相通、渠相连、旱能浇、涝能排、土肥沃的高标准基本农田，着力改善农业生产条件和防灾减灾能力。充分利用农机购置补贴政策，进一步扩大补贴范围，加大主导产业先进适用机械的应用，提高农业生产作业机械化水平。对粮食生产功能示范区，要按照整体达到亩产吨粮生产能力的要求，建设良田、应用良种、推广良法、配套良机、推行良制，使之成为粮食稳产高产高效模式、先进适用技术和统一服务的应用区。对现代农业示范园，要按照单位面积产出比周边同类产区高20%以上的要求，因地制宜合理布局加工、营销、休闲观光等配套设施，引导各种要素向园区集聚，使之成为农业主导产业集聚、先进科技转化、生态循环农业的试验区。二是以现代经营主体培育为重点，着力提高现代农业组织化水平。大力发展农业龙头企业、农民专业合作社和家庭农场，建立和完善各类经营主体与农户之间的利益联结机制，延长农业产业链，加快形成农产品生产、加工、营销等多种服务相配套的现代农业体系。农业龙头示范企业，按照企业规模大、产品科技含量高、新产品开发能力领先，与农户利益联结机制紧密稳定的要求，使之成为辐射带动农民致富的引领者。农民专业合作示范社，按照组织机构健全，管理运作规范，带动能力强，市场竞争优势明显，开展品牌经营的要求，使之成为带动农民发展特色产业的平台。家庭农场，按照有生产规模、有经营特色、有管理措施、有先进技术的要求，使之成为农户增收的创业基地。三是以推广应用农业科技为重点，着力提高农产品品质。强化农业科技和品牌支撑，不断提高农业科技创新和推广能力，加快农业发展由主要追求数量扩张向注重品质效益转变。一方面，抓好农业科技推广应用，抓好服务体系建设，重点为合作社、种粮大户做好农技服务，既带动面上的农技推广，也吸引更多散户向合作社集聚，从而促进农业科技快速普及。重点抓好“五个一批”人才培育计划，加大现代职业农民带头人、城乡一体新社区管理人才、农业技术推广人才、农村职业经纪人才和农业社会化服务人才的培育和引进，切实把农技推广、农产品质量监管等工作做到位。另一方面，注重农产品品牌建设。按照树立一个品牌、带动一个产业、致富一方百姓的要求，加快知名农产品示范品牌建设，使农业品牌领域明显拓展，数量明显增加，质量明显提高，品牌经济成为农业经济发展的有力支撑。

（四）切实加强组织领导

一是严格落实责任。“五个一百”示范工程是一项长期、艰巨的系统工程，需要各部门高度重视，齐抓共管，形成一级抓一级、层层抓落实的工作局面。进一步明确责任，把责任分解落实到各部门、各单位、各具体责任人，坚持工作有部署、有检查，注重工作实效，切实把各项工作落到实处。同时，建立严格的考核制度，增强考核的导向性、实效性和可操作性。强化督促检查，建立现场比看、专题督查、公开通报等督查机制，严格责任，狠抓落实。二是加大投入力度。按照总量持续增加、比例稳步提高的要求，进一步加大对“三农”的投入，并建立稳定的投入增长机制。同时，加大金融支农力度，引导社会资本投资农业，加强农业招商选资，鼓励社会力量积极支持和参与“三农”建设。三是确保建设质量。坚持高标准定位、高起点建设，注重体现建设的系统性、功能的完整性、发展的可持续性。建立专门机构，落实专业人员，严格按照规划，提出阶段发展目标和年度工作重点，逐年推进，滚动发展，确保规划进度不耽误，实施方案不变样。以项目为抓手，落实项目责任人，坚持建设标准，落实严格的保护机制，完善设施管护制度，落实管护措施，确保建一个成一个。

2011年嘉兴服务业发展分析与2012年发展展望

□ 朱莹莹

十七大报告提出，要坚持走中国特色新型工业化道路，促进经济增长由主要依靠第二产业带动向依靠第一、第二、第三产业协同带动转变，并明确提出“发展现代服务业，提高服务业比重和水平”。如何把握服务业的基本规律和趋势，分享先行地区的成功经验，加快我市服务业发展等问题，已成为我市经济转型升级的关键问题。2011年是“十二五”的开局之年，与“十一五”时期相比，在转方式、调结构、倒逼机制不断强化的形势下，嘉兴市服务业发展进入了一个新阶段。

广义的服务业是指除农业、工业和建筑业以外的其他各行业，即国际通行的产业划分标准的第三产业；狭义的服务业指交通运输、邮电通讯、金融、保险、商业等行业以外的服务性行业。本文采用广义的服务业概念，其发展水平是衡量生产社会化和经济市场化程度的重要标志。

一、2011年嘉兴市服务业发展概况

（一）增速快于面上经济，呈现各地均衡发展态势

2011年全市全年服务业实现增加值985.79亿元，超额完成服务业倍增计划年度目标，同比增长12%，高于全省增速2.6个百分点，比全市GDP增速高1.4个百分点。服务业占GDP比重为36.9%，占比提高达0.9个百分点，高于全省0.2个百分点；服务业对全市经济增长的贡献率达到40.9%，比去年同期提高7.8个百分点。各地均衡发展，全市各县（市、区）服务业增加值均超额完成服务业倍增行动计划确定的年度计划。

（二）传统主导行业两极分化，生产性行业发展加快

批发零售业、住宿和餐饮业增加值保持较快增长，增长分别达到22.3%和

19.2%；房地产业因受国家宏观调控影响，出现负增长，完成增加值113.30亿元，同比下降9.26%。现代物流、科技服务、金融服务、服务外包等生产性服务业增长加快，嘉兴港完成货物吞吐量5258万吨，同比增长18.7%；完成集装箱中转51万标箱，同比增长47.1%。引进国内外大院名校联合共建创新载体累计达到136家，中科院嘉兴中心正式升格为浙江中科院应用技术研究院。全市本外币各项存款余额4168.17亿元，同比增长16%；本外币各项贷款余额3212.74亿元，同比增长16.8%。全市共签订服务外包合同535份，合同签约金额6.14亿元，同比增长201%。

(三)投资呈现快速增长，重点项目规模扩大

2011年全市完成服务业固定资产投资712.09亿元，增长18.6%，高于全社会固定资产投资增速5.8个百分点，占全部投资比重达到47.4%，比去年同期提高2.8个百分点。全市服务业投资"百项百亿"工程计划完成投资202亿元，其中，浙江川山甲供应链(嘉兴)基地项目、中远普泰国际物流园顺利开工，嘉兴国际电气城二期项目、申通快递华东区中转中心、月河五星级宾馆等竣工投入使用，嘉兴创新创意软件园、中国嘉兴国际毛衫城、平湖国际箱包城、嘉善商会大厦等项目都在加紧建设。

(四)集聚平台建设加速，示范带动作用明显

首批5家省级现代服务业集聚区已初步完成发展规划，空间布局日益完善，各项发展指标完成情况良好。嘉兴现代服务业集聚区实施招大引强、基础设施建设、征地拆迁三大攻坚战，全力推进南湖新天地等十大现代服务业重点项目，累计投入基础设施建设资金70多亿元。嘉兴现代物流园、嘉兴科技城、平湖九龙山旅游度假区、海宁经编产业生产性服务业集聚区4个省服务业集聚示范区累计投资54.9亿元，吸收入区企业380家，从业人员6058人，2011年完成营业收入达27.7亿元，缴纳各类税收9769万元。

(五)利用外资大幅增长，传统行业比重较大

全市新批服务业外资项目88个，同比增长2.3%；合同利用外资9.6亿美元，同比增长33%；实际利用外资5.6亿美元，同比增长88%，分别占全市利用外资总量的31%和33%，同比提高9个和16个百分点，为历年来最高水平。但仍主要以房地产、商业服务业、批发零售业等传统服务业为主，占整个服务业利用外资项目比重的77%。

(六)推进力度全面加大，推进机制不断健全

2011年，先后召开了嘉兴市服务业发展工作会议、全市节能减排和服务业

工作会议等全市性大会，进一步提高认识，统一思想；制定下发了《嘉兴市服务业"倍增"行动计划(2011—2015年)》、《嘉兴市促进服务业优先发展若干政策意见》等政策意见，把市级第三产业发展专项资金从每年3600万元提高到5000万元。在台北首次成功举办了2011年嘉兴市服务业发展(台湾)恳谈会，共推出了115个服务业项目。成立市服务业发展局，建立服务业形势分析制度，加强服务业统计工作，加大服务业考核督查力度，大幅提高对县(市、区)工作目标责任制考核分数，出台全市服务业目标责任制专项考核办法。

二、嘉兴市服务业发展的主要问题

(一)服务业总量及占比偏小

近年来，我市工业经济发展一直处在首要位置，服务业的发展相对快速发展的工业，显得步伐较慢。2011年嘉兴市服务业增加值总量和增幅在全省分别排名第七和第三，占GDP比重居全省第十位，仅为36.9%，低于全省平均水平6.5个百分点。

(二)服务业结构层次偏低

服务业内部的结构性、素质性矛盾突出，传统服务业为主的格局尚未打破。传统服务业中的商业、餐饮、市场等行业缺乏规模、特色和品位，现代服务业中的科技研发、工业设计、物流等行业项目偏少，缺少龙头、品牌和集聚。新兴服务业发展偏慢，附加值高、知识密集、资本密集的高端服务业项目不多，缺乏带动力强的大型服务业企业，总体上还处在"小、低、散"的发展阶段。因此，相比于周边杭州、无锡等城市来说，我市城市承载能级还有差距，对具有层次较高的知识、人才密集型支撑的新兴和高端服务业，吸引难度较大。同时，嘉兴市服务业专业人才的培训培养体系还不完善，产学研合作开展服务业人才培训的合作面还不广。

(三)服务业产业体系不清晰

我市服务业市场化、产业化不够充分，部分服务业领域市场准入门槛较高，很多领域还处在垄断、半垄断状态，管理体制和政策创新相对滞后，公共服务业社会参与度偏低，尚未真正形成资源要素高效配置、发展活力快速迸发的格局。由于我市各地在交通、区位、产业基础等条件上较为接近，导致各地服务业同质化发展的现象较为突出，没有分层次、差异化地推进服务业规划建设。各县

(市、区)从各自区域经济发展出发,在产业选择上必然多而全,小而全。对现代物流、专业市场等领域的定位相似,个别地方存在盲目发展、无序竞争的问题,布局还不尽合理,缺乏有效地从嘉兴全市的角度去规划引领服务业发展。

(四)服务业要素保障不充分

一是土地要素制约。在服务业发展的土地指标保障和倾斜上,由于种种原因,难以很好地保障服务业的开发建设需要;同时在"退二进三"上,存在比较严峻的土地政策制约,原按国家法律只要补交出让金就能改变用地性质,但目前实际操作中已不允许,只有对企业实施拆迁、净地挂牌出让,才能改变土地性质。二是资金问题突出。我市服务业开发建设基本属于政府主导型,基础设施投入大,所需资金较多,而对政府资金的过度依赖造成了开发建设资金不足的问题严重,其他渠道的融资体系有待完善。三是人才支撑不足。服务业是一个知识密集型和人才密集型的产业,目前我市现代服务业从业人员占比偏低,高端的原创型人才、经营管理人才、复合型人才非常匮乏,且此类人才引进、培养相对迟缓,无法满足服务业集聚区发展需要。

(五)服务业集聚效应不明显

目前,全市已初步形成以嘉兴主城区、县域中心城区、现代服务业集聚区为主要载体的服务业发展格局。虽然在专业市场、休闲旅游等领域集聚发展的程度和带动较为突出,但在其他领域,服务业集聚区的实际产出还不大,大部分服务业集聚区还在初期建设和投入阶段,集聚区有区域辐射能力的大企业、大项目较少。主要原因是服务业集聚区对城市能级、资源条件、产业支撑等因素有较高的要求,加上服务业项目的培育期相对工业项目一般要长,因此,服务业集聚区要实现较高的产出,相对时间较长。此外,我市服务业集聚区对资本、信息、技术、管理、人才等发展要素吸附能力还比较弱,特别是规模大、带动力强的服务业龙头企业集聚明显不足,服务业集聚区现有企业普遍规模偏小、层次偏低,严重影响了服务业集聚区的品质和档次提升。

三、嘉兴市服务业发展面临的新背景

(一)新一轮的国际服务业转移创造了新机遇

金融危机后,出现了新一轮的全球服务业转移趋势,服务业跨国投资和离岸服务外包继续加速向发展中国家转移,使我们面临着通过进一步承接国际服务业转移、加快现代化进程的重大机遇。良好的宏观经济态势、较为成熟的市场优势、质优价廉的综合人力资源优势、信息基础设施和较强的信息技术产业支撑,使嘉兴已经具备承接的基本优势和条件。要充分发挥比较优势,积极承接国际服务业转移,吸引跨国公司把研发、设计、运营、物流配送、资讯和培训等机构落户嘉兴。

(二)新一轮的区域竞合为服务业发展提供了新需求

随着长三角地区进入工业化的中后期,服务业已经成为长三角继制造业竞争之后的又一轮竞争焦点,特别是上海、杭州、苏州、无锡、常州、宁波等"标兵"城市纷纷把加快现代服务业发展作为实现新一轮发展的重大战略,实行先进制造业和现代服务业"双轮驱动"。沪杭高铁的通车,嘉兴"与沪杭同城"已成为现实,这无疑使嘉兴在区位交通、商务成本、空间环境等方面的特色优势更加明显,为我市承接沪杭等周边大都市的"逆城市化"效应,更好地吸引和集聚各类高端要素,加快产业升级拓展了空间,创造了条件。为此,在服务业发展上接轨上海、竞合苏南、融入长三角的战略选择,也是促使我市加快经济结构战略性调整和综合实力整体性跃升,进而推进转型升级走在前列的关键之举。

(三)新一轮的结构调整为服务业发展提供了新动力

产业结构由"一二三"向"二三一"再向"三二一"梯度演进,是经济发展的客观规律。国际经验表明,进入工业化中后期,服务业将发展成为经济的主体。当前,我市已经进入了人均GDP由近1万美元向更高水平迈进的新阶段,这一阶段正是我市产业结构由"二三一"向"三二一"转变的关键时期,处于全面提升工业化、信息化、城市化、市场化、国际化水平的重要时期,这为服务业加快发展提供了巨大的空间和潜力。同时,我市经济经过10多年的高速增长后,现已进入新一轮的结构调整和转型阶段,高污染、高耗能的资本密集型产业和出口导向型的劳动密集型产业,迫切需要向技术密集型产业转变。为此,加快服务业发展,充分释放服务业发展的巨大潜能,进一步提高服务业尤其是现代服务业的比重和水平,是遵循经济发展规律、顺应发展阶段变化的必然选择。

(四)新一轮的城市化建设对内生力提出了新要求

面对日益突出的资源、环境矛盾,新一轮的城市化建设迫切要求转变发展方式取得实质性进展,服务业的地位显得更为重要和突出。高起点、高水平地加快服务业发展,是把区位优势转化为经济发展优势、比较优势转化为市场竞争优势和实现经济社会发展新跨越的重大举措,可以直接推动嘉兴城市化进程，有利于做大做强中心城市，提升中心城市功能和能级。服务基础设施投资全面加速，增强了服务业发展的后劲。各级政府除不断出台促进服务业发展和服务业重点行业政策措施外，区域性示范区、先行区建设不断推进，对转变经济发展方式、实现科学发展将发挥示范带动作用。同时，服务业既连接生产与消费，又直接提供精神文化产品和公共服务，在保障和改善民生等方面有不可替代的作用。新型城镇化建设使城乡结构发生重大变化，新生代农民工迅速崛起，迫切需要更好地解决进城农民的公共服务。消费结构的变化使居民消费由衣、食为主的生存型、温饱型，向以住、行为代表的小康型、享受型转变，这为服务业发展提供了重要机遇。

四、2012 年嘉兴市服务业发展趋势预测

2012 年，我市将紧紧围绕市委、市政府提出的服务业优先发展战略和服务业倍增发展计划，把加快服务业发展作为优化产业结构、促进经济转型升级的重要抓手。努力营造发展环境，强化平台建设，不断优化产业结构，积极转变经济发展方式，保持服务业继续平稳较快发展的态势，已成为我市新一轮发展的重大战略选择。

(一)服务业增长将进一步加快

预计 2012 年期间，服务业对全市经济增长的贡献率达到 42%左右。服务业增加值预计增长 14%以上，高于二产增速，高于 GDP 增速 1 个百分点以上；服务业占 GDP 的比重达 37%～38%，为保持全市经济平稳较快发展发挥强有力的推动作用。

(二)服务业投资将保持高位增长

服务业投资已成为我市固定资产投资新的主要增长点，我市努力调整投资结构，促使固定资产投资向服务业倾斜，服务业投资涨幅较快。预计 2012 年，全市将完成服务业固定资产投资增长 15%左右，高于全社会固定资产投资增幅，占全部投资比重达到 45%左右。其中，新兴服务业投资将成为主力，信息服务、科研服务等投资平均增速将高于 100%。

(三)服务业开放性将继续增强

2012 年，全市服务业合同及实际利用外资将继续保持较大增幅，占全部产业的比重将达到 29%左右。其中，房地产业是服务业利用外资主要部分。咨询

和企业管理服务等商务服务业占据利用外资前列，商务服务业将成为我市调高服务业利用外资比重的新增长点。

(四)服务业集聚平台建设将全面推进

在全省14个产业大平台中，以“一心三片”为代表的嘉兴服务业集聚区——嘉兴国际商务区、嘉兴科技城、嘉兴经济技术开发区西南片区和嘉兴现代物流园将实现强强联手。这些原有或新兴的开发区、商务区、科技园区，特色各异，势头强劲，在此基础上打造一个新的省级产业大平台。

(五)服务业发展将进一步借助沪杭之力

2012年，服务业特别是现代服务业发展将更加注重发挥“紧邻沪杭的区位优势、浙江的政策优势、嘉兴的成本优势”，借鉴国际先进的产业规划理念，主动承接发达国家及长三角上海、杭州等地的产业转移，更加关注总部经济、商务会展经济、科技研发和服务外包等新兴服务业。

五、嘉兴市服务业发展的几点建议

(一)优化布局、聚集要素、搭建载体:把握服务业发展关键点

1.优化产业空间布局

要强化统筹规划的理念，科学合理布局，明确发展定位，形成布局合理、优势互补、错位发展的服务业发展格局。推进城市依托型、资源依托型、生产性服务业三种类型服务业发展。城市依托型服务业以现代商贸、金融与商务服务等为主，资源依托型以文化与旅游等为主，生产性服务业以现代物流、服务外包、总部经济、专业市场、创意产业、科技研发等为主。围绕实施服务业优先发展战略和服务业“倍增计划”，按照统筹规划、集聚集约、特色发展的基本原则，立足本地优势，突出重点产业，优化空间布局，强化政策扶持，加快平台建设。依据嘉兴市的交通、区位、资源、产业等条件，明确各地服务业发展的优势产业、共性产业，以嘉兴主城区和各个副中心为主导区域，以沿路、沿河、沿海为辐射带，以中央商务、现代物流、科技研发等八类集聚区为重点，进一步明确全市“一核三带八类”服务业集聚建设的发展目标、功能定位和建设规模，防止盲目投资和低水平重复建设。

2.集聚服务业发展核心要素

产业发展是由多种要素组合而成的，但各要素在产业发展中的地位是不同

的，不同的阶段其地位也不相同。对于工业来讲，厂房设备、技术人才等都是发展的核心要素，而服务业产业门类庞杂，不同的小产业有不同的核心要素，要加强政策引导，加快服务业发展核心要素的集聚。

3.搭建产业发展的有效载体

加大服务业基础设施建设。对占地面积较大的服务业集聚区，按照总体规划、基础先行、逐步推进的思路，加快道路、供水、供电、排污等基础设施的建设，拉开基础框架，为项目引进提供有效的平台。创新基础设施开发投资机制，积极探索和运用建设一移交(BT)、建设一经营一移交(BOT)、转让一经营一移交(TOT)等投融资模式，引导民间投资以独资、合资、合作、联营、项目融资等方式，参与公共事业、基础设施等项目建设。加强服务业公共服务平台建设。按照服务业的总体规划和功能布局，加强技术支撑、信息服务、人才培训、商务服务等生产性公共服务平台的建设，统一为服务业企业提供有效的生产性服务。加强服务业集聚区配套服务设施建设。在服务业集聚区中规划出一定的区域，统一建设集餐饮、购物、休闲、公共服务等为一体的生活性服务中心，提高集聚区的品质。

(二)宜居、宜业、宜发展:为服务业发展提供切实保障

1.用地保障

做好服务业规划与城市总体规划、土地利用总体规划的衔接，在空间上落实服务业发展。对盘活“批而未用”置换出来的建设用地和城乡建设用地增减挂钩的节余部分，优先用于服务业建设。优先推荐服务业的项目申报省服务业重大项目、省重点建设项目，争取上级的用地支持。对服务业规划涉及的原工业项目要实行“退二进三”，出台优惠政策鼓励原工业企业退出，建设新的服务业项目。对“三高两低”(高消耗、高污染、高危险、低产出、低效益)企业建立黑名单制度，进行限期整改，对整改不达标的，采取强制措施关停淘汰，通过“腾笼换鸟”，为现代服务业发展腾让出必要的发展空间。

2.资金保障

落实好省出台的鼓励现代服务业发展的政策，同时，要实行区内区外差异化，制定有利于产业集聚发展的现代服务业集聚区配套政策。对服务业重点项目、重点企业，优先推荐申报国家、省相关扶持计划和经费支持。发挥财政资金的引导作用，借鉴无锡等地的有益做法，探索运用财政专项资金开展对新兴和高端服务业项目的股权投资，通过项目的建设、培育，孵化成功后，政府投资再退出。积极鼓励各类金融机构支持服务业集聚区的基础设施和重点项目建设，

创新融资产品，加强银区、银项、银企对接，鼓励股权投资、风险投资、产业基金、创投基金参与服务业重点项目的投资。

3. 人才保障

深入实施“创新嘉兴·精英引领”计划，全面落实各类人才政策，加快现代服务业人才信息库建设，有针对性地引进一批精通国际规则、具有世界眼光的高层次服务业领军人才和创新人才。对引进的服务业高级人才，落实好个人所得税地方财政贡献部分的补助政策，在高级人才的住房等方面给予照顾，并优先解决高级人才及子女的社会保险、医疗保险和就学问题。积极引进专业化的服务业培训机构，鼓励服务业集聚区依托高等院校、职业院校和科研机构，建立区域高新技术和高层次应用型人才培养基地，深化服务业产学研培训合作，加大人才的培训培养力度。

（三）新制度、新模式、新服务：为服务业发展提供优良环境

1. 发挥制度优势

要建立和完善服务业综合管理体制，加强发展监测，统筹推进全市服务业发展。健全统筹管理体制，探索管理体制。完善全市服务业统计直报网络、统计数据库和嘉兴服务业统计监测评价体系，建立服务业集聚区统计制度，完善服务业统计调查方法。

2. 探索模式创新

创新建设管理，对总部经济、现代物流、专业市场等集聚区，要坚持政府主导，统一规划，统一招商，统一管理；对服务外包、科技研发、文化创意等集聚区，探索政府引导，企业开发建设模式，充分利用企业自身资源，实现产业集聚；要发挥与“沪杭同城”优势，实现与沪杭在更大范围、更宽领域、更高层次的全面合作。创新招商引资思路，通过引进一个或若干个大项目、大企业的示范带动，引进关联产业或同类产业；从单纯项目招商向产业链招商和产业基地招商转变，引导产业集聚发展，形成产业链和集聚效应。

3. 创新政府服务

整合部门审批资源，实现服务业项目一条龙、一站式服务，从项目报批、建设、运营整体上实现高效服务和跟踪式服务。进一步提高服务业集聚区管理创新能力，形成政府、企业的互动，组织好集聚区的统一宣传、策划、培训等活动，营造良好的发展环境。

嘉兴大企业培育发展现状与对策研究

□ 侯　琴

改革开放以来，嘉兴市从农村工业化起步，依靠创业创新和市场机制的先发优势，走出了一条以民营经济和中小企业、块状经济和专业市场联动发展为特色的发展路子。随着经济社会的深入发展和经济转型升级要求，企业需走向产业集中度高、抗风险能力强、依托大企业大项目成长的企业发展模式。"十二五"期间嘉兴市将重点实施"大企业倍增计划"，到 2015 年，培育 10 家销售收入达百亿元龙头企业、100 家销售收入超十亿元骨干企业，这是推进全市经济结构优化升级、提升综合竞争力的重要举措。

大企业作为龙头和骨干，在自身发展的同时，为社会创造了巨额财富，对于调结构促发展至关重要，为维护社会稳定、促进社会进步、提高城市竞争力作出了积极贡献。加强扶持和培育大企业，推动企业扩大经营规模，重视从内生力提升经济发展的规模和水平，将有利于提高全市企业竞争力，优化产业结构，加速转变经济发展方式，推动全市经济社会长远发展。

一、嘉兴市大企业培育的基本情况

(一)嘉兴市大企业发展的概况

2011 年是"十二五"开局之年，在市委、市政府的正确领导下，各县市区、各有关部门积极培育企业，做大做好企业，加大政策支持，完善社会服务，不断优化发展环境。

根据工业和信息化部、国家统计局、国家发展改革委、财政部《关于印发中小企业划型标准规定的通知》(工信部联企业〔2011〕300 号)，统计上工业大中小微型企业划分标准见表 1。

表1　工业企业划分标准

行业名称	指标名称	计量单位	大型	中型	小型	微型
工业	从业人员(X) 营业收入(Y)	人 万元	$X\geqslant1000$ $Y\geqslant40000$	$300\leqslant X<1000$ $2000\leqslant Y<40000$	$20\leqslant X<300$ $300\leqslant Y<2000$	$X<20$ $Y<300$

资料来源:国家统计局统计标准。

本文所指大企业,指工业企业中(包括采矿业,制造业,电力、燃气及水的生产和供应业三个行业的企业)销售额以年产品销售收入在1亿元以上的企业。

2011年我市培育大企业工作总体形势良好,全年规模以上工业企业3652家(注:从2011年起,规模以上工业统计口径调整为年主营业务收入2000万元及以上工业企业),工业总产值5677.00亿元,同比增长25.6%,主营业务收入5368.25亿元,同比增长21.8%,利税458.21亿元,增长7.8%。其中,化学、化学原料、纺织三大行业工业总产值分别增长42.5%、37.4%、18.2%,三大行业对全市工业经济增速贡献率为36.1%。嘉兴市亿元以上企业数量情况见表2。

表2　嘉兴市亿元以上企业数量　　单位:家,%

企业规模	2011年	2005年	占比
亿元以上企业	952	335	184.2
5亿元以下	798	286	179
1亿～2亿元	517	206	150.1
2亿～3亿元	167	47	255.3
3亿～5亿元	114	33	245.5
5亿～10亿元	91	29	213.8
10亿～15亿元	29	10	190
15亿～20亿元	10	3	233.3
20亿～30亿元	11	1	1000
30亿元以上	13	6	116.7

资料来源:嘉兴市经信委2011年统计数据。

全市大企业中,销售收入超百亿企业2家,超十亿企业65家。其中,2家百亿企业均在桐乡,十亿企业桐乡占11家,海宁10家,嘉兴港区9家,平湖和南湖区各8家,秀洲区7家,海盐、嘉善和嘉兴经济技术开发区分别为5家、4家和3家。根据嘉兴市经信委对全市大企业培育推进情况的跟踪分析,所选的113家具有代表性的企业,2011年度的工业总产值为2030亿元,同比增长35%;销售收入1972亿元，同比增长28%；上缴税金52亿元，同比增长43%；利润127亿元，同比下降6%。

在亿元以上工业企业数量快速增长的同时，全市制造业产业结构也发生了较大变化，一方面纺织、服装、皮革毛皮、家具制造等传统产业发展不断提升，另一方面电子信息产业、装备制造业、新材料、生物医药一批新兴产业也得到较快发展(见表3)。

表3　嘉兴市亿元以上企业行业分布　　单位：家

产业结构	2011年					2005年				
	亿元以上企业	5亿元以下	5亿～10亿元	10亿～30亿元	30亿元以上	亿元以上企业	5亿元以下	5亿～10亿元	10亿～30亿元	30亿元以上
合计	952	798	91	50	13	335	286	29	14	6
农副食品加工业	23	17	5	1		9	9			
食品制造业	12	8	3	1		3	3			
饮料制造业	4	2	2			2	2			
纺织业	184	171	7	6		61	57	4		
纺织服装、鞋帽制造业	65	57	6	2		32	30	1	1	
皮革毛皮、羽绒制品业	51	41	6	2	2	25	22	1	1	1
木材加工及木竹藤棕草制品业	22	22				7	7			
家具制造业	21	18	3			7	6		1	
造纸及纸制品业	31	24	2	4	1	16	13	2	1	
印刷业和记录媒介的复制	13	11	1	1		4	3	1		
石油加工、炼焦及核燃料加工业	4	3		1		3	2	1		
化学原料及化学制品制造业	57	38	7	9	3	18	14	2	2	
医药制造业	3	3				2	2			
化学纤维制造业	25	16	4	3	2	21	14	4	1	2
橡胶制品业	6	3		2	1	5	3	1	1	
塑料制品业	41	40	1			6	6			
非金属矿物制品业	69	61	5	2	1	16	15		1	
黑色金属冶炼及压延加工业	32	22	5	3	2	9	7	2		

续表

产业结构	2011年					2005年				
	亿元以上企业	5亿元以下	5亿～10亿元	10亿～30亿元	30亿元以上	亿元以上企业	5亿元以下	5亿～10亿元	10亿～30亿元	30亿元以上
有色金属冶炼及压延加工业	13	10	1	2		4	3	1		
金属制品业	31	25	6			8	7	1		
通用设备制造业	76	67	6	2	1	17	14	2	1	
专用设备制造业	20	16	3	1		3	3			
交通运输设备制造业	20	16	3	1		3	3			
电气机械及器材制造业	62	52	5	5		21	18	1	2	
通信设备、计算机及其他	40	33	5	2		14	11	3		
仪器仪表及文办机械制造业	11	9	2			4	4			
工艺品及其他制造业	6	5	1			1	1			
废旧材料回收加工业	2	1	1			1		1		

资料来源：嘉兴市经信委2011年统计数据。

（二）嘉兴市大企业发展的特点

大企业的形成和发展壮大，对于嘉兴市经济结构的转型升级、产业结构的优化完善、经济增长质量和效益的提高、区域竞争力的提升起到了重要的推动作用。总体来说，嘉兴市大企业发展具有以下几个方面特点。

1.大企业引导全市科技创新能力提升

近年来，嘉兴市加快构建以企业为主体、以市场为导向、产学研相结合的技术创新体系，2011年，全市新增1家国家级技术中心，3家省级企业技术中心，17家省级研发中心，47家国家重点扶持高新技术企业。同时，企业创新投入加大，创新成果频现，2011年规模以上企业科技活动经费支出81.98亿元，比2005年增加5.7倍，全市发明专利申请量和发明专利授权量分别为985件和325件，规模以上企业新产品产值率从2005年的13.6％上升到2011年的31.2％。

2.大企业促进地区产业结构优化

2011年嘉兴市规模以上企业的轻重工业比为49.8∶50.2，较2005年的57.4∶42.6有了明显变化。一方面，传统优势产业加快改造提升，纺织、服装、化纤、造纸、皮革、非金属矿物制品、化工、塑料制品、金属制品、通用设备、电气机械、电子通信、黑色金属冶炼及压延加工等13大行业的年工业总产值均突破百亿元大关。另一方面,战略性新兴产业快速崛起,2011全市战略性新兴产业共有规模以上企业466家,占全市规上工业的12.8%,实现产值1757.9亿元,同比增长36.77%,高出全市规模以上工业平均增速10.8个百分点;实现利税199.9亿元、利润139.7亿元,分别增长10.9%和2%。同时,块状经济加快向现代产业集群转变,形成了海宁皮革、平湖光机电、马桥经编等10个年工业总产值百亿元以上区块,区域创新体系、专业化协作体系和公共服务体系进一步完善。

3.大企业带动中小企业成长

大企业往往具有中小企业无法比拟的规模优势与创新优势,处于产业链的核心地位。因此,大企业对于同行业的中小企业具有举足轻重的影响,同时大企业与中小企业之间的良性互动亦能反作用于大企业,有助于大企业更专注于核心领域的开发研究,提升核心竞争力。如,加西贝拉一直坚持"合作、共赢、发展"的理念,先后培育带动167家专业配套企业,其中本地企业86家,行业龙头带动作用明显,在嘉兴市形成了国内最大压缩机制造基地之一,促进了地方经济的发展。

4.大企业现代企业管理制度完善

嘉兴市亿元以上工业企业逐步建立了公司法人制度(即股份有限公司和有限责任公司),并初步建立了现代企业组织制度。其中,10亿元以上企业基本建立了现代企业管理制度,确立了企业发展战略目标,培养了一支有较高素质的职工队伍,建立了一套高效运行的组织机构和管理制度,形成了以企业精神、企业形象、企业规范等内容为中心的企业文化,培育了良好的企业精神和企业团队意识,保证了企业生产经营活动的高效运行。

二、嘉兴市大企业培育的环境分析

今后一个时期仍是我国发展的重要战略机遇期,嘉兴市仍将处于大发展大建设的历史阶段,大企业成长面临着国际和国内经济巨大变革带来的历史机遇和严峻挑战。

(一)发展的有利条件

1.宏观经济形势发展给大企业发展带来诸多机遇

新一轮全球经济调整序幕的拉开,出现了国际产业大转移、制造业布局大调整的新趋势，以中国为代表的新兴经济体日趋成为制造业发展的重心。国务院确定长三角地区建设成为全球先进制造业中心的战略目标，使嘉兴市能够继续抓住国际制造体系大调整的难得机遇，积极承接国际产业转移，有力推动工业发展。全市大企业能够加快利用国内外两个市场和两种资源用以发展，在高起点上争创新优势、实现新跨越。此外，浙江省作为国家推进实施海洋经济发展战略的三个海洋经济试点省份之一，积极建设海洋经济发展上升为国家区域发展战略，嘉兴市地处杭州湾北岸，濒临东方大港，积极推进实施海洋经济发展战略为全市临港工业企业提供了广阔的发展空间。

2.全市产业的发展领域不断拓宽

经过几十年的发展，嘉兴市工业产业从传统的纺织、服装、化纤、造纸、皮革、非金属矿物制品、化工、塑料制品、金属制品、通用设备、电气机械、电子通信、黑色金属冶炼及压延加工等行业，逐步扩展至新材料、新能源、节能环保、生物医药等新兴产业领域，大企业发展领域宽广。

3.嘉兴的特色经济日趋显现

目前，嘉善木业家具、电子信息、纽扣、太阳能光伏，平湖光机电、服装，海盐核电、机械标准件，海宁皮革制品、家纺、经编、包装、太阳能，桐乡崇福皮草、濮院秀洲洪合针织、洲泉化纤，南湖汽配机电，秀洲新能源，嘉兴港区化工新材料，嘉兴经济技术开发区汽车零配件等区域特色经济逐步发展壮大，现代产业集群，为大企业龙头作用的发挥、推动企业集聚发展提供了空间。

4.政府政策措施不断完善

近年来，嘉兴市坚持企业主体、政府引导的原则，市政府在规划引导、公共服务、政策扶持和环境营造等方面发挥了积极的主导作用，努力引导资源要素向优质企业集聚，充分调动企业做强做大做优的积极性。2011年以来，市政府先后出台《关于加快发展现代产业集群的若干意见》(嘉政发〔2011〕9号)、《关于印发嘉兴市进一步加强企业上市工作和支持上市公司发展若干意见的通知》(嘉政发〔2011〕57号)、《关于印发嘉兴市大企业倍增计划实施意见的通知》(嘉政发〔2011〕59号)等政策措施，明确了表彰奖励年度走新型工业化道路“十强”企业和企业经营团队、支持大企业进行重大投资、鼓励企业上市直接融资、支持并购重组属地企业、优先保障用地用电需求等扶持政策。

(二)嘉兴市大企业培育的制约因素

1.资源要素紧缺限制大企业的生产规模的扩张

企业规模的扩张需要大量的土地、能源、资金、人才等资源要素的保障，嘉兴市资源要素的紧缺制约着企业的扩张。一是全市土地资源较少，特别是近年来国家对土地政策的调整和对各类用地的控制，使得企业征用土地十分困难，一些大企业虽然有扩张的规划，却因土地问题难以实施。二是煤炭、电力等能源和部分原材料供应紧缺，特别是由于浙江省电网供电量持续紧张，使得省下达嘉兴市调峰负荷量与大企业迅速发展的用电需求不相适应，影响了大企业的日常生产运作。三是随着国家财政货币政策的调整，大企业在贷款审批和贷款规模上都有较大的限制，资金短缺现象严峻，企业资金运行趋紧。四是近年来人力资源短缺现象突出，以及劳动力成本的较快上涨加重了企业经营维护成本，影响着企业的规划和长远发展。

2. 创新意识和能力不足限制企业进一步做大做强

嘉兴市中小企业的经营规模逐步扩大，虽涌现出一批优秀大企业，但受发展路径的制约，多数企业仍在原有产业上扩张，缺乏进入高端产业的意识和能力，难以进一步做大做强。在全市现有大企业中，大部分企业属于电工器材、纺织、通用设备、化工等传统产业，涉足生物医药、新材料、信息产业、节能环保及高端装备制造业等战略性新兴产业的大企业不多，大部分大企业制造水平仍处于行业产业链和价值链的中低端，技术含量偏低、产品附加值不高、利润微薄，企业产品多属于中间产品，终端产品较少，产业链延伸不够，加上大企业在树立企业形象和品牌，以及维护自主知识产权方面意识的薄弱，使得产品市场份额有限，核心竞争力不强。

3. “软实力”建设滞后放缓大企业扩张步伐

虽然嘉兴市现有大企业扩张速度较快，但企业发展“软实力”建设相对滞后。一是企业自身技术创新投入不足。2011 年全市规模以上工业企业科研活动经费 82.68 亿元，只占主营业务收入 5368.25 亿元的 1.54%，远低于国际企业界普遍认定的 5%以上的标准。二是企业管理制度不够科学。一些大企业尚未建立现代企业经营管理制度，公司在管理、绩效考核、激励政策等方面缺乏规范化管理，相关制度的公正性和执行制度的严肃性有所欠缺。三是企业高级管理人才短缺，用人机制不完善，企业人才流失现象普遍，阻碍企业管理水平提升和长远发展。四是企业品牌意识较弱，缺乏建立和维护品牌效应的意识，全市国家名牌、省级品牌的数量偏少，影响了企业品牌和区域经济特色的形成。

三、促进嘉兴市大企业培育发展的建议

根据《嘉兴市“十二五”工业发展规划》，新能源、新材料、节能环保、生物、物联网和核电关联六大战略产业将成为培育重点，到 2015 年，全市将着力开展

“十百千”大企业梯队培育行动，培育10家销售收入达百亿元的龙头企业、100家销售收入超十亿元骨干企业。

立足嘉兴市企业现有基础和比较优势，今后一段时期大企业培育发展应抓好以下几方面工作。

（一）政府高度重视，优化大企业发展环境

各级政府要为大企业发展创造条件，帮助企业克服一些依靠自身难以解决的体制障碍，积极主动而又科学有效地推动大企业健康成长。

1. 注重从战略上引导大企业发展

大企业成长表现为一个资源要素不断集聚、资源质量和效率不断提高、企业市场影响力不断扩大的过程。要遵循企业成长规律，发挥政府对企业健康发展的宏观调控作用，编制大企业发展的宏观指导规划，明确产业发展方向；根据经济和社会发展需要，结合企业的经营方向、经济效益及社会效益提出指导性战略目标，指导省行业龙头骨干企业、市重点培育的大企业做好发展战略规划的编制工作，支持企业理清发展思路、明确发展目标、落实发展措施，帮助企业协调解决规划编制和实施过程中的问题。

2. 加强对企业技术创新的支持

鼓励引导大企业加大技术创新投入，加强企业研发机构建设，建设各具特色的企业技术中心、工程中心、研发中心，加快博士后创新创业驿站和院士专家工作站建设步伐，建立市级以上企业技术研究院、重点实验室、技术中心和技能大师工作室。支持和鼓励企业加大研发投入。对企业开发高新技术项目，要以企业投入为主体，政府投入为引导，广泛依靠社会力量，引导社会资金采取集资、入股、合作、引资等形式多渠道增加科技投入。

3. 强化企业要素保障

加强统筹协调，确保土地、能源、环境容量指标向大企业倾斜。在土地等要素资源紧缺的形势下，要在城市建设、基础设施建设上集约使用土地，在用地指标分配上优先保证产业用地，此外通过转移落后产能等途径腾出大企业发展的土地、能源、环境容量。同时要坚持贯彻国家产业政策和运用市场机制的有机结合，完善企业投资项目准入机制，严格执行技术、质量、环保、安全、能耗等市场准入标准，坚决控制高消耗、高排放和低水平重复的建设项目。支持企业开展“零增地技改”和“零用地招商”，提高集约发展水平。

4. 营造良好的市场环境

切实维护企业家的合法权益，营造尊重、支持和热爱企业家的社会氛围，使

企业家真正能够集中精力领导企业开展科技自主创新活动。执行大企业审批项目“绿色通道”制度,简化审批手续,缩短审批时间,积极为企业创造良好的外部环境。在全社会培育诚实守信的道德行为规范,大力整顿市场经济秩序,为大企业发展创造公平的竞争环境。

5.提高政府服务能力

将创造良好的企业发展环境作为政府的主要责任,在优化法制环境、政策环境、社会环境、城市环境、竞争环境、融资环境、投资环境、文化环境、舆论环境、信用环境、人才环境等方面,取得扎扎实实的成效。改进服务,有效整合各个职能部门的行政资源,创新提升政府行政效能。在政府与企业间建立良好的政企互动机制,制定政策时多听取企业的想法和意见,帮助企业联系和协调上级有关部门,有效帮助企业解决发展中遇到的突出问题。

(二)企业调整规划,进一步深化改革创新

1.加快企业制度和管理创新

一是优化公司治理结构。按照《公司法》的要求规范股东会、董事会、监事会和经理层的职责,做到各负其责、协调运转、有效制衡。完善公司内部治理,从保障股东权益、风险控管、战略策划、CEO 接班人制度等方面出发,形成科学的决策、激励和约束机制。

二是加快股份制改革。股份制有利于企业迅速扩大经营规模,形成比较合理的治理结构。要以调整和优化产权结构为重点,通过规范上市、整体上市、中外合资、产权置换、相互参股、兼并收购等多种途径实现投资主体多元化。

三是鼓励企业开展资本重组。推进全市企业跨地区、跨行业、跨所有制的兼并、控股、参股,实施强强联合,实现资源和生产要素的有效积聚,在优化组合中创造出新的生产力,焕发出新的增长点,产生倍增效应。

四是广泛开辟融资渠道。对已经上市的企业,通过增资扩股、可转换债券等渠道,保持持续融资的能力,充分发挥其资金实力雄厚的优势,选准市场前景好的重点项目,发展增量,盘活存量,加速形成新的经济增长点,推动企业大跨度向前发展。对符合嘉兴产业发展导向、有发展潜力的企业,要积极扶持,加快股改上市步伐。与此要同时大力引进培育各类投资基金公司、拓展信贷融资渠道,为企业转型升级、做大做强,提供资金保障。

五是推行战略联盟。战略联盟比企业直接重组、兼并具有更强的灵活性和反应力,能够适应市场运行加快的需求。通过联合行业中其他上下游企业,建立一条经济利益相连、业务关系紧密的行业供应链,以形成“双赢”、“多赢”的利益共同体,实现优势互补和资源的优化配置。

2. 大力推进技术进步

当前经济全球化、信息化以及高新技术发展迅猛，科学技术在经济领域发挥着越来越重要的作用，且伴随生产要素成本优势的逐渐减弱，科技竞争力已经日益成为企业持续发展的推动力。虽然嘉兴市的大企业在建立技术中心、增加科研经费投入、拓宽获取新产品新技术的渠道、加大新产品的研发力度、加强科技人员队伍建设等方面取得了积极的进展，但与国际通行的标准（企业要保持领先水平，研究开发费用要达到销售收入的5%以上）还有较大差距。企业要根据自身的发展水平和行业特点，充分发挥研究开发投入的主体作用，即通过进入资本市场、加快折旧、直接将研发投入摊入成本等多种途径，千方百计筹措研发资金，尽快提高研发投入占企业销售收入的比重，加速运用高技术和先进适用技术于产品生产，切实提升企业装备技术水平、生产工艺水平和产品质量水平，提高企业的核心竞争力。

一是积极实施开放式创新发展。密切“产学研”之间的战略合作，加强企业与大专院校、科研院所的合作创新，通过购买专利、委托开发、合作开发、共建技术开发机构、联办科技型实体等多种途径，形成稳定有效的技术支持，加快科技成果产业化进程，努力建立优势互补、风险共担、利益共享的合作机制。有条件的大企业要积极实施全球化研发战略，充分利用扩大开放的机遇和条件，积极主动地与世界最优秀的研发机构开展交流与合作，大胆地利用全球的人才资源和智慧，抢占当今科技的制高点，从而在原始创新、集成创新和引进消化吸收再创新等形式中寻求科技自主创新的突破点。

二是按照市场需求引领自主创新。协调好研发、生产与市场的关系，坚持走科研、生产、经营一体化的道路，实现企业创新成果和产业链的有机结合。既要关注当前市场需求，更要着眼于未来市场需求，注重长远规划与整体布局，合理投入研发力量，保持研发项目的适度超前。

三是建立健全研发体系和管理机制。建立具有国际竞争力的企业研究开发机构，构建多层次的科研技术开发体系。要依托财务、质量和技术支援组成研发团队，改进研发流程，强化研发全过程管理，推行公用技术平台化，实现研发过程规范化。改革和强化研发经费管理，加强对科研课题及经费的申报、评审、立项、执行和结果的监管。要制定与执行严格规范的制度，优化企业内部创新资源的配置，大幅度地提高创新的效率与效益。

3. 注重人才队伍建设

大企业要在激烈的国际国内竞争中取得主动、赢得优势，就必须广泛发现、积极吸引、切实用好各类人才。要着力造就具有世界眼光、战略思维、创新精神、经营能力和社会责任感的企业经营管理人才队伍，以高层次人才和紧缺人才为重点打造创新型企业技术人才队伍,以技师和高级技师为重点打造门类齐全和技艺精湛的企业高技能人才队伍。同时,要重点打造人才队伍建设的三大保障机制。

一是人才选用机制,要以公开、竞争、择优为导向,使工作能力和工作业绩成为企业选人用人的唯一标准,促进人才在合理流动、资源配置中脱颖而出。

二是人才评价机制,要及时建立以业绩为依据,由品德、知识、能力等要素构成的人才评价指标体系,针对不同人才,采取各具特色的评价方式,形成科学的人才评价机制。

三是人才激励机制,要坚持物质奖励与精神奖励相结合,对为企业经营管理、技术进步作出突出贡献的人才,给予荣誉和重奖,提高人才的经济待遇和社会地位。

4. 着力打造知名品牌

品牌是给企业带来溢价、产生增值的一种无形的资产。要以品牌战略为抓手,通过争创世界名牌、中国名牌产品、省名牌产品、中国驰名商标、省著名商标、省知名商号、省出口名牌等,提升企业形象和产品形象,实现品牌价值提升。已拥有自主品牌的企业,要借助品牌优势加快做大做强,加快调整产品结构和技术改造,提高自主品牌产品销售占比,培育创建特色产业品牌和区域产业集群品牌。

一是重点抓好品牌的塑造,引导企业围绕产品质量、售后服务、产品形象、文化价值、管理结果等方面,狠抓企业基础工作,引导企业增强品牌意识,加大自创品牌力度,培育自主品牌。

二是要加快对现有企业名牌产品的提档申报认证,超前考虑品牌产品的提档升级,提前准备向更高层次品牌申报的相关资料。

三是利用各类贸易会、博览会、展销会以及日常广告宣传、产品市场推广、公益捐赠等途径实施品牌运作,加大品牌的宣传力度,增加无形资产价值。

国家海洋发展战略背景下嘉兴滨海开发现状分析与对策研究

□ 严明强 侯 琴

海洋是人类生存发展的基本环境，是现代经济社会发展的战略资源。海洋经济是指开发海洋资源和依赖海洋空间而进行的生产活动，以及与此相关的各类服务性产业活动。2011 年 2 月 25 日，国务院正式批复《浙江海洋经济发展示范区规划》，标志着浙江海洋经济发展正式上升为国家战略。这对作为环杭州湾北岸重要滨海城市的嘉兴来说，无疑是一次重大的战略机遇，而滨海新区也无疑成为嘉兴最具发展潜力的区域之一。如何抢抓机遇，发挥优势，全力实施滨海开发带动战略，推动经济社会在更高层次上又好又快向前发展，是嘉兴当前面临的重大课题。

一、嘉兴滨海开发的现状

嘉兴是一座名副其实的滨海城市，拥有 1559 平方公里的海域面积和 84.4 公里的大陆海岸线，仅嘉兴港相关区域可建港岸线就有 26.5 公里，其中可建万吨级以上深水泊位的岸线有 23 公里。由于得天独厚的自然资源和区位条件，嘉兴开发滨海地区、发展海洋经济的工作起步较早。早在 1991 年，为呼应浦东开发开放，市委、市政府就制定了“发挥优势、拓展外向、开发乍浦、双线联动、接轨浦东、振兴嘉兴”的发展战略。2001 年，调整乍浦开发体制，设立嘉兴港区党工委、管委会。2004 年，召开第一次全市海洋经济工作会议，提出建设“海洋经济强市”的奋斗目标。2005 年，出台《关于加快滨海新区开发建设的若干意见》，确立实施“滨海开发战略”。2006 年，在嘉兴港建港 20 周年之际，提出了滨海新区“一年打基础，三年出形象，五年见成效，十五年再造一个新嘉兴”的发展目标。进入“十二五”时期，市委、市政府又把“滨海开发战略”提升为“滨海开发带动战略”。

(一)嘉兴滨海开发的特点

2011 年 8 月,在浙江海洋经济发展正式上升为国家战略之后,市委、市政府提出要把嘉兴打造成为海洋经济实力较强、辐射服务功能较好、空间资源配置合理、科教文化体系完善、海洋生态环境良好的浙江海洋经济示范区重要一翼。经过这些年的努力,嘉兴加快滨海开发、发展海洋经济的工作取得了阶段性成效,主要呈现以下四大特点:

1. 滨海开发的保障机制逐步完善

进入"十一五"以来,嘉兴市政府加大对滨海开发带动战略保障机制的建设和完善。目前,滨海新区的开发建设体制机制已由统筹规划、统筹政策、统筹协调、统筹宣传及分主体开发、分步实施的"四统两分"模式转向区域发展、岸线资源、经济生态统筹和港产、港城、海河、海陆联动的"三统筹、四联动"模式,更有利于嘉兴滨海开发战略的实施及对地方经济的带动。2011 年市委、市政府还对嘉兴市滨海办、嘉兴港区管委会、嘉兴港务管理局、嘉兴市口岸办及各个开发建设主体的运行机制进行调整,平湖市还对独山港区的行政区划和管理体制进行了调整,形成了"两镇合并(原黄姑、全塘两镇),区镇合一(合并后的独山港镇和独山港区),以区为主"的开发建设管理体制,为今后滨海新区各项工作的开展提供了有力保证。

2. 滨海开发的相关基础配套设施建设迅速

近年来,嘉兴市为有效实施滨海开发带动地方经济的发展战略,加快了对基础配套设施的建设。一是港口建设初具规模。乍浦、独山、海盐港区已建成外海泊位 32 个,其中万吨级 22 个;已完成围涂面积 4 万多亩,其中"十一五"期间新增 2.4 万亩。二是综合交通形成网络。以乍浦港区为枢纽,以海河联运和公路运输为主的立体式综合交通网络已具雏形,杭浦、申嘉湖、杭州湾大桥及北接线一期等高速公路建成通车,乍嘉苏航道、何家桥线等海河联运工程深入推进,内河港多用途港区投入使用。三是配套水平不断提高。滨海新区供水、供电、供气、道路、通讯、污水处理等配套基础设施正逐步健全,为港产、港城、海河、海陆联动发展奠定了硬件基础。

3. 实施滨海开发战略促进区域特色经济的形成

实施滨海开发以来,嘉兴市临港制造业和现代物流业不断发展,特别是化工新材料、新能源等行业迅速壮大。2010 年滨海化工新材料行业实现产值 115 亿元,英荷壳牌、日本帝人、新加坡美福、韩国湖石、日本德山化工等一批世界 500 强和国际知名企业纷纷落户,信汇合成、嘉兴石化、华辰能源、中国航油、吉安纸业等一批内资重大项目顺利推进，杭州湾钢贸城、长三角国际石材城等一批带动性强的项目建成投运，独山港综合物流园区列入省服务业重点项目，以九龙山、南北湖等景区为重点的滨海旅游独具特色，2010年滨海旅游业实现增加值17.2亿元。

表1 嘉兴市滨海新区及相关县(市)海洋经济重点产业

序号	所在地	重点产业
1	嘉兴港区	加快“三位一体”港航物流服务体系建设，建成浙北地区大宗商品交易中心、浙北海陆联动集疏运示范区和金融与信息支撑平台的港航物流服务体系
2	平湖市	①以港口物流、休闲旅游等为重点的现代海洋服务业 ②装备制造、新能源、基础新材料“一装两新”临港先进制造业 ③生物医药、新能源等海洋新兴产业
3	海盐县	核电相关产业、钢铁等金属延伸深加工业、化工新材料制造业，重装备机械制造(核电关联)、新能源(LED光电)等新兴产业
4	海宁市	滨海旅游业、海洋先进装备、海洋可再生能源、海洋生物产业

资料来源：嘉兴市经信委。

4.全市海洋经济总量具有了相当规模

2011年，嘉兴港实现货物吞吐量5000万吨，外贸吞吐量448万吨，接卸集装箱50万标箱，“十一五”期间滨海新区累计合同利用外资21.7亿美元、实际利用外资7.9亿美元，引进市外内资121.2亿元。

表2 2010年嘉兴市及相关县(市)海洋经济发展情况 单位：万元、人

	嘉兴市	平湖市	海盐县	海宁市
总产出	2490843	1058449	1121840	296561
第一产业	11852	5386	5210	0
第二产业	1901789	889026	1012762	0
第三产业	577202	164037	103868	296561
增加值	1188364	395925	678067	107957
第一产业	8232	3555	3908	0
第二产业	963288	328460	634828	0
第三产业	216844	63911	39332	107957
从业人员	47684	12482	14603	18727
第一产业	5222	2255	2479	0
第二产业	7783	2139	5644	0
第三产业	34679	8088	6481	18727

资料来源：嘉兴市经信委。

(二)嘉兴实施滨海开发存在的问题

1.滨海开发带动意识较为薄弱

从目前嘉兴市滨海开发发展形势来看,实施滨海开发带动地方经济的意识较薄弱,三个开发主体分属于三个县级行政区域,各个港区(开发区)依托自身的优势,重区内开发,轻互动带动,重本行政区规划,轻区域统筹,港区(开发区)之间的互动不够,在市域范围内的海陆联动考虑较少,不利于滨海开发带动地方经济的长远发展。

2.滨海开发联动机制尚未健全

根据《浙江海洋紧急发展示范区规划》的要求,滨海开发应遵照"海陆统筹,联动发展"的基本原则,而结合嘉兴市滨海开发的实际,全市滨海开发的整体联动机制尚不完善,未体现利用滨海开发战略促进嘉兴市整体经济的发展的效果。如何探索滨海开发的海陆联动融资机制,如何通过海陆联动机制构建嘉兴出口加工区功能充分发挥等问题都将成为今后发展的重点。

3.滨海开发带动的效果分散弱小

目前,嘉兴市参与滨海开发战略的三个港区(开发区)产生的带动效应较小,嘉兴港区对滨海新区的带动效应,滨海新区对市域经济发展等带动效应还处于自发阶段,尚未达到自觉推进的程度。此外,由于许多项目还处于建设和发展的初期,滨海开发的带动效应还未充分释放出来。

二、嘉兴实施滨海开发的机遇与挑战

当前和今后一个时期,嘉兴滨海开发的实施将进入一个新的关键阶段。思考和谋划这个阶段的发展,必须分析把握面临的发展形势,从而乘势而上,因势利导,顺势而为。

(一)嘉兴实施滨海开发面临的机遇

21世纪是海洋的世纪,谁能赢得海洋经济发展的先机,谁就能占据未来发展的制高点。对嘉兴而言,加快滨海开发、发展海洋经济是近年来面临的又一重大战略机遇。主要包括以下几个方面:

1."两大战略"的全面实施

2010年以来,国务院先后批准实施长三角区域规划和浙江海洋经济发展示范区规划,使得嘉兴迎来了前所未有的良好发展机遇。一方面,嘉兴"与沪杭同城”的区位优势,使全市能够接受长三角“一核九带”发展格局中沿沪杭甬线、沿湾、沿海、沿运河等四条发展带的直接带动和辐射。另一方面,嘉兴作为浙江建设海洋经济发展示范区“北翼”布局的重要组成部分,今后将获得更多的投资机会和资金支持。嘉兴同时处于两大国家战略的交汇点上,极大地提升了全市的发展地位,同时也为更好地参与区域分工合作,促进嘉兴滨海开发、发展海洋经济创造了更好的条件。

2.产业定位的转变拓宽嘉兴滨海开发的发展思路

“十一五”期间,嘉兴市在滨海新区建设上注重对临港工业、港口现代物流业和滨海旅游业等临港型产业的发展。“两大战略”的实施,转变了全市工业以及海洋经济发展的产业定位,其中《长江三角洲地区区域规划》对嘉兴的产业定位是:“发挥临沪和沿湾优势,建设高技术产业、临港产业和商贸物流基地,成为运河沿岸重要的港口城市。”《浙江海洋经济发展示范区规划》更明确了现代海洋产业体系的内容,一方面指出海洋产业体系包括海洋新兴产业、海洋服务业、临港先进制造业和现代海洋渔业四个大类及相关子产业,另一方面还指出嘉兴特色海洋产业应注重发展海盐核电设备、运动休闲船艇及大型船用装备、高档造纸、航运服务业、九龙山一南北湖一盐官滨海旅游业等行业。这些重要理念表明发展海洋经济是实现产业转型升级的突破口,拓宽了嘉兴市实施滨海开发带动战略的发展思路。

3.嘉兴自身优势为滨海开发提供有力保障

嘉兴市滨海新区自身所具有的独特优势也为抢抓新的战略机遇提供了有利条件。一是区位交通优势。滨海新区是长三角区域内沪杭苏甬四大城市的枢纽地带,离四大城市都在100公里以内,离上海洋山港、宁波一舟山港分别为53海里、73海里,离上海浦东、虹桥和杭州萧山、宁波栎社等国际空港均在一小时车程以内,对外交通便利、四通八达。二是岸线资源丰富。滨海新区是杭州湾北岸建港条件最好的区域,建港岸线顺直绵长,岸线内侧地势平坦,有利于临港物流业和制造业的梯次布局。三是经济腹地广阔。除了乍浦、独山、海盐港区自身拥有的经济腹地以外,直接经济腹地覆盖整个杭嘉湖地区,间接经济腹地可以辐射到苏南、皖南等地。

(二)嘉兴实施滨海开发面临的挑战

当前和今后一个时期,我们面临的发展环境将发生广泛而深刻的变化,既面临难得的历史机遇,也面对诸多可以预见和难以预见的风险挑战。

1.不断变化的外部经济环境影响滨海开发的平稳发展

一方面国际经济形势持续不稳定,世界经济复苏进程还很脆弱,特别是欧债危机的深化蔓延以及美国主权信用评级的降低，使得世界金融市场持续动荡，全球通胀压力进一步加大，阻碍了我国进出口贸易的正常运作，影响了在实施滨海开发战略过程中在项目建设规划、国际贸易往来等方面的进程。另一方面国内经济社会发展中原有的不平衡、不协调、不可持续的矛盾依然存在。同时又出现一些值得关注和警惕的新情况和新问题，尤其是宏观调控面临的“两难”问题进一步显现，保增长与调结构的矛盾、调控房地产与扩大内需的矛盾、缩小收入差距与降低企业成本的矛盾、抑制通货膨胀与预防经济下滑的矛盾等等，都使宏观调控复杂性加大，影响着滨海开发带动战略的平稳发展。

2. 嘉兴同城优势的相对弱化影响滨海开发进程

随着长三角一体化进程的加速推进，高等级公路和杭州湾大桥、沪杭高铁等重大基础设施的相继建成，使得嘉兴拥有“与沪杭同城”的区位优势。但是交通格局重大调整的同时，也缩短了周边城市与长三角核心区的距离，使得长三角发展要素的流动更加活跃，区域港口及城市之间竞争日趋激烈，使得嘉兴在实施滨海开发战略的进程中区位优势被逐渐弱化，城市间在引进投资项目及对人才、科技、产业等各种资源要素的竞争更为激烈，影响滨海开发战略的整体进程。

3. 自身发展压力加剧制约滨海开发的实施

目前嘉兴在实施滨海开发时制约因素较多，转变经济发展方式任重而道远。在实施滨海开发的过程中，人才、技术、知识等创新要素供给相对不足制约着滨海开发带动战略的有效实施。此外，由于征地拆迁、环境污染等引发的社会不稳定因素，也影响着滨海开发的顺利推进。滨海开发战略亟须制定科学合理的规划，既要保增长，又要保稳定，更要调结构，使得嘉兴海洋经济的整体定位适应国家实施节能减排战略和浙江推进生态文明建设的要求。

三、嘉兴实施滨海开发的对策与建议

嘉兴市已出台的《嘉兴市人民政府关于加快发展嘉兴海洋经济的实施意见》明确了“十二五”期间我市海洋经济的发展目标：

力争到 2015 年，全市海洋产业增加值达到 250 亿元，市区及三个示范区地区生产总值达到 2800 亿元，占全市的 3/4，沿海沿江制造业产业功能区总产值达到 4000 亿元，嘉兴港吞吐能力达到 1 亿吨，集装箱吞吐量达到 200 万标箱，大宗商品市场交易额突破 600 亿元，使我市成为全省“三位一体”港航物流服务体系的重要组成部分、长江三角洲重要的临港产业基地，在浙江海洋经济发展中地位和作用持续增强。

为实现这一目标，需进一步深化对相关政策建议的研究，着力强化以下工作：

（一）加强实施滨海开发的意识

在实施滨海开发带动战略的过程中，要加强实施滨海开发带动战略的意识，紧紧围绕“十五年再造一个新嘉兴”的总体目标，认真贯彻落实中央、省委、嘉兴市委有关会议精神，围绕推进“三大倍增计划”和“四大”建设，按照“三统筹、四联动”的要求，深入实施滨海开发带动战略，突出嘉兴滨海新区开发建设。

1. 高度统一思想

港口岸线是核心的战略资源，是嘉兴新一轮发展的优势所在、潜力所在，要高度重视嘉兴滨海开发的重要性，深入实施滨海开发带动嘉兴经济全面发展的战略。

2. 加强综合协调

在实际工作中要协调相关部门的分工协作，强化对资源要素的统筹和调控，确保滨海开发带动战略的顺利推进，以及各资源要素利用结构的最优化、效益的最大化。

3. 营造舆论氛围

着力加强实施滨海开发带动战略的宣传工作，开展各种形式的主题宣传活动，进一步加强舆论引导，加强对海洋国土、海洋经济、海洋科技、海洋环境等方面知识和滨海开发重要意义、主要举措的宣传教育，引导全社会来关注海洋、关心滨海，支持加快滨海开发、发展海洋经济。

（二）深入优化滨海开发的战略格局

要把整个“大嘉兴”作为海洋经济发展的大平台，完善海洋经济发展布局，着力构建“一带两核三区多节点”的总体发展格局，特别要突出滨海新区的规划建设，牢固树立 217 平方公里就是一个滨海新区的理念，围绕港口、产业、城市“三位一体”的互动发展原则，加强各类规划的深化统筹。

1. 优化港口布局

按照“1640”副中心城市的定位，突出乍浦核心区域，统筹独山、海盐等相关港口所在区域，深化完善滨海新城总体规划和乍浦核心区域的城市规划，并主动衔接长三角核心区域其他重要港口城市生产力布局规划，谋求更大的功能布局优势。

2. 完善规划体系

深化细化乍浦、独山、海盐三大港区的相关专项规划、控制性详规特别是基础设施、集疏运体系、临港制造业布局、临港物流业布局等方面的规划编制，形成比较完善的规划体系。

3. 注重配套设施衔接

注重滨海新城总体规划与土地利用规划、生态功能区规划、海洋经济发展规划以及重点产业、基础设施布局规划的衔接，并立足增强海洋经济服务配套功能，统筹做好内陆腹地相关城市、新市镇的规划完善工作，优化生产力空间布局。

(三)全面完善港口基础配套设施的建设

完善的基础设施网络是实施滨海开发带动战略的重要保障。要牢固树立“城以港兴，港为城用”理念，突出港口龙头导向，按照海河海陆联动、集疏运一体的要求，协同推进港口基础设施建设。

1. 加强基础设施的建设

始终坚持码头、泊位优先的制度，大力推进公用码头和外海航道、锚地的整治和建设，扎实推进以石油化工、煤炭、粮食、钢材、石(木)材、生产资料等为重点的交易平台建设，提高资源能源储运交割水平，并主动融入上海洋山港和宁波一舟山港建设，加快与周边地区的生产要素共享、基础设施对接，着力将嘉兴港建设成为长三角和浙北地区联通海河、呼应沪甬的重要港口。

2. 不断完善集疏运体系

着力提升三大港区海河转运枢纽功能，抓好杭平申线、嘉于硖线等内河航道改扩建工程，积极推进独山港区内河港池建设和黄姑塘四级航道拓宽改造工程，并切实做好乍杭铁路建设工作，积极推进嘉兴机场改扩建，加快嘉绍通道、钱江通道、杭州湾大桥北接线二期等建设，切实健全立体式集疏运体系。同时，要着力提升港航物流等产业的信息化保障水平，主动融入全省“数字海洋工程”，加强物联网技术的开发和运用，积极构建涉海部门信息共享平台。

3. 充分发挥国家级出口加工区的作用

加快推进独山和海盐港区口岸开放申报工作，确保“十二五”期间各大港区水陆域、航道、锚地整体开放，使各大港区港口功能设施实现共建共享，并进一步建设“大通关”体系，提高口岸通行效率。

(四)进一步突出临港产业的发展

不具备有竞争力的产业，就不可能具备有竞争力的港口，也不可能形成有竞争力的滨海新区。因此，要紧紧围绕实施“三大倍增计划”，着眼规模化、集群化、高端化，进一步优化布局、强化集聚，不断提高临港产业发展水平。

1. 积极培育发展临港产业

要确立临港先进制造业和现代服务业“两个优先发展”导向，积极发展化工新材料、船舶制造、新能源等优势产业，培育壮大LED、核电关联、新材料等产业龙头骨干企业，大力发展海洋生物制药、海水淡化等新兴产业，扎实推进近海风能、潮汐能等海洋能源的产业化开发，加快发展港航物流、海洋运输、航运金融等生产性海洋服务业，重点引进培育一批龙头型物流集团。在临港产业培育上，一方面，要进一步加大招商引资力度，招引优质的大项目、大企业，服务好大项目、大企业；另一方面，要结合涉海金融、保险等大力发展服务贸易，支持有条件的企业开展境外资源采购，不断提高国际竞争力。

2. 重视开发海洋旅游产业

加强九龙山、南北湖、杭州湾大桥、海宁百里钱塘观潮长廊等滨海旅游景区开发，有序拓展运动休闲、生态体验、邮轮航空等海洋旅游新业态，着力打造长三角滨海高端旅游胜地。

3. 注重海洋生态文明建设

要牢固树立“环境保护与安全生产是滨海地区开发建设生命线”的理念，走海洋生态文明之路。一方面，要推进海洋科技创新，加快构建以企业为主体、市场为导向、产学研结合的开放型海洋科技创新体系，并积极推进现有传统企业的结构调整、改造提升、退低进高，尤其是海塘两线和三线之间的企业，该关的关，该转的转，该整治的整治，腾出发展空间，腾出环境容量。另一方面，在新产业、新项目的引进培育过程中，要坚持把合理开发与严格保护有机结合起来，坚决在能评、安评、地评、环评上把好关，真正坚持绿色发展、生态发展、和谐发展、创新发展、可持续发展。

（五）推动资源要素的合理配置

举全市之力推进滨海开发，集中力量把要素资源配置向滨海区域倾斜。

1. 更加注重资源统筹

统筹全市各类要素资源，通过优化建设用地布局、全力向上争取重点项目用地指标、科学配置环境容量指标，以及加大市县镇三级资金政策投入力度等途径，优先保证滨海新区海洋经济发展及相关基础设施建设需要的政策、土地、资金等要素资源。

2. 更加注重节约集约

尤其要节约集约利用岸线战略资源，积极推动公用码头建设，控制货主码头盲目扩张，推进临港物流业和制造业梯次布局；节约集约利用土地，加大相关区域建设用地复垦和闲置土地处置力度，严把项目准入关，提高土地利用率。

3. 更加注重体制完善

滨海新区开发建设中的一大瓶颈是分主体建设实际运行过程中各主体的“患得患失”思想，突出表现是资源要素的配置问题。随着“三统筹、四联动”体制机制的实践，这种局面必将有所改变，但同时在运行过程中还需要不断加以健全完善。建议借鉴太仓港等周边港口建设发展经验，由嘉兴市、相关县(市)、各大港区三级共同出资组建投资公司，作为滨海新区的具体开发建设主体来运作，从而避免目前开发建设过程中碰到的主体过多、协调环节过多等问题。

(六)建立健全滨海开发的联动机制

按照建设滨海新城的目标定位，坚持“突出核心、沿线带面、整体发展”的思路，积极推进以乍浦为核心、独山和海盐港区为两翼的“1640”副中心城市建设，完善内部连接网络，着力构建起组合有序、功能互补、整体协调、持续发展的城市建设体系。

1. 强化乍浦核心区块在区域发展中的龙头带动作用

围绕港口经济、先进制造业和现代服务业发展，突出要素市场、现代物流、星级酒店、购物中心等建设，进一步完善商业、教育、居住、休闲等功能，加大港口经济发展所需人才的培养，加强城市管理，做大城市规模，扩大经济流量，提升要素集聚、商贸物流和交通枢纽功能，为整个滨海新区和海洋经济发展提供强大的服务支撑。

2. 不断完善专业服务配套设施建设

统筹独山、海盐片区布局，积极推进片区行政服务中心、检验大楼、银行、酒店、宾馆、专业市场等配套服务设施建设，统筹教育、文化、卫生、绿化生态等公共设施建设，拓展城市功能，提高城市能级，联合推进滨海新城的形成。

3. 切实发挥滨海新城的辐射带动作用

积极推进平湖、海盐主城区及相关新市镇建设。一方面，切实用好港航物流体系建设、海洋产业链延伸、沿海基础设施网络连通等给陆域城市发展带来的新机遇；另一方面，为加快滨海开发、发展海洋经济提供更好的陆域腹地支撑。

嘉兴生态文明建设现状与展望

□ 翁为平　曹小明

加强生态文明、增强可持续发展能力，是“十二五”期间嘉兴经济和社会发展的主要任务和重大举措之一。改革开放以来，嘉兴经济实现了高速增长。但在高速增长的背后，是资源短缺和环境污染这两大难题，制约了经济和社会的协调发展，对经济的可持续发展和构建和谐社会提出了严峻挑战。加快生态文明建设是嘉兴面临的重大课题，也是嘉兴经济社会发展刻不容缓的重要任务。

一、嘉兴推进生态文明建设的重要性与紧迫性

(一)生态文明的基本内涵

生态文明是指人们在改造客观物质世界的同时，不断克服改造过程中的负面效应，改善和优化人与自然的关系，建设有序的生态运行机制和良好的生态环境所取得的物质和精神方面的成果，包括生态环境、生态意识和生态制度等文明形态。

生态文明的内涵极其丰富。从广义上看，生态文明是以人与自然协调发展作为行为准则，建立健康有序的生态机制，实现经济、社会、自然环境的可持续发展。这种文明形态表现在物质、精神、政治等各个领域，是体现人类取得的物质、精神、制度成果的总和。从狭义上看，生态文明是与物质文明、政治文明和精神文明相并列的现实文明形式之一，它着重强调人类在处理人与自然关系时所达到的文明程度。

(二)生态文明建设是嘉兴构建和谐社会、实现可持续发展的根本要求

1.生态文明建设是嘉兴全面小康社会建设的迫切需要

当前及今后一个时期,是嘉兴市人均生产总值实现向10000美元跨越,并迈向更高发展水平的关键时期,是全面建成小康社会的决定性阶段。党的十七大把建设生态文明作为实现建设全面小康社会的奋斗目标,充分说明中央要求的全面建设小康社会,不仅有经济发展、居民收入等方面的指标要求,还有社会发展、节约能源资源和保护生态环境方面的指标要求。因此,嘉兴必须更加重视资源节约和环境保护工作,在加快经济发展、提高人民物质生活水平的同时,全力推进生态文明建设,让人民群众在健康、优美、资源宽裕的环境中生产生活。

2.生态文明建设是嘉兴经济转型升级的重要途径

转型发展和生态保护是相互依存、相互制约、互为因果的关系。没有良好的生态环境,就没有经济社会的和谐发展,经济得不到发展,自然环境的恶化状况就无力得到有效治理,最终也会制约经济的进一步发展。

改革开放以来,嘉兴经济增长迅速,成绩巨大。但这种增长很大程度上是依赖自然资源和生态环境透支获得的粗放式增长,在发展过程中积累了不少迫切需要解决的矛盾和问题,如资源代价过大,能源、土地等要素日趋紧张,城乡差距、收入分配差距扩大,生态失衡退化,环境污染加重,民生问题凸显,以及道德文化领域里的消极现象等。解决这些问题的根本出路,在于积极转变发展观念,创新发展模式,牢固树立生态文明的理念,强化生态经济的意识,充分运用生态环境的倒逼机制,按照生态文明的要求构建产业结构、增长方式和消费模式,加强资源、能源节约和生态环境保护,努力建设资源节约型、环境友好型社会,在新的起点上实现又好又快发展。

3.生态文明建设是嘉兴实践科学发展观的必然要求

贯彻落实"以人为本、全面协调可持续发展"的科学发展观,最根本的是要坚持走"生产发展、生活富裕、生态良好"的发展道路,坚决摒弃以浪费资源、牺牲环境为代价来推进经济发展的模式,促进经济建设、社会发展与资源利用、环境保护相协调。这就要求我们既要为当代人创造最佳的投资和人居环境,又要为子孙后代留下更大的生存空间;既要推进经济社会的持续发展,又要兼顾环境承载能力,增产不增污,实现人与自然、人与资源的和谐相处、协调发展。

二、嘉兴生态文明建设现状

(一)生态经济快速起步

1. 产业结构调整速度加快

“十一五”以来,嘉兴市努力克服市场和要素的较大制约,在宏观形势和节能降耗的“倒逼机制”推动下,以发展先进制造业为导向,推动产业结构调整,产业升级取得新进展。

三次产业结构调整步伐加快。全市围绕“优先发展现代服务业、大力发展先进制造业、积极发展生态高效都市型农业”的思路,加快三次产业结构调整步伐,三次产业结构由2006年的6.5∶60.0∶33.5演变为2011年的5.5∶57.6∶36.9,产业结构升级呈现出农业和工业比重不断下降,第三产业比重稳步增长的景象。

工业结构升级取得明显进展。2011年,全市规模以上轻、重工业分别增长23.9%和27.4%;高新技术产业和装备制造业产值分别为1059.41亿元和1192.52亿元,分别增长32.4%和25.9%,占总产值比重分别为18.7%和21%,其中高新技术产业比重同比提高1个百分点;战略性新兴产业总产值1611.21亿元,增长37%,快于全市规模以上工业增速11.4个百分点。尤其是战略性新兴产业,截至2011年11月,六大战略性新兴产业385家规模以上企业,数量占全市规上工业的10.6%,总产值占全市规模以上工业的比重为28.6%,对全市规上工业产值贡献率高达42%。

2. 生态农业全面发展

2011年,嘉兴市出台了《市区支持现代都市型生态农业发展若干财政政策意见》,在发展生态农业、推进养殖业转型升级、推进农业科技成果转化等方面出台了一系列新政,有力地推动了生态农业的发展。

农业龙头示范企业建设成效显著。2011年,新增市级以上农业龙头企业26家,目前全市已有市级以上农业龙头企业199家,省级以上农业龙头企业26家,国家级农业龙头企业4家。全年农产品出口值11亿元,同比增长10%以上。农家乐旅游接待游客1081万人、经营总收入8.5亿元,同比增长26%。

农业科技能力快速提升。2011年,嘉兴市全面加快国家农业科技园区农业高科技示范园、农业高新科技孵化园、农业对外招商园、绿色农产品产业园四大功能区建设,全面实施绿色农产品行动,增强农业科技园区技术转化和提升能力。已建成规模化、专业化绿色无公害农产品生产基地35个,累计通过农业部无公害农产品认证农产品 29 个、国家绿色食品认证农产品 9 个、国家地理标志认证农产品 1 个。引进各类农作物新品种 652 个,示范推广 132 个;引进推广先进技术 8 项,推广面积 145 万亩次。

畜禽养殖模式不断优化,农牧结合、生态规模养殖比重不断提高。一是水产养殖结构不断优化,"名、优、特"等高附加值品种继续增加。二是全市积极整合产业、资源、市场等要素,加快推进生产的生态化、规模化、专业化和区域化,已基本形成了畜牧、蔬菜、水果、水产、蚕桑、食用菌、花卉苗木等七大主导产业带,培育了一大批农业产业特色镇、村,共有 11 个农业综合区、23 个主导产业示范区和 34 个特色农业精品园列入了省级创建点,现代农业走在全省的前列,呈现出组织化程度高、科技创新程度高、信息化水平高等特点。

3.服务业快速发展

总量不断增加。2011 年,全市服务业实现增加值 985.79 亿元,比服务业倍增计划年度目标高出 33.79 亿元,同比增长 12%,高于全省增速 2.6 个百分点,比全市 GDP 增速高 1.4 个百分点。

占比不断提高。服务业占 GDP 比重为 36.9%,占比增幅 0.9 个百分点,高于全省 0.2 个百分点;服务业对全市经济增长的贡献率达到 40.9%,比 2010 年同期提高 7.8 个百分点,进一步提升了服务业在全市整个国民经济发展中的重要地位。

投资力度加大。服务业投资成为全市固定资产投资新的主要增长点,2011 年全市完成服务业固定资产投资 712.09 亿元,增长 18.6%,高于全社会固定资产投资 5.8 个百分点;占全部投资比重的 47.4%,比 2010 年同期提高 2.8 个百分点。全市全年服务业"百项百亿"工程完成 202 亿元,基本完成年度计划。

生产性服务行业发展加快。现代物流、科技服务、金融服务、服务外包等生产性服务业增长有所加快,嘉兴港货物吞吐量和集装箱中转量双双破"5",完成货物吞吐量 5258 万吨,同比增长 18.7%;完成集装箱中转 51 万标箱,同比增长 47.1%。

4.绿色经济、循环经济规模逐步扩大

清洁生产和工业循环经济加快发展。在电力、化工、造纸、印染、皮革、建材、电镀等行业全面推行清洁生产,以结构调整促进节能减排,严格控制新建高耗能、高污染项目,淘汰落后产能。据初步统计,2011 年全市万元 GDP 能耗下降目标是 3.6%,前 3 季度 GDP 能耗同比下降了 3%,规模以上企业单位工业增加值综合能耗同比下降了 5.2%,节能效应有所提高。

以推进农业转型升级为契机,大力发展生态循环农业。一是大力推广生态安全、优质高产、节本增收的农作模式及配套技术,促进资源循环化利用,提高了生产效益。二是充分挖掘废弃物的利用价值，实行资源化开发利用，推进畜禽排泄物从污染治理向资源利用转变。建设“牧一养一加”生态循环链，实现养殖污染零排放的嘉兴“敦好农牧生态循环农业园”建设等项目列入国家发改委2011年第一批资源节约和环境保护项目。目前，全市畜禽规模化养殖水平达到80%，建成畜禽粪便收集处理中心66个，畜禽养殖场排泄物综合利用率超过了95%。三是积极推广测土配方施肥、农药减量增效、重大病虫害无害化处理等节能增效技术，大力应用新型肥料和农药，切实减少化肥和农药的使用量，减轻对环境的污染。四是在全国率先开展生态农庄创建，2011年，嘉兴生态办对全市建成并投入运行的规模化农业企业（园区）开展生态农庄创建活动，制订了《嘉兴市市级生态农庄创建管理办法（试行）》，嘉善县碧云花园等11个农庄为嘉兴市首批市级生态农庄。

绿色经济加速发展。2011年，嘉兴市环保部门共批准建设项目2685个，总投资额1408.26亿元，否决建设项目169个，否决项目中不乏投资数亿元甚至数十亿元的大项目，使绿色经济成色大增。

（二）环境质量有所改善

1.废弃物减排成效明显

2011年全市实施工业和生活减排项目105个，其中化学需氧量和氨氮减排项目61个、二氧化硫和氮氧化物减排项目44个，全市污水入网处理率达85.4%。重点县（市、区）畜禽养殖总量得到有效控制，实施了规模化养殖场（养殖小区）减排项目30个。据初步测算，全市化学需氧量，氨氮、二氧化硫和氮氧化物减排4项指标减排数量均有不同程度增长。

2.水环境质量趋于稳定

“十一五”以来，嘉兴市大力开展水环境综合整治，实施了“811”环境保护新三年行动、太湖流域水环境治理、“三清两绿”等专项行动，污染排放总量得到有效控制，恶化趋势得到有效遏制，水环境质量趋于稳定，地表水水质呈现出改善的态势。2011年全市64个市控以上地表水监测断面评价，Ⅳ类水断面占比21.9%，Ⅴ类水断面和劣Ⅴ类水断面占比分别是29.7%和48.4%。与2010年相比，Ⅳ类水体占比得到提高。

3.城乡人居环境逐步改善

以养殖业污染整治和农村生活污水治理为重点，农村总体环境质量得到改善，南湖区规模畜禽养殖治理模式被中组部作为环保典型案件编进干部培训教材。继续巩固和扩大“烟尘控制区”、“噪声达标区”和“禁燃区”，重点防治交通噪声、娱乐业噪声、餐饮业油烟和燃煤小型锅炉污染。对确定的11个市级督办重点、准重点环境问题，实行重点监管、挂牌督办、限期整治、动态管理。

4.河道清淤、村庄整治着力推进

围绕“三清、三保”目标，推进河道整治工程。“十一五”以来全市清淤疏浚河道10509公里，清除土方1.09亿方，完成投资12.58亿元，全市河道保洁年度经常性投入5000多万元，保洁队伍700余支、人员3200多人，保洁船只1622艘，保洁长度达1万公里以上。嘉兴市成为2011年度浙江省“千村示范万村整治”工作优胜单位。

5.大力开展植树造林行动，全面提升绿化总量和质量，打造绿色平原

2011年，嘉兴大力推进“八个十”绿化工程和沿海防护林建设，全市新增和改建绿化面积4.3万亩，全面启动沪杭“两高”沿线森林通道建设，切实加强森林资源管理和保护，各项工作取得明显成效。其中，实施公路绿化更新完善工程40公里，国、省道边坡荒地复绿4.4万平方米，国、省道绿色通道管养305公里，完成投资596万元，国、省道绿化率达100%；市区建成区人均公共绿地面积13.2平方米，基本形成了以城市绿地为核心，以通道绿化和河道绿化为连接，以片林、经济林、田园为面，村镇镶嵌其中，“点上绿化成景，线上绿化成荫，片上绿化成林，环上绿化成带，河路绿化成网”的平原绿化生态体系。目前，嘉兴市林木覆盖率达到18%，已成功创建省级森林城市。

(三)生态文化建设全面推进

1.生态文明宣传教育日益加强

把生态文明和生态市建设作为干部教育培训的重要内容，每年在党校举办生态环境保护培训班。充分发挥舆论引导作用，每年在市级以上媒体刊登文章五百篇以上。以“六·五”世界环境日等活动为载体，举办多种形式的宣传活动或专题论坛。加大对中小学生的环境宣传教育，将环保教育纳入学校德育教育工作体系。推进节能减排家庭社区行动，组织生态环保宣讲活动进企业、农村、社区、学校和机关事业单位，着力营造全民参与生态市建设的良好氛围。

2.生态文化载体建设稳步进行

以创建全国卫生城市和全国文明城市为载体，积极探索公众参与环境保护，推进环境公益诉讼，充分发挥社会团体和志愿者协会作用。通过组建环保志愿者服务总队、市民检查团、环保专家服务团、行政处罚案件陪审团等，为各种社会力量参与搭建平台，鼓励公众参与环境保护，促进了全民生态文明事业的全面发展。

3.生态创建活动广泛开展

为推动生态环境改善和生态文明建设的发展，开展了包括创建园林城市、创建卫生城市和创建文明城市，以及全市标准化生态规模猪场星级创建活动等各种形式的生态创建活动。通过这些活动，推动各县（市、区）落实生态县（市、区）建设规划，极大地促进了生态经济的发展和全市环境质量改善。所辖五县（市）均成功创建"国家级生态示范区"。全市已有13个镇获得"全国环境优美镇"称号，22个镇被命名为"省级生态镇"，获得省级以上生态镇的比率达到77%。

4.对环境保护的投入加大

2011年，嘉兴市把生态环境保护和创建环保模范城市作为公共财政支出的重点，加大对环境保护的投入，重点支持生态环保基础设施建设、环境监管和监测能力建设，发展循环经济、节能降耗、主要污染物减排等，市财政预算用于环境保护支出费用达7764.8万元，其中生态市建设专项经费1281.98万元，同比增长2%。

（四）生态建设体制机制不断创新

1.创新执法监管机制，构建联动监管体系

健全执法联动机制。嘉兴市检察院出台了《关于环境保护公益诉讼的若干意见》，2011年全省首家无偿代理公民提起环保公益诉讼的环境维权中心在嘉兴成立，环境保护公益诉讼制度的全面推行并进入规范化、常态化的操作层面，提高了环保法律法规的震慑力。

完善边界联合执法机制。在全市建立县域边界环保联动监管机制，构建执法、审批、应急联动体系。

构建环保与证券、金融部门联动机制。综合运用法律、经济手段打击环境违法行为。截至2011年11月底，全市共出动环境执法人员5.8万余人次，检查企业2.6万余厂次，实施停产整治、关停企业近百家，查处环境违法案件1306件，共处罚款4603.2万元，均比2010年同期有所增加。

2.创新应对民生机制，整治突出环境问题

通过畜禽养殖业污染整治现场验收，形成了适合中小规模养殖的种养结合、资源循环利用模式（简称"南湖模式"）以及适合大规模养殖的工业治理、达标排放模式。

深化工业园区污染整治。不断完善开发区环境基础建设，规范企业环境管理行为，完成全市13家开发区的整治任务。在此基础上扩大整治范围，全面启动镇(街道)工业园区环境污染整治工作,将环境污染整治向乡镇工业功能区推进。

强化大气污染整治。针对废气污染重点企业,集中环保力量,组织居民代表监督企业整改。深入开展重金属污染整治。以电镀企业、净水药剂、危废处置等涉重企业为检查重点,开展专项执法行动,严厉查处涉重违法排污行为。

3. 创新初始排污权交易机制,完善环境经济政策

积极探索,实践初始排污权有偿分配。出台《污染物初始排污权有偿使用细则》,制定《主要污染物初始排污权有偿使用办法》,对全市 COD 和 SO_2 排放量在 1 吨以上的 2600 多家企业的初始排污权进行核定并开始上市交易,形成了比较完整的排污权交易体系。

集中力量参与环保部组织的排污权有偿取得与排污交易试点研究,对排污权交易的政策体系、市场满意度、实施效果、排污指标执行力度等进行分析评估,检验本市排污权交易政策的科学性和可操作性,并通过环保部技术验收。

拓展领域,建立排污权交易资金使用制度。规定排污权有偿使用资金用于污染防治,明确了具体的使用办法和管理制度,使政府可以集中财力建设综合性的减排项目和环保基础设施。截至 2011 年 11 月,嘉兴市排污权交易和有偿使用资金累计达 7.98 亿元,交易项目 2777 个。其中,新、改、扩建项目 1371 个,交易金额 2.41 亿元。初始排污权有偿使用企业 1383 家,有偿使用金额 5.41 亿元。

4. 创新生态创建机制,提高生态环境质量

大力推进环保工程建设,夯实环保基础。一是继续推进城镇污水处理厂和污水收集管网的建设,进一步提高污水收集处理率。二是大力推进固废、危废治理的设施建设,提升固废、危废的收集和处理能力。2011 年嘉兴市出台日排废水 50 吨以上外排企业限期入网工作。目前,涉及的 96 家企业废水已全部入网,每年可减少化学需氧量排放约 150 吨。

积极推进生态创建,促进生态环境改善。目前已建成国家级生态镇 6 个、市级生态村 25 个。全市已累计建成省级生态县 2 个、国家级生态镇 19 个、省级生态镇 41 个,省级生态镇比率居全省首位。

5. 创新公众参与机制,凝聚社会公众力量

多种形式组织公众参与。在节能减排志愿者先锋服务队、环保志愿者服务总队和市民环保检查团、环保专家服务团的基础上,成立建设项目环保准入咨询专家库和环保联合会,并形成以市、县两级环保联合会为龙头,镇、街道及社区、村级基层环保组织为支点,其他社会环保志愿者组织为补充,覆盖城乡的公

众参与格局。

多种载体拓展参与渠道。一是组织公众参加飞行监测、监督执法和限期整改行动,召开三产项目审批听证会、污染企业"摘帽"听证会、新三年污染整治规划论证会和恳谈会等,保障公众的发言权,共同推进污染企业限期治理的督办工作;二是邀请媒体记者跟随市民检查团参加"点单式执法";三是在门户网站开辟网上投诉窗口,快速处理群众投诉并及时反馈当事人。

多项制度保障公众监督。一是建立上市企业履行环保责任核查制度,并及时向社会公布核查结果;二是在嘉兴在线论坛设置"环保视角"专栏,打造公众"可参与、可投诉、可点评"的网络互动平台;三是建立媒体与网络舆情应对机制,安排专人经常浏览主要媒体和网络论坛,及时解疑释惑,澄清事实,发布环境违法问题的查处情况。2011年,全市共受理环境信访案件4211件,与2010年度相比下降2.8%,信访处理率达100%,群众满意率在90%以上。

三、嘉兴生态文明建设面临的问题

(一)产业结构调整面临较大压力

嘉兴目前的产业结构,第三产业占36.9%,低于全省44%左右的平均水平,与服务经济第三产业占60%以上的要求差距更大,比重明显偏低。而且服务业结构中的批发和零售业、住宿和餐饮业等传统产业占比偏高,金融、现代物流、信息传输、计算机服务和软件业、科学研究和技术服务等现代服务业占比偏低。高新技术产业占比偏低,科技创新能力不强、科技成果本地转化率不高。产业结构处于较低层次,经济运作很大程度上是"资源一产品一废物"的线性模式,给嘉兴经济生态环境、社会环境增加了巨大的压力,带来了诸多难以避免的阶段性矛盾和问题。

一方面,环境容量不足与传统行业增长较快造成的污染排放刚性增长之间的矛盾日益突出,如纺织、印染、造纸、制革、化工等传统行业排放的COD占了全市排放总量的约85%(而产值只占约35%)。另一方面,近年来嘉兴市大力发展现代服务业和高新技术产业,积极推动经济转型、产业升级,减少经济发展对环境的影响,但要真正扭转这一局面尚需时日。

(二)资源能源支撑持续发展压力加大

长期以来以外延扩张为主要特征的增长方式,导致全市规划建设用地消耗殆尽。未来10年,全市可用建设用地15.7万亩,年均约1.51万亩,而实际需求是每年 3.5 万亩，缺口巨大。能源消耗方面，单位 GDP 能耗仍然偏高。2011 年上半年全市地区生产总值(GDP)能耗同比虽有所下降，电力消费快速增长的势头得到初步遏制，但其他能源品种消费增长势头强劲。2011 年 1 月至 6 月，全市规上工业天然气、成品油、蒸汽消费量分别增长了 55.6%、19.6% 和 14.5%，均超过电力消费增幅。具有单耗偏高、用能较大特征的一批大工业项目将投产或达产，这些新增能耗将进一步挤压嘉兴节能降耗的空间。

(三)生态文明建设长效机制有待完善

当前，嘉兴面临的生态形势依然十分严峻。一是水环境质量不容乐观。监测数据表明，嘉兴上游水质多为Ⅴ类、劣Ⅴ类，均不能满足相应水质功能区的类别要求，且上游来水占嘉兴水资源总量的比重高达 75%，嘉兴的水环境完全受上游来水水质的左右，要达到功能区质量要求任务极为艰巨。二是全市污染物排放总量居高不下，结构性污染问题突出，污染反弹情况比较普遍；大气污染、噪声污染尚未根治，有的地方酸雨率近 100%；新农村建设仍然是个长期过程，农村工业化的推进造成农村出现新的污染，农民生活水平的提高导致农村生活垃圾排放总量不断上升，农业农村面源污染点多面广量大，治理难度较大；局部地区生态退化趋势尚未得到有效遏制，治理和修复难度加大，等等。

(四)生态服务体系建设有待加强

1. 在市场方面

污染治理行业定价没有完全按照市场需要变化，政府过多地为污染者分担经济压力，难以体现谁污染谁负责的原则。

2. 在监督管理方面

污水集中处理行业对企业污水超标进管加收处理费执行难，不利于环保产业发展壮大。

3. 在投入方面

社会资金参与生态建设的渠道不畅通，生态环保基础设施建设资金仍以财政投入为主，面对生态建设大量资金投入的需要，公共财政支出结构如何进一步优化，社会化的投融资机制如何进一步完善还没有真正破题。

4. 在生态补偿方面

全市性的生态补偿机制尚未建立，跨区域协调困难重重，各个部门的单项补助资金没有得到有效整合。

5.在考核激励方面

生态实绩考核制度有待健全,绿色 GDP 概念还没有落实到操作层面,等等。

(五)公众生态文化意识还比较薄弱

推进生态文明建设,既是经济发展方式的转变,更是思想观念领域的一场深刻变革。但目前,在政府层面,部分领导尚未真正树立正确政绩观,在 GDP 增长与生态建设出现冲突时,经常出现重经济轻环保的现象。在企业层面,部分企业经营者缺乏社会责任意识和长远发展的战略眼光,为了降低成本,不在更新工艺技术、加强管理上做文章,而是在如何偷排、少缴排污费上钻空子。有些企业甚至擅自停用或不正常使用污染治理设施。在社会层面,部分群众缺乏绿色生活消费观,过度包装、无限制消费、无约束抛弃、违章建筑等无视生态规律的行为还时有发生,等等。

分析这些现象,其根源在于整个社会生态文化意识的贫乏与严重缺失。因此,如何进一步加强生态文化建设,使生态文化成为全社会的共同价值理念,还需要全社会长期不懈的努力。

四、发展展望

(一)生态建设总体趋势向好

"十一五"以来,嘉兴市努力走科学发展、绿色发展之路,持续加大生态环保的投入力度,扎实推进多项生态环境保护工程,重视环境保护和生态文明建设的氛围日益浓厚,环境监管能力得到明显加强,环保体制机制创新不断深化,环保基础设施建设步伐加快,突出环境问题整治取得成效。而《中共嘉兴市委关于制定嘉兴市国民经济和社会发展第十二个五年规划的建议》首次提出"生态立市战略",为嘉兴市生态环境建设向品质化方向发展,生态文明建设向纵深推进的重要保证。

1.生态经济稳步发展,资源利用效率不断提高

围绕生态立市的总体要求,以科技创新、机制创新和制度创新为动力,资源节约、环境友好的生态经济将进一步发展。一是随着服务业优先发展战略的实施,把发展现代服务业作为产业转型升级的着力点,把不适应嘉兴现阶段发展的产业转移出去,经济结构更加合理。二是随着循环经济示范企业、示范园区建设的加强,清洁生产审核范围的拓展,项目能耗管理的加强以及再生资源回

收体系和垃圾分类回收制度的不断完善，资源综合利用和再生利用的循环利用产业将不断发展壮大。三是随着资源利用总量控制、供需调节和差别化管理力度的加大，对新建高能耗、高排放项目控制制度的加强以及低碳技术研发和应用的加快，单位生产总值能耗和二氧化碳等主要污染物排放强度和总量将进一步下降。四是随着农业发展方式的转变，农业产业化进程的加快，农业生产规模化、组织化、标准化、生态化和农民职业化水平的提高以及农业社会化服务体系、农业科技创新与推广水平的提升，以景观农业、休闲农业等为基本内容的现代都市型生态农业会加速发展。

2. 生态环境保护与治理加强，环境质量逐步改善

生态环境保护与治理力度不断增强。一是集中式饮用水源保护将进一步深化，重点行业和企业水污染整治将继续强化积极推进，地表水环境质量持续改善。二是深入推进清洁空气行动计划，加快构建区域联动的大气污染防控机制，加强局部区域突出大气污染问题整治，加强机动车排气污染等重要污染源的防治，全面加强二氧化硫、氮氧化物、挥发性有机物和颗粒物等排放控制，确保大气质量总体稳定，空气优良率稳定在90%以上。三是全市环境治理的重点将转向广阔的农村，通过不断加大农村环保基础设施建设的投入，逐步完善农村生活污水处理系统，深入开展农业面源污染治理和乡镇农业园区整治，改变农村地区环保落后现状。

生态环保基础设施建设投入进一步加大。一是城乡污水处理设施建设将加快推进，污水处理厂的运行水平全面提升。二是工业固体废物、污水处理设施、污泥及生活粪便处置项目建设迈上新台阶。三是生态湿地、“三清两绿”河道整治、废弃矿山治理和生态公益林建设等生态修复工程建设加速推进。

环保体制机制建设强化，环保事业发展动力强劲。一是生态文明建设纳入各部门年度目标责任制（五型机关）考核，体现科学发展观的干部综合考核评价体系基本建立。二是排污权交易机制等环境经济政策继续深化和创新，利用环境经济政策推动污染减排和产业结构调整基础加强。三是环保公众参与机制继续深化和创新，“市民检查团”、“专家服务团”等公众参与环保工作的形式和渠道进一步拓宽，全社会、全方位参与环保的格局正在形成。

3. 生态文化日益繁荣，宜居水平明显提高

生态文明建设支撑体系稳步推进。一是积极倡导生态文明理念，提高生态意识和素养。二是推行绿色消费和低碳生活方式，强化政府绿色采购，引导城乡居民广泛使用绿色产品。三是广泛开展生态绿色系列创建，推进绿色创建示范。

宜居水平明显提高。以实施清洁河网、清洁生产、清洁能源、绿化建设、绿

道建设“三清两绿”行动计划为抓手，以水、气、土壤污染防治和环境生态化改造为重点，积极构建舒适优美的生态环境体系，不断提高城市品位，提升人居环境，努力实现经济与环境、人与自然的和谐发展。

（二）几点建议

当前，虽然嘉兴环境质量恶化趋势已得到有效遏制，生态环境质量总体稳定并趋于改善，但目前环境质量形势依然十分严峻。为此建议：

1. 构建生态产业体系，转型提升产业结构

一是大力发展生态农业，加快农业生态技术的开发和推广应用，加速推进农业产业化、标准化生产。二是重点发展生态工业，优先发展新兴产业，积极运用先进适用技术改造提升传统产业，大力拓展产业链、提升价值链，推动制造业从低端产业向高端产业提升，产品结构从低端产品向高端产品提升。三是优先发展生态服务业，重点发展生态旅游业、绿色物流业和低碳型服务业。四是加快推进工业园区生态化建设和改造，将可持续发展和循环经济的理念贯穿到产业规划、园区规划、招商引资、企业技改等各个层面。

2. 全面理顺体制环境，形成系统的跨部门跨行业协调机制

一是改革现行环境管理体制，形成内部互动、上下联动的整体执法机制和发改、环保、交通、水利、国土资源、农林、水务、安监等跨部门跨行业的协调机制，以此来解决环境管理中存在的由职能交叉造成的权责利不明的问题。二是强化环保部门的执法权力，如实行垂直管理，来解决由于上下分离的执法与检测体系造成的诸如环境影响评价制度执行不严格，甚至有的地方环境保护形同虚设的问题。三是改革现行干部考核体系，推行绿色GDP核算，同时建立诸如领导干部环保政绩考核制度、官员环境责任追究制度、环境信息披露制度等制度体系。通过一整套环境友好理念传播机制，确保建立有效的环保部门统一监督管理与分部门监督管理，以及社会监督相结合的环境保护运行机制。

3. 进一步发挥市场作用，完善环境经济政策体系

在不断完善排污权交易制度的基础上，对绿色税收、环境收费、生态补偿机制和绿色保险等环境经济政策开展研究、试点，通过实施诸如产品收费、注册管理、清洁技术开发补贴和押金制度等经济手段，逐步从秋后算账向全程监控转变，逐步实现由先污染、后治理的末端治理向源头治理转变。

4. 发展环保科技和环保产业，提高环保技术和工艺水平

加大科技投入，优化整合科技资源，提升环境科技创新能力，积极促进环保产业发展，重点发展饮用水安全处理、固体废弃物处理处置、土壤污染控制和修

复，以及节能新技术、新工艺、新设备和新材料等环境污染治理和节能降耗关键技术，在提升环保能力的同时，使环保产业成为嘉兴市的新兴支柱产业。

5. 优化政策形成机制，避免政策短视

一是关注政策的兼顾性，统筹眼前效果和长远利益，避免出现把政策和有限的资金用于确保短期成果而损失长期利益的政策“短视问题”，如以前的汽车产业政策。二是提高政策的透明度，特别是一些重要规划，不仅应该公布规划本身，还应该公布相关的实施方案，允许全社会讨论、检验，并接受全社会的监督，以提升政策的实效。

6. 倡导科学生活方式，提倡绿色消费

绿色消费，即适度节制消费，是崇尚自然和保护生态等为特征的消费行为和过程。绿色消费不仅包括绿色产品，还包括物资的回收利用，能源的有效使用，对生存环境、物种环境的保护等。绿色消费观念的形成离不开政府的引导，一要采取各种方式进行教育培训，增强全社会的绿色消费意识；二要引导居民改善绿色消费预期，比如对生活垃圾实行分类袋装等，使城乡居民形成资源节约和环境友好的生产和消费方式；三要引导居民优化绿色消费结构，尽量减少使用、消费涉及生态资源的产品，以有计划地保护和使用生态资源。

嘉兴科技创新平台的现状分析与展望*

□ 余　剑　李　洁

科技创新平台是科技基础设施建设的重要内容，是培育和发展高新技术产业的重要载体，是科技创新体系的重要支撑，更是科技进步、社会发展、经济增长的加速器。“十二五”开始，嘉兴经济已经进入以结构调整为主线的发展阶段，进一步整合现有科技资源，构建一个开放共享的科技创新平台，已成为提升区域创新能力、加快区域经济转型发展的重要工作，具有十分重要的意义。

一、嘉兴市科技创新平台建设的必要性

（一）有利于提升区域创新能力

三大科技平台建设既是嘉兴市区域创新体系建设的重要组成部分，又是经济、社会、科技可持续发展的重要基础和必要条件。建设三大科技平台将对加快推进浙江省区域创新体系副中心、国家科技进步示范市、国家创新型试点城市、国家知识产权示范市的建设，提升区域创新能力，增强城市综合竞争力等产生重要作用。

（二）有利于促进政府职能转变和深化科技管理体制改革

科技平台建设不仅仅是物理上的平台建设，更主要的是可以推动政府管理模式的根本转变，科技管理部门从过去主要抓科研项目，转向抓项目和建公共服务平台并重，最终转向主要向社会提供公共产品和优质服务。是建设服务型、责任型、法治型政府的重要标志之一。

---

* 本文与中共嘉兴市委党校第 23 期中青班科技创新平台建设课题组合作完成。

（三）有利于促进各类创新资源的优化配置和开放共享

三大科技平台建设是充分应用信息、网络等现代技术，对科技基础条件资源进行的战略定位和系统优化，是促进全市科技资源高效配置和综合利用的有效方式，是嘉兴科技资源合理配置的重大举措。可以说，科技创新平台既是一个要素集成平台，也是科技成果与社会资本嫁接的平台，更是科研人员创业创新的舞台。

（四）有利于促进新型工业化和实现可持续发展

调整和优化经济结构，推进产业结构升级，走新型工业化的道路，都必须发挥科学技术作为第一生产力的重要作用。加强科技平台建设，必将促进知识的生产、传播及应用，必将促进科技“第一生产力”向“现实生产力”的转化，必将积极推动嘉兴产业结构从劳动密集型向知识和技术密集型转化。

二、嘉兴市科技创新平台建设的现状与问题

（一）嘉兴市科技创新平台建设的现状

科技创新平台，就是能为科技创新提供服务而设立的机构、载体的总称，包括环境、氛围、条件等，主要是通过整合共享各类科技资源，集聚、激活各类创新要素，达到服务企业自主创新的目的。

当前，嘉兴的科技创新平台主要是以研究开发、实施科技成果中试转化、检测测试、开展人员培训、传播科技信息等为主要任务而设立的机构、载体。从种类来看，嘉兴现有科技创新平台主要有三类：一是区域综合类，主要有高新园区，科技创业中心（科技企业孵化器），科技城和浙江科技孵化城等。二是专业类，主要有特色产业基地，行业创新平台，区域创新服务（行业技术）中心，重点实验室等。三是企业内在类，主要有企业研究开发（技术）中心等。

1. 科技创新环境持续优化

2011 年以来，全市各级坚持规划先行，统筹布局谋划“十二五”科技创新，嘉兴市委、市政府先后制定了《嘉兴市科学技术“十二五”发展规划》，召开了全市科技创新暨发展战略性新兴产业大会，出台了关于加强科技创新促进转型升级的意见、关于加强科技创新若干政策意见、关于战略性新兴产业“十二五”发展规划等“1＋X”政策文件，修订完善了科技计划与项目管理办法、科技进步奖评审办法、科技中介机构认定管理办法等，出台实施专利权质押贷款贴息管理办

法，南湖区编制实施《“蓝色智慧南湖”行动纲要》及科技创新核心区建设方案，海宁市启动实施了“十二五”科技创新“12346”发展战略，各县（市、区）分别制定实施科技“十二五”发展规划，为推动科技创新提供了有力的保障。

2.区域创新体系进一步完善

积极推进区域性重大综合性创新平台基地建设，市本级初步形成了以嘉兴科技城、浙江科技孵化城、国际商务区、嘉兴高新区为核心的特色明显、功能区分、差异发展的科技创新创业带——嘉兴创新城。嘉兴科技城“双核六园”和浙江科技孵化城“一心八园”建设进度加快，人才团队、大项目及科研机构不断入驻，创新资源的集聚效应明显，科技成果转化产业化水平不断提高。截至2011年底，嘉兴科技城累计引进博士148名、硕士245名，其中海外留学归国人才82名，中组部“千人计划”3人，省海外高层次人才“千人计划”5人，“省重点创新团队”1个；引进创投、基金管理公司20多家，注册资金超过15亿元。嘉兴科技城博士后科研工作站已有进站博士8名，名列全省前茅。浙江科技孵化城“一心八园”各载体建设进展顺利，已确认总投资额为177亿元，截至2011年，主要平台项目累计投入近26亿元，入驻企业达170余家，被正式批准为浙江省首批国际服务外包示范孵化城和省级高新技术产业园区，并被授予市级院士专家工作站和省级博士后工作站。

3.综合类创新平台建设初具规模

综合类创新平台主要为中小企业创新创业、开展研发提供基础设施，同时为企业发展搭建服务平台，开展法律、管理、知识产权等方面的咨询和代理服务，提供保障条件，是促进科技成果转化、孵化高新技术项目、引进和培育高科技人才，转移转化高校和科研院所科技成果的重要基地。

一是省级高新园“3＋1”格局基本形成。截至2011年，嘉兴、海宁、秀洲已被省政府批准设立省级高新技术产业园区，嘉兴科技城规划已列入浙江省“十二五”拟新设立的重点规划建设高新园区。二是科技孵化体系初步形成。全市已建有各级科技企业孵化器12家，其中国家级孵化器4家，孵化器总面积58.4万平方米，在孵企业700余家。初步形成了以市科创中心为龙头，县（市、区）各具特色的孵化体系。三是科技城建设取得阶段性成效。按照“科研新城＋科技创业园＋高技术产业体”全面结合的发展模式，基本形成了以浙江清华长三角研究院、浙江中科院应用技术研究院为核心，软件园、芯片园、通讯园、生物园、国际园和孵化园蓬勃发展的“双核六园”格局。四是科技孵化城启动建设。秀洲区围绕“构框架、搭平台、育产业”的总体思路，依托上海交大、中关村北科建集团，高起点、高目标规划启动建设10平方公里浙江科技孵化城。海盐县在原有科创中心的基础上，新辟了1.2平方公里的创新科技园，作为孵化器的加速器和产业园。

4.专业类科技平台建设日渐完善

由于产业创新的复杂性、关联性以及共享性，单靠行业内一个或几个企业的力量无法完成或创新效益不佳。因而，一般产业创新平台需要由政府通过行业协会，或相关行业协会或企业自发进行组织联合，搭建起行业层次的创新平台。它是整合集聚相关创新资源，支撑行业自主创新与科技进步的重大公共科技创新平台，是区域创新体系的重要组成部分。

针对区域特色产业明显和产业集聚度高、中小企业众多的实际，嘉兴大力推动专业类科技平台建设，成绩显著。一是区域特色格局基本形成。全市已建有嘉兴电子信息、汽车零部件，海宁磁性材料、纺织新材料、复合包装材料、太阳能利用，桐乡新型纤维、先进毛针织材料，南湖无线通信、秀洲新能源、嘉善电子电声、平湖光机电、海盐智能仪器仪表等为代表的省级以上高新技术产业基地13家(其中国家级8家)，占全省1/4强，在全省继续保持领先水平。二是省级重大科技创新平台加快推进。充分发挥皮革、毛衫、经编、标准件、光机电、电子电声、科学仪器设备等产业的技术、研发、市场等先发优势，建设了省级重大科技创新平台7家，居全省同类城市前列。三是区域科技创新服务中心不断拓展。依托区域特色产业，面向中小企业，全市已有国家级生产力促进中心2家(平湖绿色环保和桐乡华丽毛衫)，省级区域科技创新服务中心10家，市级区域科技创新服务中心53家，有效地推动了园区(基地)科技创新体系的建设。四是重点实验室和产业联盟工作实现新突破。重点实验室的培育和发展，为我市研究与创新服务能力的提高、引进培养和留住高层次创新人才起到了积极作用。清华长三角研究院发起成立的全省第一个国家级产业技术创新战略联盟——“长三角科学仪器产业技术创新战略联盟”为嘉兴实现了零的突破。此外，全市另建有海宁经编和皮革两个省级产业技术创新战略联盟。

5.企业技术创新平台建设发展迅速

企业是技术创新的主体，企业技术创新平台是企业技术创新体系的重要组成部分，是隶属于单个企业的具有高层次、高水平研发能力的内设机构，其目的是为企业的产品更新换代和生产技术水平提升提供技术和技术储备，为企业可持续发展提供支撑。

2007年以来，嘉兴推行了“亿元以上企业研发中心全覆盖”计划，积极引导鼓励企业加大科技投入和人才培养，建立企业研发(技术)中心、企业研究院，企业技术创新源头建设不断加强。截至2011年，全市共拥有省级企业研究院4家，省级高新技术研发中心100家(其中省重点研发中心6家，国家级技术中心1家)，228家市级企业研发中心。通过与高校科研机构的合作，有效地推进了科研单位成果的转化和产业化。

(二)嘉兴市科技创新平台建设的问题

1.认识不够,环境氛围有待优化

科技创新平台是一项新生事物,社会对该事物的认识存在差距,在这方面的舆论引导和宣传力度还需持续加强,“崇尚创新、鼓励创造、支持探索、宽容失败”氛围不浓,尤其是推动创新成果涌现、创新人才脱颖而出、宽容失败的创新文化氛围尚未形成。科技创新平台建设又是一项系统工程,涉及发改、经信、科技、财政、税务、国土、建设、金融等众多部门,许多问题、困难需要多部门协调解决。尽管目前也建有协调机制,但都没有真正上升到全市层面,难以形成合力,造成协调能力薄弱,作用的发挥明显受限。目前,全市合力推动创新平台建设的共识没有真正形成,全市各地区之间的发展也不够平衡,对平台建设的财政支持政策仍有待调整和完善,特别是存在重硬件建设,轻日常运行支持的问题,许多平台存在运行困难。此外,由于受相关政策限制,对科技创新平台建设中的投资决策风险免责机制尚未建立,也一定程度上束缚了相关人员的工作积极性和创造性。

2.投入不足,运行机制有待完善

科技创新平台建设是一系统工程,虽然国家和省市都有支持鼓励政策,但大多创新平台普遍感到资金压力较大。从财政投入的数量上讲,虽然嘉兴科技投入总量及增长速度都比较快,但与现实需求还有较大差距,真正能用于科技平台建设的经费就更少。从投入投资机制上分析,目前嘉兴科技公共平台建设资金主要依靠政府财政投入,尚未形成来源广、数额大、滚动运行的社会资金或者创业风险投资基金参与,制约了科技平台的快速发展。从政策支持方式上看,现有财政科技政策主要支持的是平台的硬件建设,而对于平台的日常运行、维护、服务的支持力度非常之小。目前,虽然全市区域科技创新服务中心大部分运转正常,能够围绕区域经济特点开展工作,但也有相当数量,特别是新近创办的中心运转困难。主要问题是,这些中心创办初期都是依靠政府支持和财政贴补来维持运行,没有形成自我造血的能力。就目前政策而言,嘉兴市级区域创新服务中心只给予一次性15万元的奖励补贴,而对于承担为区域产业升级提供技术支撑及推动区域特色产业发展职能的这些中心,其设备和人员投入至少要上千万,而且何时有回报还不确定,如果风险全由企业承担,显然建设目标与政策支持是不对称的。

3.规划不够,资源共享有待加强

抓科技创新平台建设,必须突出科技资源的有效整合,使有限的人力、财力和设备集中用于重点行业、专业领域的科技攻关和服务，最大限度地发挥现有创新要素的作用。目前，我市公共科技资源配置存在两个突出问题：一方面，全市各地区间的创新平台建设缺少差异化发展规划。建设过程中缺乏统一规划和规范管理，整合度不够高，难以形成资源共享的规模效益。资源浪费，大多数大型仪器的利用率较低。另一方面，产业发展规划与创新平台建设落实结合得也不够紧密。缺乏首选培育的产业目标和相关配套政策，广而散的产业培育模式，带来的是孵化成功了个体企业，却难以推动嘉兴面上的产业转型升级与发展。

三、嘉兴市科技创新平台建设发展思考

大力实施创新引领战略，加快创建国家创新型试点城市、国家科技进步示范市、国家知识产权示范城市和浙江省区域创新体系副中心城市，提高自主创新能力，提升城市综合实力和核心竞争力，实现《嘉兴市科学技术"十二五"发展规划》中提出的科技平台建设目标。

(一)制度先行，突出共享

要整合各方面优质资源建平台，需要有一套良好的机制。好的机制离不开创新。科技创新平台是带有公共服务性质的，那么机制创新既是对平台本身的要求，也是对政府的要求。这个机制概括起来就是："政府主导、市场运作、多方投入"。要着力做好以下三个方面文章：一是建什么？建好科技创业服务平台试点，如以嘉兴科技城为试点建设好电子通讯产业公共科技创新平台，探索方法，积累经验，再围绕其他产业或公共科技条件方面，择点建设。二是怎么建？需要建立一套规范的申报和认定程序，使平台选择与建设目标一致。三是公共财政如何扶持？扶持的条件、程序、数额等。资助力度则取决于平台的规模和实效。关键在于切实按照"市场运作"的要求，建立多方联动的投入机制，在组织架构和内部管理上建立全新的运行机制，通过市场化运作解决运行、发展问题，最终实现"政府扶持平台，平台服务企业，企业自主创新"的良性循环。

要把科技资源共享纳入规范化、制度化、法制化的轨道。以共享为核心，在加快科技平台建设步伐的同时，对政府投资建设的科研基地和大中型仪器、设施根据需要和可能实行分级分类开放，打破资源分散、部门分割和单位垄断的状况。第一，要明确政府投资形成的科技资源的公共物品性质及其向社会提供服务的义务，为共享服务提供法律依据。第二，针对不同类型科技资源的特点，引入适当的竞争机制和以用户为主导的市场机制，实行灵活多样的共享模式。

第三,突破以信息化为核心的开放互联和智能化服务的关键技术,建立相应的技术与服务标准规范,为共享服务提供技术支撑。第四,突破封闭保守的传统观念,营造有利于科技资源共享的社会氛围。

(二)统筹规划,分步实施

平台建设要突出支撑发展。要从全市经济社会发展的现实基础和比较优势出发,依托区域特色经济,选择建设行业创新平台,通过重大关键技术、共性技术的研发推广,推动全市产业结构调整优化。

建议各部门和单位通力协作,按照“有所为、有所不为”的方针,突出重点,试点先行,分阶段积极稳妥地推进科技平台建设。在市委、市政府的统一领导下,市科技局负责对三大科技平台建设进行统一规划,不定期发布各类平台建设指南,通过科技能力建设计划予以支持。

三大科技平台建设,可采取新建、重组、增强、认定四种方式进行,建设期限一般为2~3年。对全市目前没有而技术创新活动必需的支撑平台,依托在国内具有相对优势的学科和技术单位,以新建的方式加快组建;对目前已有的,在学科、技术和服务领域相近的科研开发和服务机构,采取重组的方式,整合资源,做大做强;对目前具有一定雏形、有依托单位、服务功能较弱、发展潜力大的科技平台,加大投入,采取增强的方式建设;对符合我市科技发展重点,目前已具备较好基础、运行良好的机构,给予相关的市级认定。

(三)综合集成,优化提升

按照整合、共享、完善、提高的要求,在加强科技平台建设的同时,充分重视挖掘和整合现有资源,通过有效调控增量资源,激活存量资源,最大限度地优化我市科技资源的整体配置。

1.重视科技创业服务中心向产业聚集优化中心的转变

全市科技创业服务中心规模越建越大,档次越建越高,但有项目技术,却缺项目产品;有高新技术产品,却缺高新技术产业的现象非常普遍,社会认同度很难提高。要形成成熟的产业链,需要企业加速聚集。“给钱,给政策”的项目招引方式,显然不能从根本上迎合行业大腕“挑剔”的眼光,只有产业链环环相扣的完善配套,才能从根本上“左右”业界领军人物的决定。因此,必须引导嘉兴全市各科技创业服务中心“明确产业规划、强化产业定位”。科创中心内项目准入应设置条件,至少结合以下原则:一是入驻项目的研发技术必须与提升本地区传统特色产业结合;二是入驻项目的研发技术必须与优化本地区传统产业结构结合;三是入驻项目的研发技术必须与聚集本地区新兴产业发展结合;四是入驻项目的研发技术必须与吸引本地区需要的高素质人才结合。

2.重视传统特色产业基地向先进制造业基地的提升

海宁经编产业园区是浙江省首批省级特色产业基地，海宁经编产业园区的发展，具有一定的范例价值，我们应重视现有特色产业基地的建设和发展，推动传统特色产业基地向先进制造业基地的提升。

3.重视“沪嘉杭”实验室成果向高新科技园的聚集

必须善于借脑发展、借力发展，主动承接“沪嘉杭”三地实验室成果转化。必须重视“科技孵化器”或“科技园中园”的规划和建设，为小型的孵化项目搭建产业化发展平台，这也是实现嘉兴从技术优势向制造优势、市场优势、规模优势、效益优势和品牌优势快速转化的有效途径。

4.重视科技创新人才的引进和利用

科技创新平台是集聚创新要素的重要载体。而一个地区自主创新能力的高低，很大程度上取决于集聚创新要素特别是创新人才的能力和水平。尽管嘉兴这几年也作了不少努力，但还是比较分散，不成系统，集聚能力还不够强。针对这一问题，一要想方设法引进大院大所和名校，推进产学研结合，共建技术中心、重点实验室，加快人才一体化进程。二要创新人才引进机制，加大人才引进投入，不求所有，但求所用，发挥嘉兴与沪杭同城的区位优势，充分利用周末专家、假日工程师等多种方式柔性引进高层次专家，将科研院所集聚的智力资源为我所用。三要以产业发展为导向，建立多层次的职业培训体系，培养大量复合型应用型人才，强化员工在职培训制度，不断提高职工队伍的整体素质。

(四)多方共建，注重应用

要明确政府与市场在平台建设中的功能和分工，发挥政府在公共科技平台建设中的主导作用，同时积极引导和充分调动高等院校、科研院所、中介机构、行业协会和企业等社会各方面的积极性，多方参与科技平台的建设。只有这样，才能使嘉兴市创新能力的基础环境在较短的时间内迈上新的台阶，参与到国内科技竞争的行列。

建平台最终要的是实效，建设科技创新平台的实效重点不是看论文和奖项，关键要看经济效益和社会效益。这两个“效益”要从成果推广转化应用和服务中来。因此，平台所有的研发和服务都要围着这个中心转。一方面，发挥平台中介和桥梁的作用，以市场为纽带，推进产学研深度合作，并为企业开放提供相关的研发和中试基础服务，推动成果转化，尽快实现产业化。另一方面，帮助企业提高创新能力，尤其是集成创新和消化吸收再创新能力。围绕成果应用，平台不仅要当好“研究员”，针对区域、行业发展的关键共性技术，开展研发和联合攻关。还要当好“服务员”和“推广员”，为企业创新提供基础条件和配套服务，帮助企业解决技术难题、建立技术创新路线和研发平台，真正成为企业特别是中小企业的技术依托。同时，面向广大企业，把共性技术特别是一些较为成熟的关键技术及时推广出去，切实为经济社会发展服务。平台要贴近生产一线开展服务，广大企业对平台的科技服务需求就会增大，需求越多，市场越大，活力就越强。更重要的是广大企业可以依托平台，更加有利于差别化创新，区域、行业创新活动自然就带起来了，我市自主创新就全盘皆“活”。

总之，要实现科技强市，加快推进浙江省区域创新体系副中心、国家科技进步示范市、国家创新型试点城市、国家知识产权示范市的建设，必须充分认识科技创新平台的重要性，切实加快建设，使之真正成为科技要素集聚高地、科技创新高地和成果转化高地，不断提升我市自主创新能力。

SHEHUIPIAN

社会篇

嘉兴加强和创新社会管理的探索与实践

□ 卿 瑜

一、嘉兴市创新社会管理的基本做法

改革开放以来，随着经济社会的快速发展，嘉兴市社会管理逐渐加强，社会事业投入逐年增加，社会保障制度初步建立，社区建设全面推进，公共服务不断完善。当前，嘉兴正处于全面建成小康社会的关键时期和加快推进经济发展方式转变的攻坚阶段，社会转型逐步深入，公众利益诉求日趋多样化，社会思想多样、多元，这一系列社会变革所折射出来的社会现象更是复杂多变，给社会管理工作带来了诸多新问题与新挑战。嘉兴市委、市政府根据国内外形势的发展变化，不断加强和创新社会管理与服务，在关键环节和重点领域进行了一系列创造性的探索与实践，有效维护了社会和谐稳定，促进了经济社会又好又快发展。

（一）加强源头治理体系建设

源头治理是治本之举。从社会管理本身来讲，就是要构建源头治理体系，使关口前移，尽可能防止、减少、弱化严重社会问题和社会冲突的产生。近年来，嘉兴市政府通过惠民实现安民，变被动维稳为主动创造，营造了和谐的社会发展环境。

1. 着力保障和改善民生

嘉兴市政府历来重视社会民生问题，各届政府均把保障和改善民生、促进基本公共服务均等化作为社会管理源头治理的重要基础。“十一五”期间，各级财政用于民生支出累计达到480.5亿元，年均增长25%。(1)始终把促进就业作为解决好民生问题的头等大事，在做好城镇居民就业工作的同时，加强了对高校毕业生、失地农民、新居民等重点人群的就业指导与培训。自2002年以来，嘉兴市城镇职工登记失业率始终控制在3.5%以内。(2)优先发展教育，不断加大对教育投入，到2011年底，嘉兴市城乡免费义务教育全面实行，高中段教育、高等教育加快发展，十五年教育普及率达到99.5%，高等教育毛入学率达到48%，比2006年提高11.5%。(3)健全社会保障，一是率先实行城乡居民社会养老保险制度，到2011年底，56.32万名60周岁以上符合条件的城乡居民按月领取基础养老金，社会保障实现了制度上的全覆盖；二是职工基本医疗保险市级统筹扎实推进，城乡居民合作医疗保险人均筹资水平超过300元；三是新型社会救助制度不断健全，基本形成低保和高于低保标准20%、50%的梯度救助体系。(4)住房保障体系不断完善，“十一五”期间嘉兴累计开工建设经济适用房82.7万平方米，实现低保标准两倍以下城市低收入住房困难家庭廉租住房“应保尽保”。

2.统筹城乡发展，缩小城乡差距

过大的城乡差距是社会矛盾的主要根源。嘉兴市于2004年开始提速城乡一体化建设，重点制定了包括城乡空间布局、城乡基础设施建设、城乡产业发展、城乡劳动就业与社会保障、城乡社会发展和生态环境建设与保护的“六个一体化”专项工作。2008年又提出开展以优化土地使用制度为核心，实施包括就业、社会保障、户籍制度、新居民管理、涉农体制、村镇建设、金融体系、公共服务、规划统筹等改革在内的“十改联动”。截至2011年底，嘉兴市人均GDP突破10000美元，城乡居民收入比保持在1.89∶1，基本实现了城乡之间和区域内部之间产业协调发展，建立了覆盖所有城乡居民的社会保障和医疗保障体系，实现了城乡交通、供水、公共图书馆、垃圾处理等公共服务一体化，在城乡教育、户籍制度改革等方面取得了一定程度的制度性突破。

3.建立和完善重大事项社会稳定风险评估机制

近年来，嘉兴市建立了在事关人民切身利益，牵涉面广，影响深远，易引发不稳定问题的重大决策、重要政策、重大改革举措、重点工程建设等项目上进行社会稳定风险评估的机制，旨在将维稳关口前移，从源头预防和化解突出矛盾和重大群体性事件隐患。评估的内容主要集中在合法性、合理性、可行性和可控性等方面。合法性主要指是否有充分的政策、法律依据；合理性主要指是否符合科学发展观要求和大多数群众的根本利益，是否兼顾各利益群体的不同诉求，是否遵循公开、公平、公正原则；可行性主要指是否征求了广大群众意见，是否符合本地经济社会发展总体水平，时机是否成熟、适时，实施方案是否周密、完善；可控性主要指是否存在引发群体性事件和其他影响社会稳定的隐患，是否有相应的预警措施、应急处置预案和对策措施，是否有化解不稳定因素的对策措施。

4. 创新对新居民的管理和服务机制

截至2011年，嘉兴全市共有户籍人口343.05万人，市外人口192万人，每3个常住人口中就有1人来自市外。[①]大量外来人口不仅对嘉兴经济社会发展作出了巨大贡献，也给本地的社会管理工作带来了巨大挑战。在这方面，嘉兴市政府着重从以下几个领域实施了创新：(1)机构创新。从2007年9月开始，相继在市、县(市、区)、镇(街道)成立了新居民事务局、新居民事务所、新居民事务站，配备专门人员，下拨专项经费，完善了四级管理体制。(2)实行居住证制度改革。把新居民就业、社会保障、教育、居住条件改善、计划生育、法律援助等民生需求与新居民持证年限挂钩，加大了政府公共服务。(3)构建开放的治理结构，加强新居民参政议政。2010年嘉兴市委、市政府出台了《关于进一步加强新居民参政议事工作的意见》，新居民参政议事在全省率先实现制度化运行，在市、县两级人大代表、政协委员中安排了一定数量的新居民名额，各级人大、政协会议均安排新居民代表参加或旁听。(4)创立了"以新调新"的社会矛盾化解模式，融合"乡音、乡俗、乡情"的"三乡"调节法，注重运用"亲情、友情、感情"的"三情攻势"，确保调解效果最大化。(5)增强新居民城市融入，对涉罪新居民开辟帮扶教育基地，首创"新居民带薪赎罪"；完善社会救助体系，发放嘉兴市区新居民保洁员慈善助医券，通过迎春联欢会、新居民摄影大赛、向新居民学校捐赠书目、发放爱心卡等活动加大城市关怀，增强新居民城市融入。

5. 加强对虚拟社会的管理

嘉兴市政府按照"积极引导、依法管理"的原则，本着"管理与服务并举，网上与网下互动"的工作要领，一方面，建立网上动态管理机制，加强对网络的实时动态管控，严厉打击网络违法犯罪行为；另一方面，健全网上舆情引导处置机制，及时跟踪舆情动态、研判舆情走势、评估舆情影响。对于本地影响较大的网站、论坛(如"嘉兴19楼")所形成的关注度较高的公共性话题，政府相关部门主动介入，实行公众网络议题与政府施政议题相结合的原则，有效回应了社会公众利益诉求。同时政府还通过微博、BBS等网络媒体开设网络课堂、网络问政，开辟了政府与民众沟通的新渠道。

(二)强化动态协调机制建设

社会管理不是要消灭所有社会矛盾，而是当社会出现摩擦的时候，使社会矛盾和问题不断得到及时化解和向好的方面转化，从而使社会处于动态平衡、

---

① "嘉兴市户籍人口343.05万 外来人口192万"，嘉兴市统计局《2007－2011年嘉兴经济社会发展成就回顾》。

井然有序的健康运行状态。为此必须构建社会矛盾的动态调节和化解机制。嘉兴市在这方面的创新主要有以下几个方面：

1. 创新管理体制，完善责任体系

(1)创新组织架构。如何发动社会成员参与社会管理是制约和形成社会管理“四维格局”的关键环节。嘉兴市政府抓住“社区、社团、社工是加强社会管理的基础元素”这一要点，于2009年在全国地(市)一级率先成立社会工作委员会办公室(简称“社工办”)，鼓励和引导包括中介组织在内的社会组织、社区基层组织和社会工作者参与社会管理，推动建立了一种扁平式网络化的社会管理体制。(2)加强基层组织建设。基层党组织和社会组织在基层社会管理中发挥着重要作用，嘉兴市近年来不断加强基层党组织、群团组织、基层综治组织建设，深入实施26项基层平安活动，夯实社会管理基础。(3)建立全员维稳责任制。市政府把社会管理与服务细化为“六大专项工作”，即社会矛盾化解、社区社团社工建设、公共安全保障、新居民管理服务、信息网络管理服务和新经济组织管理创新，严格考核制度，依托考核落实维稳责任制。

2. 畅通群众利益诉求表达机制

通过完善政务公开制度、民主决策制度，加强和改进信访制度、领导干部接访、亲自批阅群众来信、带案下访、“市长电话”和开通航空热线等制度，重视群众反映的问题，回应了群众的利益诉求，提高了社会公众参与社会管理的程度。

3. 创新社会矛盾化解机制

对于经济社会发展过程中出现的矛盾和问题，既需要综合运用行政、经济、法律等手段，也迫切需要创新社会管理工作理念、体制、机制和方法。近年来，嘉兴市构筑了人民调解、行政调解、司法调解等多位一体的调解方式：(1)强调社会矛盾的第三方调解。如，秀洲区、桐乡市等地探索建立了医患纠纷调解队、交通事故调解委员会等专门调解结构，增强了社会矛盾调解针对性，减少了社会管理成本。(2)强调民间调解。如，嘉兴市南湖区以124名“老娘舅”为主力，以1130名调解员为后盾，以5个区专业调解组织作补充，牢筑防线，不断夯实大调解基层基础。(3)探索建立大调解机制。嘉兴市秀洲区探索建立了社会矛盾联合调解中心，集人民调解、行政调解、司法调解、信访于一体，另外还设有劳动仲裁庭、职工维权中心、妇女儿童维权中心、纪委监察信访举报接待中心、区政法委维稳办、民警值班室，统一接待受理登记、统一案件分流、统一质量跟踪、统一后勤保障和服务，从而最大范围地整合了各类调解资源，最大可能地统筹化解了各类社会矛盾纠纷。

4. 加强社会治安综合治理

社会治安作为社会公共安全的重要组成部分，是社会公众评判社会和谐的重要指标。嘉兴市在这方面的创新做法在于:(1)破小案。破小案累积大平安,除了一些大案、要案,对于老百姓侵财类的小案也必侦必破,既维护了百姓利益,也树立了公安形象。(2)加强治理突出社会治安问题。每一年,嘉兴市公安局都要针对社会突出治安问题,确立工作重点。2009 年确立的主题为“打两抢”、2010 年打击“盗两车”,2011 年“打两盗”,通过全市统一行动,有效治理了社会治安环境。(3)构建市域范围内动态化监控网络。在全市主要路段、收费站、大型公共场所均安装电子监控设备,为及时、有效解决社会问题提供了技术支持。

(三)推进应急管理体制建设

嘉兴正处于工业化、城镇化快速发展时期,为有效应对社会管理中时常会有的一些突发性事件,嘉兴市政府构建了较为完善的应急管理体制。

1.建立应急管理组织体系

按照国家“领导决策机构、日常办事机构、专项指挥机构、专家组”四个层次的应急管理组织体系建设要求,嘉兴市于 2005 年率先在全省成立了市公共安全应急委员会,作为市委、市政府应对处置突发事件的领导决策机构;2007 年底,市、县两级均成立了应急办,作为应对突发事件的日常办事机构;在前几年建设的基础上,逐步建立了公安、安监、卫生、防汛防旱、民防等应对突发事件的专项指挥机构;市级有关部门还成立了专家组。目前,全市市、县、基层单位三级应急管理组织体系已全部建立。

2.应急平台建设有序推进

嘉兴市本级先后建成了市公共安全应急指挥中心、市防汛防旱应急指挥中心、市城市应急救援指挥中心等。市民防系统还建成了市县两级移动指挥平台。各县(市、区)先后建成了民防应急指挥中心,部分镇还建成了镇一级应急指挥平台,嘉兴市南湖区建成了安全生产应急指挥中心,嘉兴港区管委会率先在全省建成了县级综合应急指挥平台。

3.应急救援队伍建设成效显著

应急队伍建设主要分三个板块:第一板块——基层单位。市应急办与军分区、民防局联合,结合镇(街道)民兵应急分队建设、结合镇(街道)民防志愿者队伍建设,在全市各镇(街道)建立了平均 40 人左右的综合应急救援分队。第二板块——市级部门。依托人防专业队和部门优势,在市级部门组建了 7 支以水、电、通信等为主的专业救援分队,同时组建了一支危化品特救队和第一个危化品应急救援基地。第三板块——突击力量。依托消防部队,组建嘉兴市综合应急救援支队、大队。据统计，到2011年6月底，全市各类非专业应急队伍为3011支、26831人；专业应急救援队伍10支、4217人。

二、嘉兴市社会管理创新的基本特点

（一）以人为本，服务为先

社会管理说到底是对人的管理和服务，在创新社会管理中做到以人为本，就是要在管理的出发点和落脚点，管理的方式和方法上面都要体现人的价值，最大限度地维护人民群众的根本利益，防止把社会管理和服务简单地演变为一种社会控制。嘉兴市政府在创新社会管理工作中，始终把“以人为本、服务为先”贯穿于社会管理工作的各个领域，从政策设计到政策实施都着眼于不断实现好和维护好广大群众的根本利益，寓管理于服务之中，实践着以人为本的基本理念。

（二）政府主导，大力推动

党的十七大就提出要构建“党委领导、政府负责、社会协同、公众参与”的社会管理格局，但是“社会的弱与政府的强”是一直以来各个领域建设都存在的问题，社会组织发育迟缓、参与不足是各地社会管理创新都存在的一大现实困境。嘉兴市社会管理创新着眼于这一实际，由党委和政府主推管理创新，从体制机制的完善到方式方法的转变，从社会组织的培育到社会组织的规范管理都由政府主抓，工作推动力强劲，创新效果较好，有效弥补了社会管理创新中社会参与度不足的问题。

（三）顶层设计，改善民生

在经济社会转型时期抓社会管理创新有几个层面的含义，一是方法论意义的创新，即对原有社会管理方式、方法的改造和改进；二是相关管理体制和制度的创立和完善，这属于顶层设计的内容，需要政府有一个从上至下的、整体性的规划和设计，我们现在讲“社会管理创新”不仅要在方法论意义层面改进，更要从顶层设计的角度来推动社会改革和社会发展，从这两个层面同时来推动创新，才能化解社会管理中比较突出的矛盾和问题。嘉兴在推动社会管理创新中，既注重方式方法的转变，更强调社会保障等民生问题的改善，通过不断惠民来实现安民，在这一点上，市级政府在财政、政策、人力资源配置、统筹协调等方面，都做了大量工作，解决了许多基层特别是乡镇一级政府能力所达不到的问题，以社会改革和社会政策发展实现了社会管理创新。

(四)方式为主，机制跟进

嘉兴市政府除了以不断改善民生为重点，通过惠民实现安民以外，在社会管理的方式方法上也进行了大量探索。如，社会矛盾调解方面探索第三方调解，尝试建立了医患、交通事故、以新调新等专业调解队；创新民间力量参与调解机制，老娘舅、何大姐等一批民间调解队辅助矛盾调解；秀洲区建立社会矛盾联合调解中心，搭建社会矛盾化解平台；社会治安方面以“破小案”为抓手，打造平安嘉兴等。此外，在社会管理的体制、机制上也不断完善，重大事项社会风险评估，领导干部接访制度，新居民入人大、政协的参政议政制度都是创新社会管理的有益尝试。

(五)项目推进，明确任务

2011 年 8 月，嘉兴市委出台《关于贯彻落实〈中共嘉兴市委关于加强和创新社会管理服务的实施意见〉推进社会管理服务“六大专项工作”责任分解的通知》，确定社会管理创新具体任务包括社会矛盾化解专项工作，社区、社团、社工建设专项工作，公共安全保障专项工作，新居民服务管理专项工作，信息网络管理专项工作和新经济组织管理创新专项工作，以项目化运作为载体，明确各任务的分管领导、牵头部门和参与部门。专项任务针对性强，分工明确，对于嘉兴市创新社会管理，促进社会和谐具有很强针对性。

(六)矛盾化解，稳定为重

转型时期社会冲突事件在各地不断涌现，嘉兴近年来社会发展总体平稳，但新情况、新问题也有所增加，经济运行中的矛盾和问题增多，因一些历史遗留问题、拆迁、企业改制、环境污染而出现的群众上访事件，新型犯罪问题，境外敌对分子的非法聚集、破坏等都有所增加，这给社会稳定造成了较大威胁。嘉兴市政府以解决群众利益诉求为主线，深入化解社会矛盾、维护社会稳定，勇于探索创新，重点围绕如何有效化解社会矛盾、加强和改进重点人群服务管理、严密社会治安防控、强化对两新组织的管理等，坚持以项目化的思路、精细化的方法抓工作推进。

(七)培育认同，促进和谐

社会管理创新的最终目的是要实现社会和谐。和谐社会不仅是矛盾能够有效调节的社会，更是一个社会各阶层、群体都具有较强认同感和归属感的社会。在这方面，嘉兴市加强了对社会特殊人群的关爱，重点对老年人、残疾人、低收入者、大学毕业生、新居民等社会特殊人群进行重点关爱，在城市基础设施建设、公共交通、图书馆等场所均对其进行特殊优惠政策。大力推进养老机构建设和残疾人服务机构建设，2011年7月被授予"全国残疾人工作示范城市"；在通货膨胀的背景下，2011年上半年政府对低收入者物价补贴同比提高146%～210%；医疗救助资金筹集和支出额度也不断增加，大学毕业生就业率达到93.7%；对涉罪新居民开辟帮扶教育基地，首创"新居民带薪赎罪"……这些举措不仅是政府履行公共责任的直接表现，更有力促进了各阶层的社会认同，社会关系融洽，社会和谐程度提高。

三、嘉兴市社会管理创新有待进一步解决的问题及改进的策略

（一）社会管理创新还需进一步解决的问题

1. 社会发育迟缓，四维格局有待突破

当前，嘉兴社会组织参与社会管理面临三个问题：(1)社会组织"弱小"。"小"表现为数量上，社会组织绝对数量少，比例低，究其原因主要是政府扶持不够，成立门槛过高，资金扶持不足，已有社会组织与政府关系过于密切，活动空间受限。"弱"表现为功能上，当前，社会组织组织、引导、服务群众的功能不强，还不能有效承接转移的政府职能。(2)在参与社会管理与服务方面，到底哪些社会管理和服务可以交由社会组织去做，政府还在试点中摸索。(3)政府该如何与社会组织打交道，如何实施对社会组织的引导与监管还是一个问题。此外，在社会公众层面，市民社会发展更为迟缓，公众参与社会管理意愿不足，途径和条件不够充分，参与分散化、低度参与甚至无参与的情况较为突出。

2. 社会管理创新方法论意义层面较多，体制机制建设相对滞后

(1)国家宏观政策的滞后造成地方政府创新空间受限，如，在流动人口管理方面，社会管理服务资源的户籍人口配置方式造成人口流入地社会管理成本增加，而人口流出地公共服务资源闲置，这让流动人口公共服务难以做到与户籍居民的事实平等。(2)方法论意义上的创新具有较强的针对性和时效性，但缺乏战略性规划，是否能达到预期效果，可复制性怎样也都还有待于实践的检验。这就在一定程度上造成各地都在搞创新，没有统一的模式推广，创新成本相对较高。

3. 行政控制较为突出，协同治理有待加强

(1)现有社会管理的方式创新主要是政府对如何管好社会的方法论意义创新，管、控、压、罚的工作方式还比较突出。横向上看，容易把社会管理的任务分解到公安、综治等部门，这些部门主抓社会管理工作的好处在于成效快、执行力强，但容易造成社会关系紧张；纵向上看，一层一层的任务分解容易造成基层政府管理压力增加。(2)社会管理条块分割现象较为明显，协同管理程度不高。如，在社会矛盾化解专项工作中，一共有 16 个部门参与其中，众多的部门参与能在一定程度上形成社会主义集中力量办大事的制度优势，但过于分散化的社会管理权限划分又会造成工作效率低下、成本上升和责任推诿等情况。

4. 基层政府社会管理任务较为繁重

(1)民间社会组织发展滞后以及村、社区两委的自治功能萎缩造成大量基层社会管理任务主要由县、乡(镇)一级政府来完成，基层政府社会管理任务突出。(2)由于分配体制不顺、收入上移、基层政府债务负担、税源不足、供养人员过多等因素造成财力不足，再加上大量的社会保障、抚恤救济等社会性支出和事务，造成基层特别是乡镇一级政府事权过多，财权与事权严重不匹配。(3)现有农村干部结构不合理，农业型干部多，经济型干部少；工作方式也有待改进，对于自己该干什么、怎么干心中没底；一些基层工作的同志虽然经验丰富，业务熟悉，但由于学历水平、能力素质、年龄等原因很难在乡镇大有作为，基层政府干部队伍建设有待加强。

(二)进一步推进社会管理创新的几点对策建议

1. 完善社会管理格局，推进协同治理

(1)培扶社会组织发展。一定量的社会组织的存在是实现社会治理的基本前提，这不仅是“治理理念”的价值要义，也是社会管理创新的重点内容。政府应该通过降低门槛、简化程序，积极培育和发展 NGO、NPO 等社会组织，取消其成立的政策性障碍，并从财政、税收、准入登记等方面对其提供政策及资金上的支持，鼓励其获得在社会特别是基层社区开展活动的持续资源。在此过程中，应该有针对性、有重点地扶植、培育公益慈善类(如志愿者协会、困难救助帮扶协会)、社区福利服务类(如社区老年人服务中心、社区托老中心、妇女之家)、社区医疗卫生服务类(如社区残疾人康复中心、心理矫正和辅导中心)、矛盾化解类(如人民调解组织)社会组织的发展，实现政府、居民与社会组织的良性互动和良好合作。(2)鼓励多元参与。一是要激发和培育社会公众的公共精神和参与意识，强化居民的公民意识和身份认同，构建社会公共意识；二是要切实发挥

基层党组织、群众自治组织和共建单位作用,建立健全居民自治机制,强化社会协同,以多元参与基层社会管理为实现途径,努力构建社会多元治理格局。(3)加强战略性社会管理。所谓战略性社会管理,是世界银行针对发展中国家出现的许多问题而提出的管理办法,主要是集社会听证、监督、评估和文献于一体的连续过程。通过市民和弱势群体的参与,着力解决被忽视的社会问题。在这个过程中,政府扮演的角色主要是制定参与的框架、标准,提供资金支持,提供能力建设,建立对话机制,推广创新的经验、案例。[①] 战略性社会管理的优势在于发现社会问题,培养公众的参与意识,有助于发掘社会力量更好地解决社会问题。

2.精心谋划,重视社会管理体制、机制创新

社会管理创新是一个涉及多方面、多层级的复杂性系统工程,政府主导的社会管理创新应注重社会管理体制改革的整体性推进,围绕社会管理体制改革的总体思路,搭建宏观管理平台,把跟社会发展有关的各种体制、各类机构、各种问题、各项改革统筹起来考虑,制定统一的社会建设发展规划,实现社会管理体制各项改革有机结合。在这方面,尤其要形成科学有效的利益协调机制、诉求表达机制、矛盾调处机制、权益保障机制,主动研究社会发展过程中不断出现的新情况、新矛盾、新问题,实现社会管理的长效化。

3.提高各类社会主体处置社会问题的能力

当前的社会问题主要表现为各类社会矛盾、社会治安和突发性事件。提高处置社会问题的能力就要做到:(1)大力培育各类社会主体的问题意识,尤其是领导干部、社会组织要树立问题意识,学会处理各种社会问题,提高管理社会问题的能力。(2)大力培养社会公共精神,大力发扬社会公德、职业道德、家庭美德,增强社会诚信资本。(3)增加公共投入,一方面,要加大对社会各类主体解决社会问题的技能培训(如加大对如何应对疾病、公共卫生事件、自然灾害和火灾等突发性事件的宣传与演练);另一方面,要增加社会管理的要素投入。(4)不断改进社会管理的方式方法,经常性总结一些好的社会管理经验并不断推广。(5)强化社会回应,对于社会公众反映较多、影响较大的社会问题,政府等各类主体要及时表态,妥善解决。

4.还需协同推进的几项重点工作

(1)进一步推进社区建设,夯实社会管理的基础。社区,是联系群众的纽带,服务社会的窗口,更是社会管理的根基所在。社区建设是城乡基层社会管

---

① 丁元竹:《加强和创新社会管理的几个着力点》,《中国党政干部论坛》2011年第6期。

理体制转型的主要标志。[①] 作为相对较发达地区的沿海城市，嘉兴工业化与城市化快速推进，大量外来人口分散在民营经济较为发达的市镇范围，基层社会管理对本地的经济社会发展意义更加重大。因此，有必要大力推进社区建设，夯实社会管理基础。在社会管理方面，需要明确的是社区不是政府强化基层社会管理的触角，它的功能定位在于"自治"与"服务"。一方面，政府要转变政府职能，弱化社区组织的行政管理职能，强化社区委员会的自治功能；另一方面，社区要强化其对社会公众的服务功能，可通过建立和完善社区行政服务中心，建立"多社区一中心"和"一社区一中心"的社区服务模式承接政府公共服务职能。

(2)加大基层管理的资源投入。如前分析，基层政府在创新社会管理工作方面责任大、任务重，但资源非常有限。这种资源一方面是人的资源缺乏，另一方面是财力资源的缺乏。在这方面，上级政府特别是市一级政府要着力解决两方面的问题：第一，加强基层干部队伍建设。就社会管理工作来说，一是要转变基层干部的社会管理理念，明确社会管理不等于管理社会，强化其公正之上、服务优先的理念；二是要转变其管理的方式方法，目前大量的基层矛盾特别是官民矛盾的出现，与基层干部工作方式方法不当有关，要转变工作作风，坚决制止粗暴式管理，要更多地培养依法管理、协商治理的工作方式。第二，加大基层社会管理资源投入，把钱、财、物更多地用在改善民生问题上，用在基层政府人员培养和素质提升上，以改善民生来营造良好的社会环境。

(3)完善社会公众的诉求表达。当前政府社会管理的重点是社会矛盾的调解，而社会矛盾的出现往往和群众诉求表达不畅有关。笔者认为当前的社会管理创新工作还需重点关注群众的利益诉求表达问题，把社会管理的关口前移。第一，要有表达渠道。一是要强化原有体制内表达，重点完善地方人大和政协功能，强化两会地位，完善代表联系群众的功能，进一步加强领导干部定期接访、下访、蹲点调查等形式的工作方式，强化联系群众，要强化村(社区)两委会的功能，如南湖区开展的"六六"群众工作制值得推广。二是要重视以互联网为代表的新兴媒体的功能，现在互联网、博客、BBS等新兴媒体在很大程度上成为社会公众的喉舌，很多社会问题都可以从上面找到公共舆论空间，政府要主动关注舆论动态，积极引导舆论发展。第二，要强化公共回应。对于社会公众通过正常渠道反映的、影响较广的社会问题，政府及其相关部门要表明立场、及时处理，不能让诉求累积，甚至转化为社会矛盾。

(4)强化应急管理。当前，嘉兴应急管理的领导体制、工作格局已基本建

① 郎友兴：《社会管理体制创新研究论纲》，《浙江社会科学》2011年第4期。

立，但其工作机制、基础设施建设等方面还不够完善。第一，要加强应急管理机制建设。健全完善突发事件监测预警机制、信息报告和信息共享机制、风险评估和事故调查机制、应急处置救援机制、社会动员和参与机制，以及信息发布和舆论引导机制，强化应急管理常态化。第二，加强应急管理法规和预案体系建设。进一步完善有关突发事件的法规，抓紧制定各项配套制度和工作细则。进一步完善应急预案体系，提高预案的针对性和有效性；加强预案演练，确保预案规定内容落到实处，提高预案管理水平。第三，加强全民风险防范和应急处置能力建设，将应急知识和相关法规的宣传教育纳入国民教育体系。利用各种新闻媒体介绍普及应急知识，特别是要加强对各级干部应急知识和能力的培养，提高对突发事件的应对和处置能力。

(5)完善社会管理考核方式。对社会管理工作进行科学考评不仅是社会管理创新要完成的重点工作内容，也是地方政府急需解决的现实问题。在这方面，我们以为应把改善民生与社会管理创新任务相结合，以胡锦涛总书记2011年春在中央党校开学典礼上所讲的“社会管理创新八大任务”为指导，结合嘉兴市社会管理六大专项工作，在专项考核的基础上增加民生类指标，明确任务要求，细化考核内容，科学设置指标权重。

嘉兴社会保障现状分析与前景展望

□ 余 剑 陈馨佳

一、嘉兴市社会保障主要做法

(一)近年来嘉兴社会保障取得的成效

1.统筹城乡就业走在全国前列

2006年,嘉兴市被劳动保障部批准列为全国统筹城乡就业试点工作城市,率先开展了充分就业社区和充分就业村创建工作,城乡一体化的就业格局已经形成。2007年底,嘉兴市接国家劳动和社会保障部通知,联合国首个统筹城乡就业援华项目中,嘉兴成为全国五个项目城市之一。

2.社会养老保险全覆盖走在全国前列

2007年10月1日正式实施了《嘉兴城乡居民社会养老保险暂行办法》,从制度设计上,将社保范围覆盖到城乡所有人群,使嘉兴成为全国第一个实现城乡居民社会养老保险制度全覆盖的地级市。2010年1月,又根据《浙江省城乡居民社会养老保险实施意见》对制度进行了深化和完善,未享受国家机关、事业单位、社会团体工作人员退(离)休(职)待遇或职工基本养老保险待遇、2010年1月1日前已满60周岁的本市户籍城乡居民,可享受每人每月60元的基础养老金,对上述人员中符合享受被征地居民养老基本生活保障、农村知青养老生活补助、水库移民后期扶持政策、最低生活保障、计划生育家庭奖励扶助、社会优抚、农村“五保”和城镇“二无”人员供养、精减职工和遗属生活补助等待遇条件的,可同时叠加享受待遇。2011年11月,根据省人社发〔2001〕221、222、223号文件精神,将养老保障进一步扩大到原先未参加城镇企业职工养老保障的60周岁以上的城镇居民。

3.被征地农民社会保障走在全国前列

1993年开始，嘉兴市在全省乃至全国率先探索建立了“土地换社保”的被征地农民社会保障制度。2011年底，全市29.5万被征地农民中建立社会保障的人数达到19.6万人，其中已领取养老金人数为7.6万人，月养老金达到了545元，实现了即征即保，应保尽保。

4.新型城乡居民合作医疗保险制度走在全国前列

作为浙江唯一的全国城乡居民合作医疗试点城市，嘉兴市新型合作医疗保险乡镇(街道)和行政村(社区居委会)覆盖率达100%，所辖7个县(市、区)全部被浙江省政府列为新型农村合作医疗试点县。农民参保率达95.04%，总筹集资金29474.39万元，其中政府投入15878.29万元，人均筹资达到120元以上。

(二)2011年嘉兴社会保障现状

1.社会保障覆盖面呈稳中有升的良好态势

2011年全市养老保险、基本医疗、失业、工伤、生育保险人数分别达141.99、146.1、86.32、132.9和107.21万人，分别是2006年的1.9、2.0、1.9、2.0和2.1倍。2011年全市共有211.22万城乡居民参加合作医疗保险，其中参保农民数为154.9万人，参保率达98.6%；城镇居民参保数达56.32万人，参保率达97.5%，基本建立了覆盖全社会的社会保障体系。新型社会求助体系日益完善，2011年全市农村“五保”对象和城镇“三无”人员集中供养率达100%。

2.社会保障政策逐年提升，努力保障通胀压力下各类人员的基本生活

在做好企事业退休人员基本养老金、城乡居民社会养老保险金和基础养老金、精简职工和遗属补助等社会保障待遇按时足额发放的同时，2011年底前，为市本级10.55万名企业退休(职)人员、被征地居民和农村知青调整基本养老金和养老生活补助，其中，企业退休(职)人员人均上调170.7元/月，被征地居民人均上调57.6元/月，同时根据市政府的部署，做好企业退休人员基本养老金补贴和社区综合补贴发放工作。上述待遇调整后，市本级企业退休(职)人员、被征地居民月人均养老待遇分别达到1958元和708元。此外，还根据规定分别对2.29万名和18.33万名城乡居民社会养老保险参保人员的缴费养老金和基础养老金进行了调整和补发。

3.社会保障费用按时到位，充分发挥制度保障功能

实施职工基本医疗保险门诊补助制度，逐步提高医疗保障水平。2011年1月至6月，办理职工基本医疗保险门诊结算137.99万人次、费用1.62亿元，住院结算1.2万人次、费用1.36亿元；做好异地安置、暂居外地以及特治特检、转

院、家庭病床审核备案等就医管理工作，受理手工报销门诊 3349 人次、费用 345.81 万元，住院 1341 人次、费用 2553.6 万元。受理工伤保险结算 800 人次，拨付费用 1062.77 万元；受理生育保险 3030 人次，发放生育补偿费用 2326.76 万元；受理直管人员医疗费报销 5.2 万人次，支付金额 933.13 万元。

4.社会保障服务创新，推进城乡区域一体化应用

2011 年 4 月底，市政府发布了《嘉兴市人民政府关于加快推进社会保障市民卡建设的实施意见》，市域社会保障市民卡建设正式启动。县(市)市民卡服务分中心组建、卡片招标采购等工作有序展开，市本级 60 万名城乡居民合作医疗参保人员、海宁 50 万名社保参保人员基础数据整理基本完成。目前，市本级已累计制发市民卡 36 万张，涵盖基本医疗保险参保人员、医疗直管人员，与银行共建的市民卡代理服务网点已增至 28 家，商业便民、城际互联互通等增值应用建设进展顺利。市民卡规模发放也为部分特殊人群带来了实实在在的便利，2011 年，直管人员持卡结算达 4.26 万人次、费用 1034.6 万元，免去了这些行动不便的老人来回奔波之苦。2011 年 12 月 23 日上线的市域医保异地就医实时结算平台运行稳定，已累计发生结算门诊 5.8 万人次、住院 3991 人次，结算金额 5346.7 万元。市域异地就医结算规则、清算办法和结算操作流程初步处理意见基本形成，并筹集了首批支付准备金。

二、嘉兴市社会保障的不足

(一)社会保障服务相对不足

嘉兴市本级的社会保障管理服务主要以设在市本级的社会保障事务局为主。从 2002 年起，为了适应城乡区域发展的趋势，市本级按照“条块结合、以块为主”的体制在各镇(街道)建立了社会事业所，为社会保障服务向基层乡镇、社区延伸提供了基础。这些基层社会保障服务机构除了承担劳动就业、社会保障业务以外，还负责民政、人口计生、残联、文化、卫生等方面的业务工作。在实际运作中，任务繁杂、人手紧缺、经验缺乏等问题较为突出，导致有限的人力疲于应付各种业务，无暇在社会保障服务上投入更多的精力。此外，这些基层服务机构在行政上隶属所在镇(街道)管理，人员、编制、经费、场所等均由所在区和镇(街道)政府分配和提供，仅在业务上接受市级相关部门的指导和考核。由于不存在直接的领导与被领导关系，市级部门无权对这些机构进行全面管理，相关业务难以有效地通过行政推动下放到基层。因此，上下关系不顺、运行不畅的情况较为普遍，其社会保障机构服务职能难以有效地履行，也难以为群众提

供快捷、高效的服务。

(二)社会保障公共服务优化难

当前,社会保障事业已经进入统筹城乡、全面覆盖、综合配套、统一办理的全新阶段,社会保障服务的对象和群体、范围和内容、职能和定位已发生了根本性的变化。首先,社会保障的服务对象和群体已由城镇扩大到农村,从职业群体转变为全体居民,由单位集体转变为居民个体。其次,社会保障的服务范围和内容不断增加,在全面落实统筹城乡的社会保障制度、推进全民社保的同时,还承担了优化经济转型发展环境、促进市域公共服务均等化、配合有关部门推进“两新”工程和重大工程建设等大量的新工作、新任务。再次,社会保障的服务职能定位发生重要变化,主要表现在以下两个方面:一方面,按照“成熟一项、划转一项”的原则,市社会保障事务局的职能由社会保障事务经办向社会公共事务办理服务转变,已成为市本级社会保障办理体制和运作机制改革的必然趋势;另一方面,公共事务信息化规划建设已从市、区两级范围向全市区域发展转变,向提高公共服务均等化和区域一体化水平转变,其建设难度、覆盖层面和影响程度都发生了重大变化。而目前社会保障服务能力还难以适应上述变化,“小马拉大车”的问题十分突出。当前,在积极创造办理关系顺畅、信息网络通畅、职能定位清晰等外部条件的同时,如何在管理理念、服务方式和经办流程上适应形势发展需要,充分发挥公共服务的主力军作用,缓解公共服务优化难的矛盾,是各级社会保障服务机构迫切需要解决的问题。

三、嘉兴市社会保障发展建议

(一)制约因素分析

1.人口结构

(1)常住人口[①]规模及结构预测分析

如图1,从人口规模及总量的角度分析,嘉兴市户籍人口在未来10年内,略呈下降趋势,而嘉兴居住满半年的新居民人口将呈现上升趋势,最终导致嘉兴市常住人口在未来10年内略有上升。2015年嘉兴市常住人口将维持在573.49万～584.90万人,其中,半年以上流动人口将维持在216.52万～227.93万人。2020年嘉兴市常住人口将维持在598.56万～611.01万人。

---

① 本课题研究中,未来嘉兴市常住人口是指未来户籍人口与嘉兴新居民人口之和。

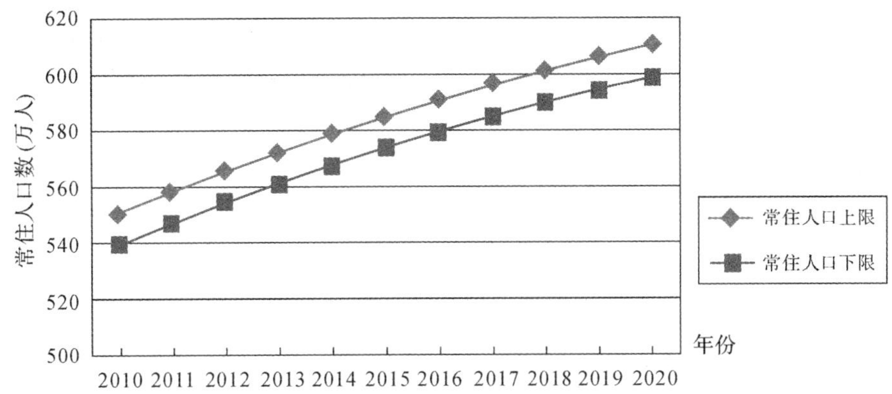

图 1　2010—2020 年嘉兴市常住人口预测分析

数据来源:《基于人口、资源、环境约束的嘉兴市人口发展战略规划研究》课题组测算。

如图 2,从嘉兴市 2020 年常住人口的年龄结构可以看出,18～49 岁的劳动年龄人口占常住人口总数的 55%,少年儿童占 11%,16～17 岁及 50～100 岁人口占 34%。主要是农村剩余劳动力转移就业,造成嘉兴市常住人口中劳动年龄人口占 55%的比例。

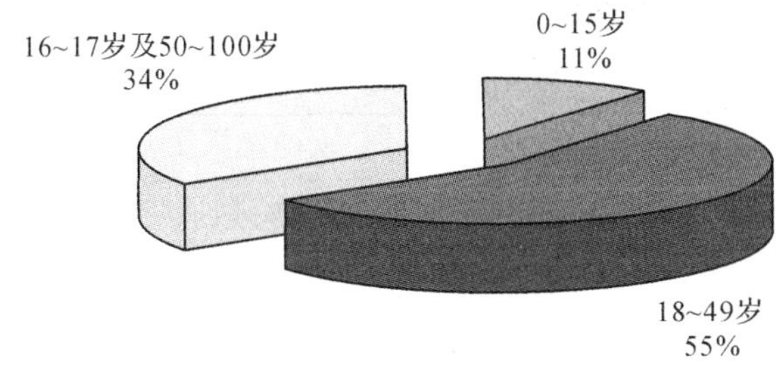

图 2　2020 年嘉兴市常住人口年龄结构预测

数据来源:《基于人口、资源、环境约束的嘉兴市人口发展战略规划研究》课题组测算。

(2)人口供养比测算分析

人口供养比是指退出劳动领域的人口占劳动力人口的比重,是衡量一个社会的负担程度的重要人口指标。在本文中人口供养比是指年满 60 周岁及以上的人口占 15 周岁至 59 周岁人口的比重。

如图 3,总和生育率对人口供养比的影响主要体现在 20 年以后,不同总和生育率的条件下,并不会对 2010—2030 年的人口供养比产生较大的影响。

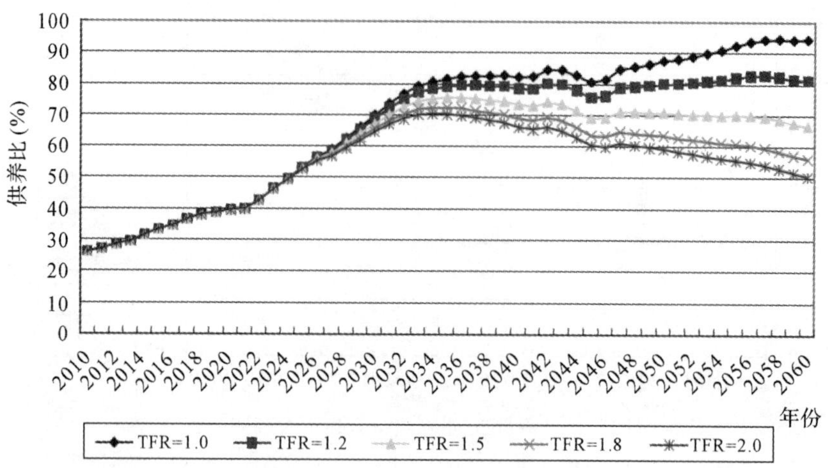

图3 2010—2060年不同总和生育率(TFR)条件下的人口供养比测算分析

数据来源:《基于人口、资源、环境约束的嘉兴市人口发展战略规划研究》课题组测算。

2. 城乡居民可支配收入

如表1、表2所示,自2007年以来,嘉兴市城乡居民人均可支配收入逐年增长,养老生存保障能力不断加强。

表1 城镇居民家庭人均可支配收入

年份	2011年	2010年	2009年	2008年	2007年
城镇人均收入	31520元	27487元	24693元	22481元	20128元

数据来源:嘉兴市统计局统计数据。

表2 农村居民家庭人均纯收入

年份	2011年	2010年	2009年	2008年	2007年
农村人均收入	16707元	11538元	12685元	11538元	10163元

数据来源:嘉兴市统计局统计数据。

3. 财政公共支出

如表3、表4,自2007年以来,嘉兴市民生保障投入经费逐年递增,其中医疗卫生保障增速领先于养老和就业保障增速。

表3 医疗卫生经费支出占财政经常性支出的比重

年份	2011年	2010年	2009年	2008年	2007年
比重	7.74%	6.54%	5.51%	5.14%	4.23%

数据来源：嘉兴市统计局统计数据。

表4 社会保障和就业经费支出占财政经常性支出的比重

年份	2011年	2010年	2009年	2008年	2007年
比重	7.94%	5.16%	4.66%	5.44%	4.63%

数据来源：嘉兴市统计局统计数据。

(二)发展展望

2012年，嘉兴市社会保障，一是突出加强统筹城乡医疗保障建设，加大医疗保险的覆盖率，提高医疗保险的水平，特别是加大对新居民合作医疗的投入。二是完善养老保障体系，在现有养老保障水平的基础上，进一步扩大养老保障范围，将"五保户"等弱势群体也纳入到整个社会的养老保障中。三是加大工伤、失业等突发性保障的力度，特别是在嘉兴市新居民人口快速增长，城镇居民失业率较高的情况下，提高其基本保障势在必行。

1.完善医疗保险制度

目前嘉兴市已基本建立起了以城镇职工基本医疗保险、农民工大病医疗保险、城乡居民合作医疗保险为主体，多层次、相互衔接转移的城乡居民医疗保障体系。但整个体系还需要进一步完善。

(1)完善城镇职工基本医疗保险体系。一是积极筹措资金，解决困难企业职工、原未参保城镇集体企业职工和无单位退休人员参加医疗保险问题。二是逐步提高统筹层次，将目前实行区县统筹的城镇职工基本医疗保险纳入市级统筹，增强保障能力。三是取消职工医疗保险个人账户，合并大额医疗保险，扩大基本医疗保险的支付范围和限额，减轻参保单位缴费负担。

(2)建立完善农民工大病医疗保险制度。坚持低费率、保大病、保当期、用人单位缴费为主的原则。针对农民工流动性大、收入水平低的特点，只建统筹基金，不建个人账户，着重保当期住院医疗。农民工大病医疗保险与城镇职工基本医疗保险和城乡居民医疗保险相互衔接，保险关系和待遇能够转移接续。

(3)建立城乡居民合作医疗保险制度。按照"共建一个平台，运行两套标准，实行城乡统筹，均衡公共服务"的模式，建立城乡居民合作医疗保险制度，设立专门的城乡居民合作医疗中心进行管理，将城镇职工基本医疗保险制度外的学生、少年儿童和其他非从业城乡居民纳入保障范围，解决城乡居民的医疗保障问题。依托新型农村合作医疗平台，增加模块、完善功能，满足城乡居民医疗保险需要；设立多个不同筹资标准，并可以转移，由城乡参保家庭自主选择参保；所有参保人员享受相同的公共服务。建立财政补助机制，在对参保人员普遍补助的基础上，对参保困难城乡居民再给予一定的缴费补助，确保应保尽保。在医疗保险支付的基础上，将符合条件的人群纳入城乡医疗救助范围，使城乡贫困人群享有公平的基本医疗服务。

(4)建立城乡统筹医疗保险关系和基金转移衔接机制。以缴费年限折算为核心，建立城镇职工基本医疗保险、农民工大病医疗保险、城乡居民合作医疗保险制度之间转移衔接的畅通渠道。

2.落实养老保险制度

嘉兴市应在原有养老保险的基础上，重点以农民工养老保险制度为突破口，建立以城镇职工基本养老保险、机关事业单位养老保险、农民工养老保险、农村社会养老保险为主体，多层次、相互衔接转移的城乡居民养老保险体系，解决好征地农转非人员养老保险问题。应着重抓好以下制度建设：

(1)完善城镇职工基本养老保险制度，妥善解决城镇困难群体、制度外群体养老保险问题。一是突破年龄限制，以城镇未参保人员养老保险问题为切入点，在2007年出台的对在籍老人养老保险的基础上，按照不同年龄一次性补缴一定年限费用，享受养老保险待遇，解决原未参保城镇集体企业职工(特别是内退和国企兼办等原因未参加保险的人群)、下乡返城未安排工作知青等城镇老龄居民参加养老保险的历史遗留问题。二是突破用人单位性质限制，认真解决乡镇企业职工、社会团体、民办非企业单位和其他组织工作人员参加养老保险的问题，要加强对企业用工合同的监管，实现合同人数与参保人数联动，确保企业参保率。

(2)贯彻落实农民工养老保险制度，以此为突破口，搭建统筹城乡社会保障制度衔接通道。农民工养老保险坚持低门槛、便参保、广覆盖、易流动的原则，保险费由用人单位和农民工共同缴纳，大部分记入农民工个人账户。农民工养老保险基金实行全市统筹，农民工可以在全市范围内流动就业和参保。农民工离开原单位后，重新在本市其他单位就业的，只转移养老保险关系，不转移基金；到本市外就业的，其个人账户资金由社会保险经办机构暂予保管，并按规定计算利息，同时积极建立农民工等流动就业人员社会保险关系和基金跨省转移办法，进一步消除农民工参保的顾虑，保障农民工的利益。进一步明确各级政府对农民工养老保险基金的补助办法，提高农民工养老待遇水平。放开城镇灵活就业人员参加养老保险办法的户口限制，设定不同缴费档次，解决农民工在城镇接续养老保险的问题，鼓励包括无用人单位的农民工在内的城乡灵活就业人员参加养老保险，为今后养老进行投入。

（3）解决征地农转非人员养老保险问题，促进其再就业。嘉兴市在征地保障方面在全国都较为领先，但随着时间的推移，目前的征地保障也出现了一些问题。因此，在解决征地农转非人员养老保险上，要着力解决社会保险资金来源，采取分段社会保险和城乡救助体系相结合的模式，解决征地农转非人员养老保险问题，已征地农转非人员养老保险资金由个人和政府共同承担，新征地农转非人员养老保险资金由征地部门从土地补偿费和安置补助费一次性划入，划入不足部分由财政补足。老龄段人员按照不同年龄一次性补缴一定年限费用，享受养老保险待遇；劳动年龄段人员分年龄段一次性补缴一定年限的养老保险费，纳入城镇职工基本养老保险范围，在用人单位实现就业后，随单位参加社会保险，未实现就业的，以灵活就业人员身份参加，缴费年限按规定接续；未到劳动年龄段的人员一次性发给征地安置补助费。对劳动年龄段的征地农转非人员，加强职业技能培训，制定和落实各项优惠政策，促进其就业再就业。未到劳动年龄段的人员参照"五类"人员补贴办法，免费就读中职学校。将符合条件的征地农转非人员纳入社会救助范围。

（4）积极研究与经济社会发展水平相适应的农村社会养老保险制度，实现城乡社会保障制度的平稳衔接。研究制定全市农村社会养老保险制度的总体方案和指导意见，农村社会养老保险费由个人缴纳、集体补助、政府补贴，加大政府扶持力度，形成"三个一点"的筹资机制。缴费方式由固定标准改为按当地农村居民人均纯收入的一定比例计缴，保障农村居民年老后的基本生活。农村社会养老保险暂实行区县统筹，并可以执行多个缴费标准，由农民根据自身经济承受能力自愿选择。

（5）建立城乡统筹养老保险关系和基金转移衔接机制。以城镇职工基本养老保险缴费年限为尺度，以个人账户为核心，制定不同养老保险制度之间的基金转移和待遇计算办法，实现各项养老保险制度之间可高可低、可进可出、自由转移的衔接机制，促进劳动力在城乡之间正常流动。

3.推进失业、工伤、生育保险制度

（1）进一步发挥失业保险对再就业的促进作用，提高生育保险待遇标准，解决失业、生育保险权利义务不对等的问题，增强制度吸引力。

（2）将工伤、生育保险扩大到机关事业单位，将符合领取工伤保险长期待遇的老工伤纳入工伤保险统筹基金支付，逐步建立"预防为先、赔偿为主、注重康复"的工伤保险制度。

（3）积极推进农民工工伤保险制度建设，充分发挥失业保险对农民工就业援助功能，发挥商业保险的补充作用。建议重点研究制定建筑施工企业参加工伤保险的办法。针对建筑施工企业使用农民工的特点,可对建筑施工企业实行按施工项目参保,按工程总造价的一定比例缴费,凡参与该工程工作的农民工都是参保对象,按规定享受工伤保险待遇,并将参加工伤保险作为取得安全生产许可证的必备条件之一,以促使用人单位参保。对从事高危作业的人员,企业可以在参加工伤保险的基础上另外购买人身意外伤害保险作为补充。

4.改善城乡社会救助制度

(1)制度覆盖城乡。在城乡形成以生活救助为基础,以教育、医疗、住房、就业、司法救助等为辅助的新型社会救助体系,确保城乡最低生活保障和社会救助实现全覆盖,做到应保尽保。

(2)标准城乡有别。根据经济社会发展水平适时提高城乡低保和救助救济水平。

(3)突出就业导向。社会救助是解决民生问题,确保对象的生存权。就业是民生之本,只有最大限度地促进社会救助对象实现就业,才能从根本上保障其生存权。因此在完善相关制度时应突出强调劳动年龄段内人员的就业义务。

(4)体现分类救助。社会救助既要体现对特殊困难人群的特殊关照,即做“加法”,同时也应该体现对一些群体,尤其是有劳动能力人群,促进其通过劳动服务社会,增加收入的政策导向,可以在统一标准的基础上,适当做“减法”。体现政策“必保”、“适当保”、“不保”的全尺度覆盖,增强合理性。加强对农民工的保障,农民工转为城镇户籍后,符合城镇低保条件的,享受城镇低保;回到农村后,符合农村低保条件的,享受农村低保。

(5)关注边缘人群。现有政策之间的相互衔接,特别要注意对“边缘人群”以及救助对象不再享受一项社会救助制度时其他补充救助制度待遇的平滑过渡。进一步完善和落实低保与再就业联动的机制,探索逐步将与低保挂钩的其他社会救助政策与低保分离,使不是低保对象的其他低收入群体也能够享受到相应的社会救助政策。对“边缘人群”生活救助以外的其他救助要根据其实际需求逐步加以覆盖。

参考文献

[1]周弘.福利的解析—来自欧美的启示.上海:上海远东出版社,1998.
[2]蔡仁华.中国医疗保障制度改革实用全书.北京:中国人事出版社,1998.
[3]周士禹,李本公.优抚保障.北京:中国社会出版社,1990.
[4]邓大松,等.中国社会保障若干重大问题研究.海口:海天出版社,2000.
[5]朱庆芳,等.社会保障指标体系.北京:中国社会科学出版社,1993.
[6]吴必英,林志伟.建立我国农村最低生活保障制度的思考.经济纵横,2004(3).
[7]张杰.浙江、山东建立农村最低生活保障制度的调查.中国社会工作,1997(4).

[8]唐均.2005中国国情蓝皮书——中国城乡低保制度的现状与前瞻.北京:社会科学文献出版社,2005.
[9]"社会保障制度改革与开征社会保障税可行性研究"课题组.中国社会保障制度改革的基本思路.经济研究,1994(10).
[10]高明非.转轨国家社会保障制度改革及对中国的启示.国际经贸研究,1996(4).
[11]葛延风.职工养老保险制度研究.社会保障制度,1998(3).
[12]郭崇德.谈社会保障的内涵.当代社会保障,1996(3).
[13]贺艺诚.关于建立现代社会保障体系问题的研究综述.改革与理论,1997(7).
[14]黄成泰,赵连秋.适应市场经济需要 加快机关事业单位保险制度改革.计划与市场探索,1996(6).
[15]厉以宁.中国社会福利模型.上海:上海人民出版社,1994.
[16]李琳.建立和完善农民工社会保障制度促进社会和谐发展.北方经济,2007(2).

2011年嘉兴新市镇建设发展报告*

□ 陈国强

随着我国东部沿海经济社会的深刻变迁，一个全新的课题日益提上党委政府议程：发展农业、改造农村、致富农民，实现城乡一体化发展。这不仅是中央、省委要求的工作重点，同时也是实现嘉兴经济社会转型发展的关键。新市镇建设正是在破解这一议题中所形成的实践体现。因此，与一些发达国家和地区已经走过的新市镇建设不同的是，嘉兴的建设目标并不在于基于减轻大城市发展压力的疏导型建设，而是基于集约土地、发展农村和小城镇的集聚型建设。正是在这一背景下，新市镇建设面临更多的本土问题和新的挑战。

嘉兴市从2007年正式启动新市镇建设，在不断探索中，克服困难，勇于创新，实现发展。经过四年多的努力，基本形成了一套以实现城乡一体化发展为目标，以"两分两换"为核心，以推进农民居住集聚为主要手段的发展模式，不仅推动了村镇经济社会发展，同时也改善了居民的生活水平。2011年是"十二五"开局之年，新市镇的建设现状继续体现嘉兴市城乡一体化建设新进展。

一、2011年嘉兴市新市镇社区建设现状

（一）2011年嘉兴市新市镇社区建设基本情况

2011年，嘉兴市新市镇社区建设总体有序推进，人口、产业、资源和功能集聚成效显现，居民生活水平进一步提高，土地等要素资源加速流转，农业规模化、集约化经营继续提高，公共投入效益显著提升。

1.农房改造状况

扎实推进"两分两换"试点、示范性城乡一体新社区建设，加快"美丽乡村"

* 本文与中共嘉兴市委党校第23期中青班新市镇建设课题组合作完成。

建设步伐.2011年上半年全市已启动新建农房12529户、建成上年结转农房4825户,分别完成年度目标任务的41.7%和32.8%。

2.城镇化进程

2011年,嘉兴市共有城镇户籍人口343.05万,总户数103.63户,常住人口453.10万,城镇化率达54.4%。在新市镇建设推动下,城镇化速度加快。从2008年至2011年底,嘉兴市15个"两分两换"试点新镇(街道)累计已集聚农户3.19万户,其中2011年聚集7980户,累计入住1.9万户。

3.经济发展状况

经过四年多的建设,嘉兴市新市镇经济集聚明显提高。从2008年至2011年底,规划的15个"两分两换"试点新镇(街道)累计流转承包地面积14.39万亩,其中2011年流转面积3.49万亩;已签约农业项目109个,其中2011年签约项目61个。此外,3个省级试点镇2011年上半年的GDP、全社会固定资产投资、财政总收入同比分别增长19%、32%和35%,均高于全市平均水平。

新市镇产业基础和优势进一步显现。嘉善县市镇工业功能区累计开发面积达到2.8万亩,形成了姚庄光伏产业园、西塘电子信息产业园等六个特色工业园区。海盐县镇级工业园区规划总面积已达4万余亩,累计建成面积2.33万亩,船舶制造等临港产业和物流业发展迅速。南湖区以优势产业带动,进一步加大对镇级平台的建设力度,初步搭建起以省级经济开发区为龙头,镇级工业园区为主框架和特色产业孵化基地为支撑的三级平台运作体系。同时,人口集聚和工业发展也带动了商业、市场、餐饮等行业的发展。

4.公共服务状况

2011年,新市镇实施"基本公共服务均等化行动计划",公共服务水平有效提升。按照城市商品房建设的标准和理念,在提升原有城乡道路交通、能源物流、网络信息、垃圾集中收集处理等设施的基础上,投入力度进一步加大,城乡一体化供水、天然气管道等基础设施建设全面推进,改善了新市镇生产生活条件。教育、文化、卫生、体育等公共服务水平进一步提升,居民能基本享受均等、优质、便捷的服务内容。

5.生活水平情况

通过新市镇建设,并结合强农惠农政策,2011年上半年实现农村劳动力转移就业2.4万人。农民收入普遍较快增长,基本实现平等充分就业,稳定提高经营性收入和工资性收入,较大幅度提高财产性收入和转移性收入。2011年,嘉兴市农村居民人均纯收入达16707元,较上一年增长16.3%,其中工资性收入、经营性收入、财产性收入和转移性收入分别占家庭人均总收入比重的

63.8%、30.5%、2.5%和3.3%，农民收入水平连续八年居全省第一。城乡居民社会养老保险已覆盖141.99万人，合作医疗参保农民数为154.9万人，参保率达98.6%。

6.生态环境状况

综合治理水平进一步提升，生态环境进一步改善。2011年，嘉兴市重点推进区域范围内的集中连片综合整治，提高区域综合整治质量，全市共有12个镇全面开展整镇整治。同时，创新研究制订镇级的"美丽乡村"创建标准(征求意见稿)，加大镇域范围内多项目的集中连片综合整治力度，有效提升村庄整治建设水平。农村生活污水的治理成效明显，一方面，在新建的城乡一体新社区配套建设生活污水处理设施;另一方面，在广大的农村，继续推行因地制宜的生活污水处理方式，通过铺设人工湿地、安装净化装置、兴建沼气池、厌氧池等，扩大生活污水治理面，切实改善水环境质量。同时，新市镇的绿化环境进一步改善，深入实施"八个十"绿化攻坚工程，延伸建设乡村绿道，推进绿化接城连乡，提升绿色田园形象。

(二)2011年嘉兴市新市镇社区建设组织实施情况

1.规划布局

2011年，按照"1－6－40－300"现代化网络型城市的建设目标，嘉兴市确定了40个新市镇及"1(镇区)＋X(新社区)"的村镇布局基本思路，统筹安排镇域的资源、人口、产业和公共服务设施布局，促进二、三产业与农村人口向新市镇和新社区转移集聚，为新市镇发展留足空间。规划到2015年，全市有三分之二的新市镇基本形成集聚水平高、城市功能全、经济繁荣、环境优美、生活富裕的现代化小城市雏形。目前，各镇1＋X的规划都已经完成，明确近期(到2015年)和远期(到2020年)的基本目标和空间布局。全市共规划农户集聚新社区644个，其中城镇型社区330个，城乡一体新社区314个，规划集聚农户558396户，占农户总数的89%。同时，镇级土地利用规划的修编工作也已经在2011年底完成。

2.组织管理

通过调整行政区划、优化内设机构、创新管理方式等，改革现有管理体制，进一步优化新市镇发展环境。2008年，嘉兴市出台文件，明确将涉及11个部门的24项管理权限下放给镇行使。各地积极探索实施，通过委托、授权等方式，下放经济社会管理权限。南湖区下放了34项权限，秀洲区下放了58项权限，海盐县下放了17项权限等。嘉善县出台推进乡镇综合执法改革的意见，整合力量开展综合执法管理，提升了市镇整体形象。平湖市全面实施“两集中、两到位”行政审批制度改革，审批部门明显集中，审批事项明显增加，窗口授权明显到位，极大地方便了办事群众。

新市镇建设与管理水平明显提升。启动省级中心镇党政一把手高配工作，选拔德才兼备的优秀干部充实到市镇领导班子，为加快推进新市镇转型发展、促进新型城市化打下了思想基础，为新市镇建设提供组织保障。实施市主要领导联系“两新”工程、“十改联动”要素保障协调小组等制度和机构，加强考核与督查，促进了目标任务的落实。

3.政策保障

从2007年至今，市委、市政府颁布了《深化完善“两分两换”、加快推进统筹城乡发展》“1+8”政策文件，按照“权力下放、超收分成、规费全留、干部高配”原则，明确了完善规划体系、深化体制改革、加大扶持力度、强化产业支撑、加快人口集聚、健全工作机制等方面的一系列政策配套和工作要求。重点从用地指标、资金投入、管理权限和干部配备上，加大对新市镇建设的支持力度。制定和完善了新市镇发展实绩评价与考核细则，从发展水平和规模总量两大类指标入手，以科学引导、客观公正、讲求实效的原则，分年度重点评价财政、人口、土地、产业、投资等方面的绩效，以及时掌握新市镇建设与发展的实际成效，为工作推进、决策和纠偏提供客观依据。

4.配套改革

实施以“两分两换”优化土地使用制度为核心的“十改联动”措施，拓展深化统筹城乡各项配套改革，基本消除新市镇建设的各种制度障碍，基本实现土地、技术、资金、人口、劳动力等各种要素的自由流动、组合集聚和优化配置。在金融和土地改革方面，继续深化农村金融改革，扎实开展农村土地流转经营权登记和土地流转经营权抵押专项贷款，试点组建村级劳务合作社，积极探索农村集体资产产权交易，全市已有35%的村经济合作组织开展了农村集体资产产权制度改革。在行政改革方面，在省级小城市培育试点探索组建行政审批、城市综合执法、就业保障服务、土地储备和应急维稳等“五大中心”，提高行政效能。

二、嘉兴市新市镇建设需要进一步加强的几个方面

(一)村民集聚进程需要进一步加快

2011年9月，嘉兴市推进村民集聚的进程与计划相比仍然偏慢，启动新建农房、正在复垦或准备验收的农村土地整治分别仅完成全年目标任务的四成和

三成，农房改造集聚与2012年基本建成百个示范性城乡一体社区的目标还有较大差距。同时，各县(市、区)、各镇之间进展不平衡，一些“两分两换”试点镇的发展甚至慢于非试点镇的发展，没有充分发挥应有的先行先试和示范带动作用。

2011年新启动安置房建设进展较缓慢。截至9月底，全市共启动安置房建设16743户(比上期增长3960户)，仅完成年度目标任务(3万户)的55.8%。其中，南湖区完成55.63%，秀洲区完成34.38%，嘉善县完成55.49%，平湖市完成65.10%，海盐县完成56.24%，海宁市完成46.88%，桐乡市完成64.72%。2010年安置房结转任务进展顺利，截至9月底，共建成10660户，占上年结转任务数14698户的72.5%。

(二)土地集约效益需要进一步发挥

到2011年，嘉兴市新市镇建设通过农房拆建、改造和土地整治，比较有效地增加了可用地面积，提高了土地的集中程度。但是，受制于土地流转等因素，土地的总体效益还没有获得最大限度地发挥，现代化农业生产用地面积增量总体仍然偏少。

(三)居民生活水平需要进一步改善

新市镇建设有力地推动了农民居住向市镇集中，有利于加强对居民的服务与管理。但由于受到居民的适应性、新市镇建设的基础和时间等多种因素的影响，居民生活水平总体改善较为缓慢。2011年，嘉兴市城镇居民人均可支配收入增长幅度(8.7%)低于嘉兴市农村居民人均纯收入增长幅度(10.2%)，城镇恩格尔系数(34.4%)略高于农村恩格尔系数(33.9%)，与农民经济状况加速改善相比，新市镇居民经济状况问题相对凸显。居民居住条件改善复杂多变，对照农民“住有宜居”等迫切愿望，新市镇建设中还不同程度存在农民建房想建不能建、拆旧未建致使新房成本上升、建房工程质量参差不齐、社区综合配套滞后等问题。

(四)建设要素资源限制需要进一步突破

由于受宏观调控加强等影响，嘉兴市新市镇建设要素资源受到限制问题突出，主要表现在两个方面：一方面，由于城市扩张、工业园区建设以及线形重点工程等原因，造成空间指标严重不足，“1+X”布局规划和建设规划无法落地，部分区域因不符合条件而无法报批农村土地整治项目。另一方面，嘉兴市每年的建设用地指标有限，大部分农房建设集聚点尚未申报农村土地整治项目，无法获取建设用地周转指标。同时筹(融)资受宏观调控和政府融资平台清理等影响,建设资金日趋紧张。从而出现要素保障相互交织制约的恶性循环链:一条链是周转指标被挤占、农房建设没有指标、安置房无法开工建设、旧房无法拆除、宅基地无法复垦、土地整治项目无法验收、拿不到用地指标、挤占周转指标;第二条链是土地整治项目无法验收、拿不到土地指标、新增土地指标无法上市、得不到资金、工程不能如期完成、财务成本和建设成本增加、资金无法平衡、银行贷款不到位、农房无法开工。

(五)建设管理能力需要进一步加强

随着嘉兴市强镇扩权制度的进一步落实,新市镇建设的自主性和责任性不断增强。但与此同时,由于我国行政体制多以条块管理为主,镇级在行政管理上的实际调控能力非常有限,探索型、创新型的举措往往会面临现有法律、法规和惯例、程序上的限制,推进困难。人员编制少,分工设置简单,缺乏市镇规划、建设、运作和管理的专业人才,离建立科学的管理机制尚有距离。

三、加强嘉兴市新市镇建设的对策建议

(一)加强研究,提高新市镇建设的科学性

1.加强可行性分析

根据嘉兴市经济社会发展的特点和要求,综合分析新市镇建设的目的和价值,加强对农民改造意愿、建设要素资源、土地流转效益等多种因素的研究。一方面,进一步提高新市镇建设的科学性、可持续性,加强政策衔接、要素支撑,分阶段、分步骤,合理、有序地推进建设工作;另一方面,继续发挥新市镇建设的后续效应,有效改善镇级经济社会状况,改善居民的生活水平。

2.完善规划布局

按照主城区、副中心城市和周边小城镇的模式科学规划,重点突出做好小城镇规划,即城市建设的中心放到发展城镇上,通过借助“两新”工程建设,建设两新社区,使更多的农村人口就近进镇。科学编制区域内的产业布局规划,有条件的新市镇要突出现代服务业的发展,提高区域的承载力、辐射力、带动力和竞争力。

因地制宜,充分挖掘各地的自然、生态、文化、风俗等资源,精心设计富有水乡韵味而又实用的住房,保留文化特色,增强吸引力。同时,提高新社区规划标准,做好在建项目通电、通水、通路、通气、通讯等基础设施的综合规划,注重绿

化、水系等方面的规划设计，公共服务配套做到先期建设、同步使用，提升建设档次。

(二)加强投入，完善新市镇综合配套服务

1. 保障基础设施建设

保障并统筹新市镇道路交通、能源供给、给水排水、生态环境、防灾减灾等基础设施建设。新市镇党委、政府进一步发挥领导组织作用，市、区各相关职能部门进一步加强对各项建设工作的支持、衔接，确保集聚区的基础设施与主体工程能同步规划、同步建设、同步投入使用。

2. 加强生活性服务

新市镇建设要把加强公共服务摆在突出位置。完善社区服务中心、文教卫生、金融商业等配套设施建设，确立适合嘉兴新市镇总体发展水平的公共服务设施标准。在建设和服务资金筹措上，一方面，要加强财政支持力度，并进一步优化新市镇民生支出结构，合理确定教育、文化、卫生、体育等投入，稳步提高城乡居保、合作医疗标准，支持社会组织承接政府公共服务，促进公共服务均等化、优质化。另一方面，需要因地制宜、发挥地方自身优势增加资金来源。在服务管理上，尽快发挥居委会(或居民小组)作用，实现自我管理、自我服务，使新社区真正满足百姓需求，达到宜居标准。

3. 提高生产性服务

结合实施加强和创新社会管理服务“六大专项工作”，继续深入实施“基本公共服务均等化行动计划”。充分挖掘新市镇内部增收潜力，完善创业带就业促增收工作机制，千方百计增加居民的经营性、工资性、财产性收入。支持各级培训机构进社区提供培训服务，提高居民的专业技术水平和能力。各县(市、区)可探索建立以镇、村为单位的农村劳务合作社，搭建企业用工和农民就业的桥梁和纽带；用地企业应优先使用本地农村劳动力，实行企业用工与当地农民就业双挂钩机制，政府对相关企业提供优惠政策和适当奖励。对不愿意流转土地的农户可试行异地置换承包地方式。以镇为单位在安置点附近区域划定“集中式自留地”，解决部分农民生活需求，可适当收取租金，租金用于该农户居住社区物业管理支出。

(三)因地制宜，增强新市镇经济发展动力

1. 创新土地使用方式

积极盘活闲置“存量”土地，特别是要从长远和可持续的角度，在确保耕地

不减少、质量不降低、农民利益得到保障的前提下，突出抓好农村土地综合整治。其中，对已批准立项的土地综合整治项目要全力以赴加快实施，确实难以实施的要积极争取调整；对已申报未获批的要积极争取早日立项；尚未编制项目的要区分情况，分类指导，优先选择基础条件好、农民意愿强、节地率高的区块抓紧立项申报；注重包装一批实施周期短、政府投入少、建设快的"短平快"项目；抓紧土地整治的验收，加快指标周转。同时，进一步完善"1＋X"布点规划，全市每个布点都尽可能多地安排在"允许建设区"。认真落实年度建设用地计划，合理分配计划、周转、增减挂钩节余等土地指标，加大土地整理指标留镇的力度，优先保障启动建设"1＋X"点、已拆旧并在外过渡农户安置房等的建设用地，有序满足长期停批农房自然翻建和危旧房改造的刚性用地需求。

2. 发展重点产业

坚持人口集中与产业集聚相同步，在推进"两分两换"试点、鼓励农户更多地向新市镇搬迁集聚的同时，以落实"三大倍增计划"和镇区"退二进三"、园区退低进高为抓手，充分发挥新市镇现有产业优势，统筹规划建设一批产业平台、科技创新平台和公共服务平台，推进现代服务业发展和工业转型升级。提升功能品位，高标准推进市政基础设施建设，优化发展教科文卫体等社会事业，加强人文生态建设，加快建立与新市镇发展相适应的行政、财政、用地等管理体制，切实以良好的环境和功能吸纳集聚优质要素。强化龙头带动，支持王江泾镇、姚庄镇、崇福镇等3个首批省级小城市试点在用足用好扶持政策的同时，自加压力，加大力度，力争在全省首批试点镇考核中争取前列，为全市做出示范；同步推进市级小城市培育试点，力争到2015年全市三分之二的新市镇形成现代化小城市雏形。

3. 改造传统产业

坚持把发展现代都市型生态农业作为主攻方向，全面落实强农惠农政策，进一步强化农业基础地位，拓展农业综合功能，加快农业现代化步伐。一要抓好以水利为重点的基础设施建设。进一步优化水利规划，加大水利设施投入，扎实推进航道建设、圩区改造等重点水利工程，加大河道清淤、清污、清脏力度，做好农田水利基本建设，积极推广农业节水设施和技术，全面提高防汛抗旱综合能力。推动千岛湖引水等前期工作，推进城乡供水管网建设，加快一体化供水步伐。二要抓好"两区"建设。坚持把实施"五个一百"工程作为主阵地，突出粮食功能区和现代农业园区建设，进一步完善和落实相应工作推进机制，确保列入省级示范区的11个综合示范区、14个主导产业示范区和23个特色农业精品园加快推进。同时，在依法自愿有偿和确保耕地总量、粮食综合生产能力的前提下，加快土地整体规划、连片流转和规模经营。三要加快构建现代农业产业体系和服务体系。坚持“米袋子”和“菜篮子”、生产领域和流通领域齐抓共管，保证基本农产品供给和质量安全。通过发展生态旅游、休闲农业等推进农业“接二连三”，充分挖掘农业生态功能，促进农业向高端高质高效发展。深入实施农业标准化和品牌战略，培育壮大农民专业合作社、农业龙头企业等，推进农业科技成果转化，进一步提高综合竞争力。

（四）加强管理，增强新市镇社区自治能力

1. 探索建立新市镇社区管理工作格局

结合新市镇建设和发展特点，逐步形成在党组织的领导下，由驻区单位、社会组织、居民群众共同参与的新社区管理格局。强化新市镇政府组织公共服务、实施综合管理、监督专业管理、指导自治组织的功能，在新市镇平台上整合资源、优化队伍，条块结合、以块为主推进社区建设。理顺居民区党组织、居委会等新社区各类组织之间的关系。居民区党组织是领导核心，要加强对其他组织的指导和协调；居委会是群众自治组织，要加强自治功能，切实发挥代表居民利益的作用；社区其他各类单位、组织是推动社区发展的主要力量，要积极发挥他们集聚资源、规范行为、有序参与的作用。

2. 加强基层自治组织建设

健全社区居民代表会议制度。要在建立新社区居委会之前，及时推选产生社区居民代表。规范居民代表会议议事程序，不断健全完善居民代表会议制度，推动居民自治的制度化、规范化、经常化。建立健全民主管理制度。推进新社区的民主管理、民主监督、民主决策，增强居民的自我管理、自我教育、自我服务、自我监督意识。设居民议事监督委员会，定期召开会议，切实维护社区居民的知情权、决策权、参与权和监督权。建立健全民主选举制度。积极探索新社区党组织、居委会选举办法，改进选举形式，大力推行“公推直选”、“自荐海选”等方式，不断扩大基层民主。

3. 大力发展社会组织

加强新社区群团组织建设。社区管委会或居委会成立后，要积极建立群团组织，完善组织网络，把广大职工群众、团员青年、妇女等吸纳到群团组织中来，充分发挥他们联系群众、服务群众、凝聚民心的重要作用。培育新社区社会组织。加快培育能够协助政府承担事务性工作、提供公益性服务、发展慈善事业的志愿者服务类、慈善公益类、生活服务类、社区事务类、文化体育类等社区民间组织，注重发挥各类社区民间组织在提供公共服务、反映利益诉求等方面的积极作用。推进新社区社会工作。探索建立社区社会工作室，大力培育和发展

社区志愿服务工作体系，充分发挥老党员、老干部、老教师、老农民的作用，依托共青团、妇女组织等成立社区志愿者组织，实行网格化管理，制定完善志愿者服务扶持政策和志愿者参与慈善公益事业的各种激励保障制度，努力形成“社工引导志愿者、志愿者协助社工”的联动工作机制。

参考文献

[1]“天津市东丽区新市镇建设的内涵与发展思路研究”课题组.国内外新市镇建设与发展的历史、现状与问题.环渤海经济瞭望，2006(12).

[2]王纪武，张丽璐.香港新市镇建设的启示.规划师，2002，18(9).

嘉兴新居民社会认同现状分析与展望

□ 余　剑　周敏华

一、新居民[①]生活现状

(一)基本情况

由于目前进城务工潮呈现了涉及面广、涉及人口多、相关裙带关系复杂等特点,已形成了多个引人关注的社会问题。因而,增强新居民的城市认同感,提高他们的工作积极性和工作效率,不论在社会层面,还是经济层面都有潜在的巨大效益。嘉兴市于2011年组织开展了新居民生活状况专项调查,调查对象为户口登记地在嘉兴市外、调查时居住在嘉兴市内、年龄在16周岁及以上(1993年12月以前出生)已办理各类居住证的新居民(不包括在校学生)。全市样本总量为3.5万个,其中有效样本31648个。

1.新居民就业比例高

31648名新居民中,在调查时点上有工作单位或从事个体经营的有29216人,占92.3%,目前没有工作的有2432人,占7.7%。

2.新居民行业分布广,以第二产业为主

被调查的新居民中,从事第一产业占0.7%,从事第二产业占57.4%,从事第三产业占41.9%。在第二产业中,从事工业的为48.1%,从事建筑业的为9.3%。在第三产业中,从事商业的为12.7%,从事住宿餐饮业的为7.1%,从事居民服务的为3.2%,从事交通运输、仓储、邮电业的为2.8%,从事教育、卫生业的为2.2%(见表1)。

---

① 本文新居民是指在嘉兴工作、生活半年以上的,户口登记地不在嘉兴的外来人员。

表 1　新居民就业人员行业分布

指　　标	就业人数（人）	比重（%）	指　　标	就业人数（人）	比重（%）
合　计	29216	100	商业	3719	12.7
第一产业（农林牧渔业）	213	0.7	住宿餐饮业	2071	7.1
第二产业	16764	57.4	金融保险业、房地产业	62	0.2
工业	14053	48.1	教育、卫生业	145	0.5
建筑业	2711	9.3	文化、体育和娱乐业	647	2.2
第三产业	12239	41.9	机关事业、社会团体	33	0.1
交通运输、仓储、邮电业	831	2.8	居民服务业	925	3.2
电信、计算机服务和软件业	259	0.9	其他行业	3547	12.2

3. 新居民职业呈多样化，以一线操作和服务岗位为主

从新居民的个人工作性质看，企业业主的占 0.7%，个体业主的占 22.6%，各类专业技术人员的占 2.7%，管理人员、办事员的占 4.5%，工人的占 50.5%，商业服务人员的占 7.4%，废旧物品回收的占 1.3%，家政人员、家庭保姆的占 0.2%，保安、保洁员的占 1.3%，运输、搬运、装卸工的占 2.7%，农业生产人员的占 0.2%，其他的占 5.9%（见表 2）。

表 2　新居民人员的职业构成

	人数（人）	比重（%）		人数（人）	比重（%）
总　计	29214	100	废旧物品回收	388	1.3
企业业主	207	0.7	家政人员、家庭保姆	54	0.2
个体业主	6600	22.6	保安、保洁员	379	1.3
各类专业技术人员	794	2.7	运输、搬运、装卸工	776	2.7
管理人员、办事员	1318	4.5	农业生产人员	70	0.2
工人	14743	50.5	其他	1715	5.9
商业服务人员	2170	7.4			

4. 新居民以非公经济就业为主

从新居民工作的单位类型看，机关事业单位社会团体占 0.4%；国有、集体企业占 2.4%；私营企业占 53.3%；港澳台或外商投资企业占 5.9%；其他类型企业占 3.5%；个体经营户（土地承包者）占 34.5%。

5. 新居民收入水平与受教育程度成正比

申报收入的就业新居民平均每月收入为1808元。初中及以下就业人员月均收入略低于平均水平，为1752元；高中（职高）就业人员收入高于平均水平，为1959元；大学本科及以上学历就业人员收入水平较高，超过2500元。

6. 生活保障明显提高

新居民的流动性和国家及区域相关社保政策的配套性较大程度地影响了新居民的社保程度。调查结果显示，新居民参加基本养老保险的人数为4888人，占15.4%；参加医疗保险的为6844人，占21.6%；参加失业保险的为2569人，占8.1%，参加工伤保险的为6453人，占20.4%；参加生育保险的为1862人，占5.9%。住房公积金缴纳率低，许多务工的新居民没有意识到可利用公积金政策来解决住房问题。但从此次调查的结果看，4.1%的新居民已缴纳过住房公积金，其中近3年缴纳住房公积金的新居民为2.8%，缴纳5年以上的为0.8%。

（二）新居民变化特点

1. 新居民受教育程度有所提高，具有专业劳动技能的新居民占比提高

被调查新居民平均受教育年限比2006年提高1.03年，更接近初中毕业的文化水平。其中，具有初中文化程度的新居民占63.3%，比2006年的调查提高8.9个百分点；具有高中（中专）学历的占13.3%，提高5.4个百分点；具有大专及以上学历占3.9%，提高2.2个百分点。新居民中具有劳动等有关部门颁发的职业资格证书的占8.9%，比2006年时提高2.3个百分点。其中，初中级工为主，占6.7%，比三年前提高了1.2个百分点；高级工及以上占2.2%，相应提高1.2个百分点。

2. 居住5年以上老“新居民”比重明显增加

调查对象中，来嘉兴5年及以上的新居民占31.6%，比2006年调查时提高9.7个百分点。这表明近年来随着嘉兴经济发展的转型升级，经济发展的产业层次提高，劳动力需求增幅在下降，而稳定性在提高。

3. 参保率呈逐年上升趋势

在抽样调查的新居民就业人员中，自己或单位购买基本养老保险的比重为15.4%，比2006年的6.7%提高了8.7个百分点，比2008年的12.8%提高2.6个百分点；购买各类医疗保险的比重为21.6%，比2006年的6.3%提高15.3个百分点，比2008年的19.4%提高2.2个百分点；购买失业保险的比重为8.1%，比2006年的2.4%提高5.7个百分点，比2008年的5.7%提高2.4个百分点；

购买工伤保险的比重为20.4%,比2006年的12.4%提高8个百分点,比2008年的15.2%提高5.2个百分点。

4.改善居住条件的愿望比较强烈

调查数据显示,18.9%的新居民有在嘉兴市域内购买住房的意愿,同时居住需求呈多样化。意愿购买普通商品房的占53.6%,意愿购买拆迁安置转让的新房的占9.9%,意愿购买政府建造经济适用房(包含货币补贴)的占32.5%。

5.新居民对嘉兴的工作生活适应度提高

调查显示,81.9%的新居民对本地的工作和生活选择"适应"和"比较适应",与2006年相比提高了16.9个百分点。从调查结果看,31%的新居民在嘉兴市域内有长期居住生活的意愿,表示"目前没有,以后再说"的占41.7%,没有意愿的只占27.3%。在有长期居住生活的意愿的新居民中,有意愿将父母等亲属接来嘉兴生活的占15.5%。

6.落户意愿增强

长期的城市生活,使得新居民对流入地的归属感、认同感增强,要求在流入地落户、融入当地社会的愿望比较强烈。但是由于长期以来形成的城乡分割的二元文化、二元社会管理制度,特别是城市昂贵的居住、生活成本和较高的户口迁移门槛,又使得他们要求落户意愿的实现难度很大,有时候又显得很无奈。据调查,选择"有意愿将户口迁入现住地"的占18.4%,表示"目前没有,以后再说"的占38.8%,没有意愿的占42.8%。

二、影响新居民社会认同原因分析

(一)制度影响

1.户籍制度制约新居民的社会认同

2005年底,我国开始着手改革户籍制度,取消了农业户口和非农业户口性质划分。但这只是户籍改革的肇始,我国城乡二元的户籍制度仍然根深蒂固。这种城乡二元户籍制度的直接后果是造成新居民身份与职业、角色的背离。新居民通过向城市的流动,他们不再从事农业劳动,而是像非农业人口一样从事第二产业或者第三产业。他们完成了职业的非农化,在职业上实现了从农民到工人的角色转换,但从身份上看,由于户籍制度的存在,他们依然被制度规定为农民。

新居民进入城市以后,他们往往被看成与农民和市民同时存在的第三种身份，他们通过与农民群体的比较发现自己所在农民工群体的积极特征，继而满足了自己自尊的需要；但是又通过与城市市民群体的比较，发现自己所在的农民工群体的消极特征，所以他们想努力地加入存在积极特征的外群体——城市市民群体，即他们想成为市民。但是现实户籍制度的严酷限制使得他们无法实现向城市市民这一群体的社会流动，这导致他们对自己的身份认同出现了问题，他们认识到自己所处内群体的劣势地位，但是由于现实的种种限制他们无法采取社会流动这一策略来应对自己对所处内群体的消极认同，于是他们往往会采取社会竞争或社会创造的策略来应对。而如果采取社会竞争这一策略就可能会与城市居民发生冲突，吃亏的往往是自己，所以这种策略是农民工群体极力回避的。社会创造策略才是农民工能采用的应对策略，这又分为三种：一是在新的维度上把农民工群体和城市市民群体进行比较。二是改变对自身所处农民工群体的消极认同。三是改变比较的外群体，农民工往往把自己的群体与家乡的农民群体来比较。这种策略的使用使得新居民不得不继续认同自己的农民工群体，他们想认同城市市民群体，但是由于现实的无奈，他们无法加入城市市民群体，同时他们又不认同农民群体，这使他们陷入了“我究竟是谁，我应该是谁”的身份认同困境之中，也使他们无法形成对城市的归属感。

2.管理制度影响新居民社会认同

在农民工制度的安排之下，农民可以进城就业，但是城乡二元户籍制度体系使得农民工不能享受到与城市市民平等的就业权利。城市出于对本地市民的保护，往往先满足本地市民的就业需求，一些收入好、待遇好、劳动环境好、福利也好的工作岗位大多会加上户籍身份的限制，致使农民工在与城市同等水平劳动力竞争中处于劣势地位，绝大多数农民工从事的都是收入低、工作环境差、福利低甚至没有福利的工作岗位。同时与城乡二元户籍制度相应的一些用工制度也使得他们虽然与城市市民从事相同劳动强度相同工种的工作，但是报酬却比城市市民低很多，而且大部分的农民工都没有与企业签订劳动合同，他们的劳动权益缺乏有效的保护。

同时，对新居民的管理政策大多采用的是暂住证政策。在这种政策安排下，农民工很少能够享受到与城市市民相同的子女教育、医疗、社会保险、住房等公共资源和福利。嘉兴市取消暂住证制度，对外来人口实施居住证制度。居住证制度虽然承诺了一些服务功能如交通优待、子女上学、社会保障等等，但短时间内无法改变新居民处于相对弱势的状况。

这些管理措施和制度把新居民隔离在城市之外，虽然他们身在城市中，却受到城市的种种排斥，当他们体会到与城市市民的巨大差距时，心理便容易失去平衡，产生一种强烈的被剥夺感，他们对这种制度安排下的不公平待遇更加敏感。农民工制度的种种安排，阻碍了新居民对城市归属感的确立以及对城市的认同。

(二)文化影响

1. 乡土记忆阻碍了新居民社会认同

新居民来到城市，其生活场域发生了变化，不同时空情境的转换对他们产生了深刻的影响。新居民由于在农村生活工作过，他们对乡土社会存在一定的社会记忆。农村的生活方式、交往方式、社会关系、乡土人情、风俗习惯等都存在于新居民的记忆中。他们强调血缘关系、地缘关系的重要性，他们不仅在外出打工时依赖这种血缘地缘关系，来到城市以后所建立的社会关系还是以血缘和地缘为主，虽然有了业缘关系的成分，但是这种业缘关系大多也是基于地缘的同乡关系。大多数的新居民对家乡的风俗习惯存在一定的认同，对自己的家乡存在浓厚的感情，他们喜欢乡土社会的人情氛围。这些乡土记忆在新生代城市体验中的再现一定程度上阻碍了新居民对城市社会的认同。

2. 文化素养隔离了新居民社会认同

布迪厄把文化资本区分为三种状态：具体化状态、客观化状态和体制化状态。具体化状态的文化资本是指通过家庭教育和学校教育而储存于个人身体中的文化知识、文化技能和文化修养。客观化状态的文化资本是以文化商品形式存在的。体制化状态的文化资本是经过某种制度确认的文化资本，它常常表现为毕业证书、职称证书等。[①] 这里主要通过新居民的文化程度、所掌握的技能状况和参加培训情况来考察文化资本对其社会认同状况的影响。具有初中文化程度的新居民占 63.3%，具有高中(中专)学历的占 13.3%，具有大专及以上学历占 3.9%。新居民中具有劳动等有关部门颁发的职业资格证书的占 8.9%，其中初中级工为主，占 6.7%，高级工及以上占 2.2%。随着文化结构、能力水平的不断变化，使得他们对自我身份、对城市以及对未来有着更高的认同目标。但是当他们进入到城市以后，由于制度的种种限制以及他们自身文化资本与城市市民比起来的劣势地位，他们无法实现对自我身份、对未来以及对城市的认同目标，理想与现实的差距致使他们的社会认同陷入了困境之中。

---

① 刘少杰：《后现代西方社会学理论》，社会科学文献出版社，2002 年版，第 218－221 页。

三、提高社会认同的建议

(一)推动户籍制度改革,增强地域认同

1. 实行入户积分制管理

积分制管理是在现行城乡二元户籍制度的约束下,创新工作方式,以理性定量方式代替传统定性管理,使拥有公平享受公共服务的机会。积分制管理具有鲜明的导向性,能够引导广大新居民对照积分项目及分值,有针对性地提高自身整体素质,主动接受流入地服务管理。对于违法犯纪人员实行否决,在新居民中倡导人人遵纪守法的观念,有效地减少中的违法犯罪行为。还将纳税投资情况、社会志愿服务等纳入其中,以引导其为嘉兴社会经济发展贡献力量,进一步增强他们的社会责任。积分制入户政策可以加快市民化进程,增强城市地域认同感,有利于增强社会活力,增添城市发展后劲,促进社会有序和谐发展。

通过国内外有关经验的研究,结合嘉兴实际,嘉兴市积分制管理由"基础分"、"附加分"、"扣减分"三部分组成。"基础分"包括学历水平、技能水平、工作情况、居住情况等内容,实行高素质高得分,有固定住所且居住时间长,得分就高。"附加分"包括奖励荣誉、专利创新、计划生育、慈善公益、投资纳税、卫生防疫、个人信用等内容,着力引导积极参与经济建设和维护社会和谐。"扣减分"包括违法犯罪和其他违法行为,引导遵纪守法、诚实守信。积分制采取"总量控制、统筹兼顾、分类管理、分县(市、区)排名"的原则。总量控制,就是在人口、资源等的承载能力范围内科学调控人口规模;统筹兼顾,就是综合考虑经济能力、人员素质、社会管理、发展需求等指标,科学进行制度安排;分类管理,就是根据不同县(市、区)所能承载的入户人数和可提供公共服务资源的数量情况,分配数额不等的入户及公共服务指标;分县(市、区)排名,就是以县(市、区)为单位,申请人根据积分高低,轮候享受入户、入学等公共服务待遇。

2. 构建积分制与公共服务相衔接的体系

着力构建积分制公共服务体系,从制度上、机制上确保积分制管理与公共服务相衔接。通过政府各有关部门通力合作,争取在2～3年内基本建立以积分入户、积分入读公办学校、积分享受住房保障等为重点,以职业培训、困难救助等内容为补充的积分制公共服务体系,形成层次分明、结构合理、机制健全、群众认可、保障有力的积分制公共服务体系,惠及广大新居民。管理服务部门要按照统一的积分标准,为申请人建立积分信息档案,并向相应职能部门反馈积分制排名或相关结果,相关部门根据积分排名结果,提供相应的公共服务。

3.加强宏观调控,促进有序流动

服务管理问题是一项涉及城乡就业、城镇建设、城乡发展等的复杂社会问题,必须按照“控制总量、改善结构、加强管理、优化服务”的总要求,统一规划,统筹解决。从发展趋势看,大量的新居民不仅将长期存在,而且大部分最终会融入当地社会。这一问题解决得好,将成为流入地发展的合力和动力,促进经济社会发展;解决不好,必会成为社会压力,制约经济社会的可持续发展。为此,必须顺应经济社会发展的实际需要,积极稳妥、有序推进服务管理工作。必须结合城市的发展定位和经济社会发展需要,主要运用市场化的方式和法律手段,通过科学调整产业结构、产业政策和城市功能布局,来调控人口规模、分布和结构,控制城市人口规模过快增长的趋势,维护城市良好秩序,促进城市发展。同时,适时调整户口迁移政策,根据各地经济社会发展实际和人口承载能力,顺应本地化要求,加快本地化进程,提高长期在城市就业和居住的新居民归属感和认同感。

(二)提升服务管理水平,增加行为认同

通过政府一系列的服务管理,使新居民增加对嘉兴市的行为认同,自愿地融入到嘉兴市社会生活中。

1.打造全新政策服务平台

各级党委、政府要创新工作理念,统筹实有人口管理服务,切实把管理服务工作纳入国民经济和社会发展总体规划,在制定社会保障和社会经济政策时,将管理服务工作统筹纳入其中。政府相关部门要以“实有人口”的理念统筹纳入决策体系、发展体系和服务体系,要合理配置公共资源,推进基本公共服务均等化,真正实现与户籍居民的管理服务工作同部署、同宣传、同管理、同考核。

2.完善权益保障服务平台

继续加大新居民创业的金融支持力度,推动创业,促进就业。进一步落实有关社会保障政策,着力提高参加社会保险的覆盖面。完善社会救助体系,逐步把新居民纳入社会救助范围,探索建立政府救助、民间救济、职工互助相结合的多元救助机制。按照“以流入地政府为主,以公办学校为主”的原则解决子女接受义务教育问题,重视子女的学前教育问题。进一步加强计划生育双向管理和区域协作,促进计划生育“一盘棋”机制建设,推进计划生育公共服务均等化。着力做好集中地区疾病防控工作,认真落实工伤救治、职业病防治的有关规定,严厉查处非法行医等,切实提高儿童免疫和孕产妇保健工作实效。同时,健全完善工资清欠预警机制和工资支付保障机制,加强日常用工监管,进一步巩固

"嘉兴不欠薪"的城市品牌。

3.实现共建互融服务平台

实现"四个深化":一是深化参政议事,加快健全和完善参政议事各项制度,畅通利益诉求的渠道。二是深化党员服务管理,建立健全党员服务管理六项工作机制,积极探索党员发挥作用的新途径、新方法。三是深化群团组织融入,按照社会化管理的要求,联合工会、共青团、妇联等团体和民政等部门,把新居民纳入到社区(村)共青团、工会、妇联等基层组织,将每一位都归属到相应的社会组织及城乡社区管理之中,积极组织和引导群团组织开展活动,丰富业余文化生活。四是深化志愿服务长效机制,建立常态化的志愿者队伍,设计各种活动载体,组织开展经常性的志愿服务活动等。通过"四个深化"推动新居民加速融入社会,强化其行为认同。

4.及时掌握诉求,维护合法权益

外来务工者最现实的需求就是找到工作、拿到工资、劳动安全、工伤大病有保险、子女能上学。调查结果显示,目前,最迫切需要得到政府帮助的是"享受与本地人一样的养老、医疗等社会保险"、"子女教育享受与本地人同样权利","提高住房和医疗保障水平",表达了对政府拓展社会保障的新诉求,也反映了对子女受教育的现状还不太满意,要求在提高,表达了要求平等、共享的意愿。其次是"降低各种收费"、"增加就业岗位"、"缩短劳动时间"、"得到更多的招工信息",都是针对工作的、对就业的迫切需要,本质是为了获得稳定的工作和收入来源,就是要增加收入,改善生活。依法维护好新居民的合法权益,是贯彻社会主义法治理念的必然要求,也是维护社会和谐稳定的现实需要。政府有权部门应紧紧围绕"就业有培训、劳动有合同、就学有安排、居住有改善、社保有拓展、文化有氛围、维权有保障、整治有力度"的八有工作目标,逐步完善保障合法权益的执法监督体系和法律援助体系,真正使新居民的合法权益得到有力的保障。

(三)提升综合素质,强化文化认同

1.提升思想素质

一个社会是否和谐,很大程度上取决于全体社会成员的思想道德素质。提高新居民的思想素质,使其成为全面发展的和谐个体,才能促进和谐社会的发展。要加强关于世界观、人生观、价值观、荣辱观的教育,激发他们热爱党、热爱祖国、热爱社会主义、热爱家乡和嘉兴第二故乡的热情。要通过流动党支部活动、系列教育活动、先进事迹报告会等形式开展思想政治教育。要优化思想教

育的经济环境、政治环境、文化环境和舆论环境，为思想教育营造和谐、公正、公平、融洽的良好社会氛围。

2. 提升技能素质

提高技能素质是破解就业结构性矛盾的关键所在。相关部门要按照各自职能，切实做好培训工作，引导和支持现有教育培训机构和劳务输出派遣机构进行合作，与输入地区和用工单位合作，有针对性地进行岗前培训。充分发挥工青妇等群团组织的作用，多渠道、多层次、多形式开展职业技能培训。强化用人单位对从业人员的岗位培训，积极引导和激励企业围绕岗位职责、服务年限、诚信行为、技能水平、贡献份额等内容，逐步建立行之有效的综合评价体系。积极鼓励参与创新型城市建设，开展科技创新活动，不断提高新居民的创新能力。树立先进典型，通过评选、表彰、宣传优秀，强化以点带面、示范引导，激发广大新居民积极投身嘉兴经济社会建设的热情。

3. 提升法律素质

制定全市“六五”法制宣传教育规划，推进规模以上企业、集聚地建立法制教育点。探索在县(市、区)层面组建普法讲师团，在企业组建法制教育联络员队伍，在村、社区建立基层法制教育宣传员队伍。要深入开展以“法律护航、科学发展”、“手拉手共筑法律防线、心连心共建和谐家园”等主题的法制宣传活动，坚持“普宣”与“专宣”相结合，以“三到位”、“四走进”、“五必上”、“六送法”为载体，开展进企业、进社区、进学校、进公寓、进市场、进工地、进车站码头、进旅馆、进娱乐场所等系列活动，提高新居民遵守法律、合法维权意识，促进社会和谐稳定。

4. 提升文明素质

以巩固全国文明城市为抓手，切实提升文明素质。要根据生活工作情况、从事行业特点以及实际需求，有计划、分阶段地开展有针对性的文明素养、行为规范教育，优生优育、健康生活等现代观念教育。积极探索建立适合新居民特点的公民素质教育新体系，不断增强新居民融入嘉兴社会生活的主人翁意识和基本素养。要充分利用文化站、服务活动室、文化广场等现有文化活动设施，组织开展丰富多彩、健康有益的文化、体育、科普、教育、娱乐等活动，利用各种专刊、板报宣传社会主义精神文明，倡导科学文明健康的生活方式，帮助新居民尽快适应城市生活，更好地融入嘉兴社会。

政治篇

ZHENGZHIPIAN

2011 年嘉兴反腐倡廉建设基本现状与展望

□ 张 晖

2011 年是嘉兴市反腐倡廉建设各项工作扎实开展、深入推进、成果丰硕的一年。全市各级纪检监察机关在省纪委和市委、市政府的坚强领导下，紧紧围绕市委总体工作要求，全面落实年初市纪委六届五次全会部署，坚持以服务发展、关注民生为主线，以构建具有嘉兴特色的惩防体系为为重点，大胆创新、夯实基础，各项工作呈现出在整体推进中不断深化的良好态势，为推进全市经济社会发展提供了有力保障。

一、2011 年嘉兴市反腐倡廉建设的主要成就①

（一）软环境品质不断优化

紧扣“十二五”规划实施、干部换届等重点，把“强化执行力、提升软环境”作为年度工作主题，加强纪律约束，在保障和助推科学发展中体现作为。一是强化执行力建设。建立联席会议制度，出台问责追究办法，推进执行力建设的系统化、制度化。加强对中央、省委和市委各项重大决策部署贯彻落实情况的监督检查，开展文明城市创建、征地拆迁、防洪排涝等专题督查，对 15 个工作推进不力单位的 28 名负责人进行了约谈、问责，提高了政府执行力。建立政府投资项目备案巡查制度，对一批政府重大投资项目、民生工程项目、援疆建设项目等实行集中巡查，促进项目建设规范、安全、廉洁。二是提升软环境品质。制定出台《“十二五”期间深化软环境建设的指导意见》，健全长效机制，持之以恒地推进软环境建设。2011 年全年，全市 783 个监测点共发现软环境问题 300 多个，

① 本文数据来自于嘉兴市纪委。

《嘉兴日报》“政风直通车”栏目刊发问题调查30多期，通过跟踪督办、公开曝光、结果反馈等形式，及时促进了一些影响软环境问题的解决。三是优化政府服务。加强行政审批服务中心建设，对全市38个部门和7个县(市、区)的行政审批实行绩效管理，电子监察系统应用绩效名列全省第二。高品质推进便民服务中心建设，全市村级便民服务中心建成率达到100%，走在全省前列。

(二)作风效能建设不断深化

以深化系列创建为总抓手，市县联动掀起作风效能建设新高潮，在提升服务品质中维护了民生民利。一是完善民生服务平台。加强市长电话、“行风热线”、“民生台账”等平台建设，加大民意收集、民生问题解决的督办力度。“行风热线”上线单位从市级机关部门向乡镇延伸，督促解决了一批新农村建设、老社区改造中的热点问题。下半年以来，全市各级纪检监察机关积极响应市委、市政府“百日服务活动”总体部署，组织开展了“百日服务——纪委在行动”活动，以实际行动帮助企业渡过难关，受到广泛好评。二是深化“群众满意”创建。坚持服务标准化、均质化、品牌化的创建导向，不断提升机关服务品牌、满意行业和满意站所创建水平。全市“群众满意站所”总数达到1329个，工商、国税、质检、电力四大行业率先创建“群众满意行业”，形成良好的工作引领和推动。组织开展质监系统等十大行业民主评议行风活动，在市、县、镇(街道)三级涉企部门、基层站所开展“向服务对象述职述廉”活动，以民主监督提升了政风行风建设水平。三是加强民生问题查纠。开展“百姓点题、纪委解题”专项执法监察，对医疗教育收费、食品药品安全、公路“三乱”、医药回扣等8个社会热点问题进行重点监察，坚决纠正损害群众利益的突出问题。深化环保联动执法监察机制，对重点污染企业实行公开曝光，纳入银行诚信“黑名单”，形成监管合力。加强作风效能明察暗访，2011年全市开展明察暗访60多次，共有208名人员因效能问题受到责任追究，并在新闻媒体上予以点名通报，要求单位负责人作出整改承诺，取得良好的社会效果。

(三)体系构建绩效不断显现

按照二轮体系构建目标，深入推进重点领域体系构建和岗位廉政风险防控，从源头上预防腐败问题的发生。一是加强责任化管理。召开全市深化惩防体系构建和落实党风廉政建设责任制工作会议，细化分解任务，逐项落实责任。继续深化党风廉政巡视督察工作，成立7个巡视组，对全市20个单位实行巡视督查。二是推动体系优化升级。深化十大重点领域惩防体系构建，积极推进“两新”工程、国有企业领域的惩防体系建设。实行国有企业重点岗位廉政风险防控、工程建设项目廉政预警、工程变更专项效能监察和工程项目专项审计“3+1”报告制度，对南湖迎宾馆、市汽车客运中心等重点项目实行专项监察，进一步提升国有企业党风廉政建设水平。三是深化岗位廉政风险防控。强化“对照案例明风险，编写教案强意识”情景教育，市级机关部门共编写廉政教案1200多个；开展岗位廉政风险防控“回头看”活动，以市级机关部门、县(市、区)领导班子成员，以及党政机关下属企事业单位为重点，实行机构设置调整、工作岗位变动、发生违纪违法案件等“三必查”制度，推动全市所有党政机关、所有公共企事业单位、所有岗位的风险防控实现全覆盖，全市共查找岗位廉政风险点1万多个，制定防控举措1.5万余条。引入科技防控手段，建立廉情预警信息库，加强综合分析和动态监管，提高了岗位廉政风险防控能力。我市经验在全省廉政风险防控电视电话会议上作了交流。

(四)执纪办案力度不断加大

针对换届期间反映出来的问题较多的情况，加强案发规律研究，加大案件查办力度，坚决做到有案必查、有腐必反。2011年全年，全市纪检监察机关共查办各类违纪违法案件295件，其中涉及县处级干部5件，乡科级干部18件，通过执纪办案，为国家和集体挽回直接经济损失635万元。重点查办了南湖区区委常委陈荣根严重违纪违法案，南湖新区原党工委书记、管委会主任王金明受贿案和嘉兴职业技术学院原副院长钱谌受贿案等大案要案。注重做好查办案件后半篇文章，通过新闻媒体及时公布案情，典型案件剖析通报，取得了良好的警示效果。推行“阳光”信访，深入开展“信访积案化解”活动，对重复访、越级访等重大信访问题实行领导包案督办，促进了一批重信重访问题的化解。健全案件审理监审员和联审制度，扩大案件公开审理，提升案件质量。加强县级办案点建设，进一步提升安全办案水平。

(五)宣传教育氛围不断浓厚

坚持廉政教育、文化熏陶和反腐宣传有机结合，不断增强党员干部廉洁自律意识。一是开展主题教育活动。结合“七一”红船节、党建理论研讨等纪念建党90周年系列活动，加强对党员干部的党性党风党纪教育。举办南湖革命纪念馆全国廉政教育基地授牌仪式，组织干部参观南湖革命纪念馆新馆和省法纪教育基地，接受革命传统教育和警示教育。二是深化廉政文化建设。举办全市首届反腐倡廉影响力人物电视颁奖典礼，彰显激浊扬清、公平正义的核心价值。举办全市中小学生廉洁硬笔书法创作比赛，开展廉政文艺大篷车全市巡演，共巡演32场，观众总数达3万多人次。加强南湖区秀州中学廉政文化示范点、海盐看守所、海宁景疏园等廉政文化教育基地建设，着力打造“一地一品”廉政文化展示场馆。三是加强反腐倡廉宣传。开展县(市、区)新闻采风活动，在《嘉兴日报》刊登8个专版，集中展示全市纪检监察工作创新风貌，提振社会反腐倡廉信心。加强纪检监察系统网站建设，市县两级纪委全部建成网站或更新改版，巩固了反腐倡廉宣传阵地。首次通过网络直播市纪委六届五次全会，并邀请网民代表列席会议，提高了社会各界对反腐倡廉建设的关注度和参与度。

(六)廉政制度约束不断增强

以创新机制制度为重点，通过强有力的制度约束，促进党员干部廉洁从政。一是深化党务公开工作。制定下发《全市基层党组织党务公开实施意见》，编制7大类共180余项的党务公开指导目录，建立19个党务公开联系点，建设全市党务公开网站，全面推进党务公开工作。建立联席会议制度，推动公开资源共享、平台公用，初步形成了以党务公开引领其他各类公开的工作格局。二是抓好权力透明运行。突出抓好嘉善县委权力透明运行试点，通过厘清职权、规范制度、公开运行、强化监督，探索建立以阳光决策、阳光人事、阳光工程、阳光支出为重点内容的权力公开透明运行机制，形成全省典型经验，受到省委书记赵洪祝批示肯定。在全市部署开展新市镇“一把手”阳光权力行动，按照规范权力运行与优化效率相统一的原则，抓住清权、确权、亮权、制权、督权等五大环节，出台例外事项决策规则、权力运行规范指数评估、责任追究办法等配套制度，形成了“一把手”权力制度监控链。三是探索防止利益冲突机制。开展防止利益冲突调研，强化党内监督条例和《廉政准则》执行情况检查，逐步完善利益公开、利益回避、冲突处理等防控措施，不断加强党员领导干部动态监管。海宁、桐乡等地制定出台防止利益冲突实施办法，嘉善在建设系统探索建立利益回避制度，平湖、秀洲等地实行新提任、科级干部财产申报公示制度，积累了初步经验。

(七)党风建设基础不断夯实

把农村基层作为创新社会管理服务的重点领域，坚持从完善机构、健全制度、强化监管入手，不断提升农村基层党风廉政建设水平，为城乡统筹发展提供坚强保障。一是注重组织规范。顺利完成全市847个村的村务监督委员会换届选举，对4300名村务监督委员会成员进行履职培训，进一步优化人员结构，提升履职能力。在全省率先制定出台《关于完善村务监督委员会成员报酬机制的指导意见》，建立村监委成员报酬专项资金使用和监管机制，为村务监督委员有效履职解决了后顾之忧。各县(市、区)结合实际情况，积极探索村务监督委员会规范履职的途径和方法，制定实施细则7个，编制工作流程图20张，出台配套制度40项，村务监督委员会工作更加规范有效。二是注重典型示范。深化农村基层党风廉政建设示范村创建，对18个省级、50个市级示范村进行授牌表彰，全市示范村总数达到149个。形成了南湖村级廉情预警机制建设、嘉善“五定”村务监督法、秀洲“阳光村务”进农家、海盐村级非生产性开支节化管理等一批工作样式。三是注重监督管理。深入开展清产核资、村账镇代管等工作，大力推进农村“三资”网络监管平台建设，进一步提升了“三资”管理规范化、透明化水平。

（八）队伍建设水平不断提升

高度重视自身建设，实施职业精神、职业技能和职业操守“三提升”工程，不断加强干部队伍建设。一是加强队伍建设。继续加强县级纪检监察机关建设，经费保障、装备设施等得到加强。落实分片指导、创新评比等制度，充分发挥派驻（出）纪检机构作用。抓好乡镇纪委换届试点，探索建立基层纪检组织新架构，海宁市12个镇（街道）全部设立了监察室。二是加强理念创新。部署开展公众参与反腐倡廉课题攻关，形成1个主报告和7个子报告，系统分析我市近年来公众参与反腐倡廉建设的现状特点、问题不足，研究提出了下一步深化完善的方向和重点。同时通过全国征文收到论文116篇，举办“公众参与反腐倡廉建设·海宁论坛”，开展理论交流，邀请专家点评，进一步增强了工作理性思维，扩大了我市反腐倡廉建设的影响力。三是加强文化建设。弘扬开放包容、求实创新的纪检监察文化，开展五年一度全市纪检监察系统先进评选，对29个先进集体和60名先进个人进行集中表彰，大力宣传先进事迹，大力弘扬优良作风，进一步激发了全市纪检监察干部干事创业、创优争先的激情和活力。开展纪检精神大讨论、生日祝福、廉政短信提醒、党日活动等，加强人文关爱，增强队伍的归属感。

二、反腐倡廉建设面临着新的难点

嘉兴市的反腐倡廉建设，虽然取得了明显成效，但也面临着许多难点，需要努力探索，不断加以解决。

（一）体系构建绩效有待提升

一是绩效评估问题。对体系构建目标达成、制度绩效和执行情况进行正确评估，是保证体系构建沿着科学轨道继续深化的关键。由于缺乏一个科学的评估体系、评估方法，在前两轮体系构建中，绩效评估这一环节一直是缺失的，由此导致体系构建的实际效果难以准确评判，考核等工作停留在浅表层次，制约了体系构建深度推进。二是动态适应的实时升级，是一个值得深入研究的课题。三是支持保障问题。体系构建是一个系统工程，需要全社会方方面面的努力和支持。如何充分发挥文化环境、制度环境、社会环境等各个方面的有利因素，形成文化滋养、制度保障、社会支撑的工作体系，是确保体系构建取得预期效果的重要基础。

(二)利益冲突难题有待破解

嘉兴市在防止利益冲突方面进行了一些探索，积累了一些经验，但从提高预防腐败机制有效性建设的角度看，还存在一些不足。一是思想认识问题。在我国人情社会、熟人社会的背景下，一些领导干部和社会群众，把利益冲突归结为人之常情，防止利益冲突的观念还没有完全树立，工作的主动性和积极性不足。更有极少数干部价值观混乱、身份错位，有意识地利用公权谋取私利。二是整体防治问题。从国家层面来看，防止利益冲突缺乏系统、专项法律法规，相关规定呈现出零散化、碎片化的特征，并且有许多规定只有准则没有罚则，可操作性较差。从基层实践看，虽然已经有了一些探索，但大多停留在局部点位上，工作较为零散，发展不平衡。工作的整体性和严密性直接影响了防止利益冲突的成效。三是查纠预警问题。从实践看，防止利益冲突存在着发现困难、监督偏弱、追究不力等方面的问题，并且对新情况、新问题预警不足，工作带有一定的滞后性、修补性。

(三)作风效能建设有待深化

一是工作要求落地的问题。这几年，中央、省委、市委对作风建设要求严、标准高，但落实到具体的行业、部门和基层一线，工作中会出现边际递减现象。如何把作风建设的要求落实到行业、部门工作的始终、服务的始终、队伍建设的始终，需要有良好的激励、考核机制，自觉深化的内在动力。二是工作项目整合的问题。嘉兴市在作风效能建设方面推出的举措、设置的载体、开展的活动都比较多，实践证明都有一些效果。但也存在缺少系统整合、有效串联等方面的问题，影响了整体绩效的提高。三是工作常抓常新的问题。作风效能建设既是一个“老”问题，也是一个“难”课题，年年讲、月月抓，容易使人产生疲倦和懈怠心理。如何保持抓作风建设的激情、活力，需要在工作主题、工作方法、工作结合上不断探索，使作风建设真正成为一种工作常态。

(四)社会管理服务有待优化

嘉兴作为城乡统筹发展的示范区，基层社会管理服务的任务非常艰巨。一是城乡配套改革后的综合监管问题。我市加快推进城乡统筹发展综合配套改革，乡镇一级经济社会管理权限逐步扩大，农村集体经济快速发展，由此也带来了乡镇领导干部权力制约、农村“三资”监管、基层党员干部管理等方面的一些问题。从这几年查办案件的情况看，基层党员干部违纪违法案件呈现出易发多发势头。进一步加强基层纪检组织建设，完善配套管理制度、措施，保障和推动城乡统筹发展，还需付出艰辛努力。二是农村、国企同步监督问题。农村面广量大，国企资源集中，都是反腐倡廉建设的重点领域，也是工作的薄弱地带。如何进一步加大工作力度，充分发挥好村民自主监督、国企主管部门的作用，不断创新工作方法，提高监督的针对性和有效性，值得深入研究。三是四级公共服务体系优化问题。目前，四级公共服务体系、村级便民服务中心已经实现了全覆盖，下一步面临着如何规范运作、真正发挥作用的问题。要在强化人员培训、扩大服务项目、提升服务品质、加强规范管理等方面下工夫，努力把四级公共服务体系建设成为一项民生工程、民心工程。

三、2012年加强反腐倡廉建设的设想与展望

2012年加强反腐倡廉建设的总体设想是：全面贯彻落实中央纪委和省纪委部署，紧密结合嘉兴实际，以围绕中心、服务大局、关注民生为主线，以完善具有嘉兴特色的惩防体系为重点，坚持改革创新，狠抓工作落实，不断提高反腐倡廉建设科学化水平，在推动科学发展观落实上体现新作为，在维护民生民利上体现新作为，在打造党建高地、建设清廉嘉兴上体现新作为。重点要牢牢把握五个方面的工作取向。

（一）坚持改革化取向，优化工作切入

随着改革开放的不断深入，社会组织形态、行为方式和利益分配格局发生深远变化，传统的工作方法和手段受到一定限制，反腐倡廉建设必须与外向开放的经济社会活动相适应，才能永葆生机活力。一方面，工作选题要顺应经济社会发展要求。要准确把握经济社会发展的阶段性特征，自觉将反腐倡廉改革创新放在社会大环境中去考虑，把握重点领域、关键部位和要害节点，系统谋划、综合治理，努力做到反腐倡廉改革创新始终与党委政府的决策部署合拍，与经济社会发展相统一、相协调、相促进。另一方面，工作手段要符合市场经济发展规律。要摒弃传统的惯性思维和工作方法，善于从需求原则、公开原则、公平原则等市场经济规则中，探寻推进反腐倡廉建设的新思路、新方法和新手段。比如，对领导干部的监督要依据利益原则，加快建立防止利益冲突机制，完善利

益公开、利益回避、冲突处理等防控措施,使权力和责任、制约和监督有机统一,逐步隔断以权谋私的通道;对公共权力的监督要依据透明原则,加大公开透明力度,引入第三方监督,促进权力公开透明运行;对公共资源的监管要依据公平原则,完善统一招投标平台建设,加强社会诚信体系建设,更多地发挥市场机制对资源的配置作用。

(二)坚持系统化取向,强化工作合力

反腐倡廉建设是涵盖经济、政治、文化、社会等多个领域的系统工程,必须用系统的思维、统筹的观念、科学的方法加以推进。一方面,要加强工作资源整合。进一步强化纪委的组织协调功能,妥善处理主抓与分包的关系,充分调动方方面面的积极性和创造性,创设平台、整合资源、借力借势,逐步构建起全覆盖、无盲区的反腐倡廉工作联动格局。从改革基层纪检监察组织工作模式入手,加强县(市、区)和派驻机构的纪检监察组织建设,加快向行政村、城市社区、基层站所、企事业单位和"两新"组织延伸,进一步完善纪检监察组织网络,逐步形成上下联动、点面结合、切实管用的基层党风廉政建设工作体系。另一方面,要加强工作项目整合。强调填补空白是创新、拉长短板是创新、工作整合和集成更是创新的理念,通过对现有工作项目的优化编排、合理重组,逐步开发出新的工作领域和交叉地带,不断形成新的生长点,取得新的工作成效。如,要整合纪律保障、政策执行检查、服务品牌建设、作风效能建设等工作,进一步强化执行力建设,以良好的政务环境带动软环境建设整体提升;要整合责任制落实、"4+1"构建、岗位廉政风险防控和巡视督察等工作,加快推进惩防体系向经济领域、社会领域延伸,强化绩效评估,推动优化升级,增强构建功效。

(三)坚持制度化取向,完善长效机制

反腐倡廉建设发展到一定水平,必须更加注重工作的规范化和制度化。一方面,要增强制度的针对性和完整性。围绕改革发展,以"制度+领域"模式优化发展环境,进一步深化行政管理体制、政府投资体制、干部人事管理体制等领域的改革,建立健全政府投资项目和公共资金监管、行政执法和规范自由裁量权等方面的制度,用良好的法制环境保障科学发展;围绕服务民生,以"制度+服务"模式提升服务品质,着力抓好作风效能教育、引导、监督、问责等方面的制度建设,深入推进服务品牌、"群众满意"等系列创建,重点在行业均衡度、服务标准化、群众满意率等方面下工夫,不断创新社会管理和优化公共服务;围绕干部廉洁自律,以"制度+预警"模式规范权力运行,以党务、政务等各类公开为抓手,统筹抓好县委、新市镇(乡镇)和行政村(社区)权力公开透明运行工作,探索

建立领导干部廉情公示、财产申报、党风建设“公述民评”等制度，形成权力运行动态监控链。另一方面，要增强制度执行的刚性和严肃性。制度的生命在于执行，要教育引导广大党员干部不断增强制度意识，树立按制度办事的观念，养成自觉执行制度的习惯，把制度转化为党员干部的行为准则。进一步强化专项治理，健全督办机制，切实加大问责追究力度，坚决纠正有令不行、有禁不止、随意变通、恶意规避等破坏制度的行为，维护制度的严肃性和权威性。

（四）坚持科技化取向，提高工作绩效

更多地运用现代科学技术，是推进反腐倡廉改革创新的重要途径。要把科技创新提升到反腐倡廉建设的重要位置，不断加大资金、技术投入力度，着力提高反腐倡廉建设的现代化水平。一方面，要加强各类电子平台建设。建立健全党（政）务公开、行政审批、行政效能监察等电子平台，运用信息技术对政府管理服务事项进行科学分解、合理配置，优化流程、固化程序、公示路径，通过权力、制度、技术无缝衔接，逐步实现同步监察和全程监察。逐步完善财政资金、社保基金、住房公积金、科技资金等各类网络监管平台，广泛推行人大监督、在线监督和群众监督，加大公共资源、公共资金监管的信息化力度，实行网上运作、实时监控。另一方面，要提升自身信息化水平。加强办案信息化建设，针对腐败行为智能化、隐蔽化的特点，加大资金投入，建立健全信访举报、案件管理、党政纪处分执行等信息系统。加强办公自动化建设，健全纪检监察系统网站建设，加强办公 OA 系统应用，全面推行公文网上流转。

（五）坚持公众化取向，增强工作活力

要牢固树立以人为本、执政为民理念，建立健全公众常态化参与机制，努力在全市形成开放、透明、民本的工作格局，为深入推进反腐倡廉建设打下最坚实的基础，汇集最广泛的力量源泉。一方面，要制定出台实施意见。以重大课题研究为抓手，系统总结我市成功经验，对公众参与反腐倡廉建设的力量、特性、领域、空间等进行深入分析，研究出台实施意见，提出下一步工作深化的方向和重点，加强相关制度、平台和载体的建设，为公众常态化参与反腐倡廉建设提供保障。另一方面，要加强实践推进。坚持边研究边实践的原则，紧紧围绕执法监察、作风纠风、信访举报、廉洁自律、党员干部权利保障、廉政文化建设等领域，不断扩大工作的开放度和透明度，进一步整合、调动社会反腐力量，搭建互动交流平台，畅通参与渠道、深化参与内容、提高参与效果，在社会公众的参与、支持和监督下促进工作不断发展，推动党的诞生地反腐倡廉建设继续走在全省前列。

嘉兴非公企业主参政议政情况调查分析

□ 徐连林

非公有制企业主参政议政是中国社会转型时期的一大亮点。自 1993 年 21 名非公经济人士以全国政协委员的身份现身中国政治舞台，各地非公企业主参政议政亮点层出不穷。从以广告广泛收集提案建议的新光集团董事长周晓光，到担任省部级政协副主席的重庆力帆集团董事长尹明善、浙江传化集团董事长徐冠巨，非公企业主，作为一支新生的政治力量，正日益引人关注。非公企业主参政议政，正如著名经济学家史晋川指出的，在相当大程度上改变了以前人大、政协中党政官员充斥的局面，打破政治精英的垄断，使得代议机构中出现了代表不同利益的声音，这是一种历史的、民主的进步。但也有不同声音认为：非公企业主参政议政，既当运动员又当裁判员，有悖于政企分开和公平竞争的市场经济原则。如果从政的非公企业家利用公权为自己谋求私利，对没有从政的非公企业家来说是不公平的。权力寻租，只会恶化经济环境……嘉兴非公企业主参政议政状况如何？我们走访了本市非公企业的代表单位天通控股股份有限公司、蒙努集团股份有限公司、田中精机（嘉兴）有限公司（日资）等企业，了解了这些企业或下属子公司主要负责人的参政议政情况，并与海宁市盐官镇商会进行了交流。同时，本次调研还以发放问卷的形式向嘉兴市“双重管理”企业党组书记培训班，走访了市人大、市政协、市工商联、总商会、市委组织部等部门。

本文所称的非公企业，系全民所有制、集体所有制企业等公有制企业之外的企业，包括公司企业法人与非公司企业法人，不含合伙企业、个人独资企业。本次调研使用的数据，部分来自调研组成员向嘉兴市“双重管理”企业党组书记（非公企业）培训班发放的调查问卷。问卷发放 89 份，回收 80 份。在问卷中我们收集了被调查企业和企业主的相关信息，包括企业性质、注册资本、创建历史、年产值及企业主的性别、年龄、政治面貌、文化程度、其他身份等。相关非公企业主参政议政的信息包括：一是对非公企业主参政议政的认识。包括对参政议政渠道、参政议政动机、参政议政作用、参政议政范畴、参政议政现状的了解及看法等；二是非公企业主参政议政关注的问题、遇到的困难及意见和建议等。

广义上认为，非公企业主参政议政的形式，可分为正式政治参与和非正式政治参与两种。正式政治参与主要有加入中国共产党，在企业建立中共基层组织，担任党代会代表、人大代表、政协委员，在工商联、妇联、青联等人民团体中担任职务，组建民间协会和其他社团，支持公益事业等等；非正式政治参与主要是与各级党政领导人建立私人联系等。人民代表大会是法定的权力机关，而政协则起到参政议政以及对中国共产党和政府行使民主监督职责的作用，成为人大代表或政协委员就意味着对政策的制定与执行拥有更为直接而有效的影响力。进入人大、政协，在工商联部门中担任职务等，是非公企业参政议政的主要形式。本文调研基础侧重于此。

一、嘉兴市非公企业主参政议政现状

(一)基本情况

据统计，全市共有非公企业 25828 家，已建党组织的企业 13441 家，占 52%左右。与领导干部建立联系点的企业 2995 家，接受市委向企业选派党建工作指导人员 3131 人。本市第六届人大代表 390 名，非公企业主有 85 名，占 21.8%。同届 421 名政协委员中，非公企业主 85 名，占 20.2%左右。工商联 17 名副主席及总商会 16 名副主席中，非公企业家各 13 人，占 76%左右。

(二)正式政治参与的主要渠道

理论上认为，非公企业主当选人大代表、政协委员从而获取正式政治参与权利至少有三条渠道：

渠道一：各政党和各人民团体联合提名。无论政协还是人大，在候选人的提名阶段，都存在着一种“各政党和各人民团体联合提名”的通道。以嘉兴政协为例，当选委员的 85 名非公企业主，工商联推荐 23 名，经济界推荐 18 名，农业界推荐 7 名，科技界推荐 6 名，科协推荐 4 名，民主党派推荐 7 名，妇联、工会等人民团体推荐 20 名。

渠道二：按生产单位划分选区，一些大型的非公企业负责人据此可以当选人大代表。各级人民代表大会在进行选区划分时，并没有完全以地域为基础。根据《选举法》第二十四条的规定，选区可以按居住状况划分，也可以按生产单位、事业单位、工作单位划分。如经济开发区中的企业，既无主管单位，也与街道、乡镇没有隶属关系，在选举的时候常常被划分为单位选区或以居住地为基础的选区。这在客观上为一些大型的非公企业主进入人大提供了方便。

渠道三：选举名额确定的双层操作模式，使得一些基层领导人主动为非公企业主进入人大提供了更大的方便。所谓名额确定的双层操作模式是指在某一级的人大代表选举时，该级的人大常委会只负责确定下属各行政区域的代表名额和大致的构成比例，具体由下一级的党委和人大常委会负责落实。下一级常委会在具体操作中，为激励为本地经济作出贡献的人员，倾向推荐非公企业主为人大代表候选人。

当然，上述的三条渠道并没有完全涵盖非公企业主进入人大、政协的全部渠道。不排除个别非公企业主凭借个人威望当选为人大代表。但实际中，我们了解到，绝大多数企业主进入人大或政协，依靠的是党派或工商联推荐。作为联系政府与非公企业纽带和桥梁机构的工商联，目前拥有会员单位 10000 余家，其中绝大多数为非公企业。2007 年，通过本市各级工商联、总商会推荐担任省、市、县(市、区)人大代表和政协委员的非公企业主有 390 名，其中市本级人大代表和政协委员 129 名。2010 年，8 名非公企业主以工商联副主席、总商会副会长的身份进入政协参政议政委员会，直接行使参政议政权利。16 名市委、市政府领导还与本市 16 家非公有制企业建立了联系制度。

(三)非公企业主参政议政意愿

走访的三家单位均表示了 100%的参政议政意愿。为防止被调查结果的片面性，我们向来自本市 89 家非公企业的主要负责人进行问卷询问。89 人中，有 4 名非公企业主兼党委(支)书记，68 名党委(支)书记，12 名党委委员，党办主任 2 名，党务总管及总经理、销售部经理、科员各 1 名。调研组主要对以下几方面进行了考察。

(1)被调查人对非公企业主参政议政的必要性与意义的认知。如：你是否支持非公企业主参政议政？你认为最能有效表达和维护非公企业利益的方式是？

在该组答题中，96.25%的人支持非公企业主参政议政，1.25%明确表示不支持，2.5%的人对非公企业主参不参政无所谓。对最能有效表达和维护非公企业利益的方式，71.25%的调查者认可进入人大、政协这一方式。也有相当一部分人认为参与民间经济组织也是一种好的方式。具体比例如图 1 所示。

(2)非公企业主参政议政的欲望。如：你是否愿意进入人大、政协等政治组织？你认为非公企业主参政议政的愿望是否强烈？

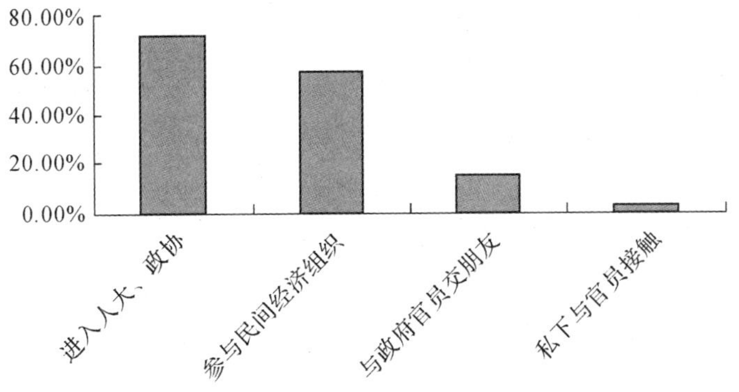

图1 非公企业主参政议政意愿分析

在该组答题中，47.5%的人认为，非公企业主参政议政的意愿一般，只有30%的人认为参政议政意愿强烈，2.5%的人认为参政议政意愿较低。问及被调查人本人是否愿意参政时，88.75%的人回答愿意，6.25%的人回答无所谓，2.5%的人不愿意。

(3)非公企业主对参政议政目标与对象的期望。如：你认为非公企业参政议政的角色定位是什么？你认为非公企业主参与政治的主要内容有哪些？

关于角色定位我们给出了平等利益表达人、普通百姓代言人、政府帮手三项选择，选择比例分别为75%、36.5%、33.75%。我们欣喜地看到，非公企业主作为一个独立的利益阶层已经形成。非公企业主参政议政应该担负平等利益表达人而不仅是政府助手这一角色，显示了多数非公企业负责人对本阶层参政议政政治地位的追求。

关于非公企业主参与政治的主要内容，83.75%的人认为，非公企业主参政议政，应关注企业发展，维护企业利益；61.25%的人认为，应该关注社会整体发展，反映关系群众切身利益的事情；47.5%的人认为应该围绕政府中心工作提出具体的政策建议。

(4)私营企业主对参政议政渠道的期望，见下表。

表1 私营企业主参政议政意愿分析

当选人大政协代表或工商联任职	78.75%
与政府官员接触或保持联系	72.50%
在企业开展党建工作	65.00%
进入行业协会或企业家协会	63.75%
当选党代表	56.25%

我们发现,72.50%的人认为与政府官员接触或保持联系,也是主要的参政议政渠道之一。虽说发达国家中,有利益集团为确保集团利益,对政客进行游说,达到实现自身意图的参政议政方式。但在中国,以与政府官员保持接触作为参政议政的主要渠道,一方面说明大多数非公企业主尚未摆脱非公经济无政治地位的旧影,一方面也说明熟人社会下托庇于政治权力,而不是通过组织化、制度化的方式进行利益表达是目前非公企业主参政议政的重要特征。

综上,我们认为,接受问卷调查的人员虽然不全是非公企业主,但绝大多数是非公企业的党建负责人及企业主的管理助手,基本上能代表非公企业这一阶层对企业主参政议政这一事件的认知程度。从调查结果看,非公企业阶层强烈认识到企业主参政议政,维护本阶层利益的必要性,但也反映近一半的企业主并无较大的参政议政热情。受传统社会形态的影响,相当一部分非公企业人士仍倾向于私下与政府官员接触寻求政治资源,或以行业协会的形式抱团互助,有组织地谋求政治地位的状态并未形成。

二、嘉兴市非公企业主参政现状分析

(一)总体评价

应该说,嘉兴市非公企业参政议政整个状况是比较积极和健康的,其政治心态及其要求虽然呈现出多层次、多形式的特点,但主要目的是寻求反映意愿和要求的民主渠道,寻求参与公共事务的社会舞台,寻求实现自身价值的有效载体,其参政议政的效应是积极有益的。正如嘉兴市工商联在《开展参政议政工作的情况总结》对我市非公企业的参政议政状况的评价:"非公经济人士参政议政的热情高,能及时将民营企业亟待解决的问题直接反映给市委、市政府,得到市委、市政府领导的关注。参政议政渠道畅通。"

1.有助树立企业良好的社会形象

从我市情况来看,当选为人大代表及政协委员的非公企业主,多表现了良好的政治素质及参政议政效应。如,天通控股股份有限公司,从事电子、环保机器及LED灯产业,不仅带动了周边经济,还成为全国非公企业党建工作的示范单位。公司董事长潘建青个人不仅赢得了行业人士的尊重,还当选为全国青联委员、省(市)商会副会长、省人大代表,被评为省优秀共产党员,获得了当地政府的充分认同。田中精业(嘉兴)有限公司,2003年落户嘉兴,占地虽12亩,年产值却达1.5亿元左右,是所在地嘉善县姚庄镇的利税大户。该企业总裁钱承林,是嘉善县特邀的政协委员,县工商联副主席的提名人选。

2.很好地发挥了桥梁沟通作用

从工商联我们了解到，2008年，通过工商联产生的人大、政协委员共向两会提交提案、议案、建议达397件；2009年，提交各类议案、提案、建议395件；2010年提交提案、议案、建议358件。2008年9件提案被评为优秀提案，2010年已有11件提案被评为优秀提案，19件提案被列为重点提案。

3.很好地发挥了参谋作用

从政协我们了解到，不少非公企业主参政意识强，发现和解决问题的能力也较强。他们提交了不少优秀的提案，得到市委、市政府领导的关注，及时解决了不少问题。如2011年嘉兴市捷顺汽车贸易中心董事长王林林结合我市蚕茧价格不稳定，影响蚕农蚕茧生产的问题，针对性地提出了形成"公司＋合作社＋农户"等产业化模式，推行优质优价和二次返利的建议，获得了市供销合作社的肯定。合作社在全市蚕茧主产区推广借鉴该模式。又如浙江三星皮业有限公司董事长沈利民提出的在海宁市嘉海线海洲路口建造立交桥或地下隧道，以缓解皮革城附近交通拥堵状况的建议，引起了海宁市政府的高度重视。市政府分管领导当月即召集规划建设、公安、交通等部门，进行了多次分析研究，形成专题会议纪要，着手进行交通改善。

从我们走访的情况来看，本市参政的非公企业主，所在企业行业代表性较强，具备调查研究、发现问题的履职条件。企业主本人不仅政治觉悟高，而且参政意识强，如蒙努集团股份有限公司董事长岳姚祥接受我们访谈时说："当选人大代表、政协委员，不是为了做官和获得某些荣誉，而是要为党委、政府提供一些有价值的信息，从而影响上述部门的决策。仅仅停留在荣誉层面的参政的意义不大，人大代表应该将视角更多地关注到基层一级，如乡镇政府的决策上。"岳姚祥的思考反映了部分非公企业主开始超越自身利益，关注政府中心决策及民生问题，注重提升参政质量。

（二）嘉兴市非公企业主参政存在的问题及原因分析

1. 存在问题

非公经济的崛起在中国经历了较为曲折的过程，由于自身特点，非公经济自参政议政以来，广受各界关注和褒贬。2007年，《嘉兴日报》曾报道一次私营企业抽样调查数据，显示28.8%的私营企业主"争取当人大代表、政协委员"的愿望最为迫切，报道引发了对社会公平的大讨论。相当一部分人认为："经济资源、组织资源和文化资源向上层聚集，工人、农民等群体将处于不利地位。在贫富差距拉大的现实语境下，组织资源的重新分配势必会引来许多新的社会争议。”还有人认为，非公企业主参政议政动机不纯，参政议政主要以维护其经济利益为目的，参政实效不佳。结合我们的调研和工商联提供的一些材料，嘉兴非公企业主参政议政存在下列问题。

（1）参政议政意识尚薄弱

非公企业主的参政议政动机何在？多数人认为，功利性占主导地位，公益性参与处于较低水平，但将呈现适度增长态势。只有少数社会责任感强的非公企业主参政议政目的是推动中国改革的进程。我们的调查印证了这个观点。91.25％的调查对象认为，非公企业主参政议政是为了促进企业发展，78.75％的人回答是为了寻求政府支持。只有60％的人认为是为了推进民主政治。另外，30％的人认为非公企业主参政议政仅是为了实现个人价值，还有15％的人认为是出于自身安全和政治地位考虑。事实上，从工商联《开展参政议政工作的情况总结》中也可看出，很多非公企业主把人大代表和政协委员这种政治安排单纯看作一种荣誉，主观上更倾向于利用现有身份地位谋求企业的更好发展，而对于参政议政问题，一方面缺乏政治责任，另一方面也心存顾虑，不敢“妄议朝政”。

（2）参政议政精力受限

接受我们采访的三家单位均提到了非公企业主参政议政受时间约束较大。企业主的主要精力在于企业经营，而参政议政，需要花费大量的精力。除去正常的开会、调研，企业家很难有精力去收集提案资料，并作深入的调研。像香港董建华那样，将财产托管，这不现实；像周晓光那样，做专职的人大代表，也不可能。虽说提案可以由他人操刀代笔，但实际建议还是要企业主定夺。如何解决经营与参政议政这个矛盾，是众多非公企业主面临的难题。

（3）履职能力欠缺

具体体现在提案质量尚不尽如人意。部分非公企业主难以拿出有理有据的意见和建议帮助党委、政府决策；提案往往就相关企业的具体困难申请解决，没有把视角扩展到行业或区域内的普遍问题。究其原因，主要在于部分非公企业主缺乏代表性，在知识结构、政治思维、大局观念上还存在欠缺，不能履行好参政议政职责。“信息不全面、提案写不到要点”成为调查问卷中反映最多的问题。工商联认为在非公经济人士参政议政方面，还存在“在其位而不谋其政、难谋其政现象。一些人不能准确把握参政议政的目的、方式，难于提出真知灼见，参政议政能力欠缺。”

（4）部分中小企业主参政议政的愿望不能得到满足

如前对参政议政渠道的分析，现有的参政议政渠道在客观上更有利于在资金和人员规模上占优势的大型企业的负责人参政议政，小企业的负责人很难通过选票进入代议机构。我们向非公企业负责人问卷调查的时候，50％的企业主提到了参政议政机会不均等，名额不够，地位低下政府不重视的情况。相应的，我们走访的三家企业，企业主均为人大代表或政协委员，均自述在提案中反映的用电、用工问题，都得到了政府的优先照顾。

2. 原因分析

(1)政治参与渠道的自主性不高

我国政治参与体制包括人大、政协、社会监督、民意表达等。这些组织渠道更多地作为党政部门的衍生机构存在，更多地体现了党委、政府的意志。这种自上而下的单向控制式的参与体制，降低了非公企业主对参政议政的认同，导致他们参政议政热情不高。比如，63.75％的被调查人就倾向进入行业协会或企业家协会作为参政议政渠道，57.5％的人认为，参加民间组织是一种最能表达和维护非公企业利益的方式。

另一方面，在中国的政治文化中，已经沉淀了牢固的对非公或私营经济的否定性价值判断。提及非公经济，人们本能地会想到“资本家”、“剥削”等等。这种政治文化长期存在，必然使得非公企业主的政治地位、社会地位缺乏相应的文化支持。在这种情况下，即使制度上允许非公企业主参政议政，也会因为政治文化环境的阻力而增加无形障碍或使参政议政效果大打折扣。比如，非公企业主入党是否改变中国共产党的性质的问题，非公企业主能不能当劳模、能不能从政担任政府和党内领导职务的问题，这些问题不解决，非公企业主被动参政的局面将很难改变。

(2)政治参与的目标层次不高

长期以来，非公经济在政治上属于弱势群体，非公企业主习惯于政治之外寻求自身利益的保护。虽说目前非公企业主在保护私有财产、建立公平竞争秩序、限制公权力方面有较为一致的诉求，但总体而言，由于社会来源的多样、企业规模和实力的差异等原因，非公企业主内部分化比较严重，存在大量的利益冲突与矛盾，统一的阶层意识尚未形成。这种以个体形式为主的从政，仍无法避免追求利益最大化这一现实，多数人参政只是为了结识政府官员，广交人脉，获取企业生存发展的保护伞，是否争取政治权利及推动民主政治的发展倒是其次。这从宏观上决定了非公企业主参政议政意识不强。

(3)选拔标准的倾斜限制中小企业主参政议政

根据《中华人民共和国全国人民代表大会和地方各级人民代表大会代表法》，代表的身份具有特定的涵义，所谓“代表性”往往要包含以下因素：①经济实力，最主要是社会贡献率；②社会声望；③经营行为，是否守法；④政治表现，对重大政治问题的立场和表现，参与社会公益事业及光彩事业的情况；⑤议政能力。以上因素第1条，就有可能将规模较小的非公企业主拒之门外。工商联认为“目前政治安排中相对偏重于代表性、政治素质，未注重参政者的议政能力”也是导致参政质量不高的原因。可见，实际操作中，非公企业在政治舞台上参政议政和话语权，注定要向大企业主倾斜。

(4)参政议政行为实现机制缺少理论指导及实践引导

代表委员均非万能，让企业主跨行跨界，于生产经营之外关注政府决策及社会民生，并提出高质量的建议，存在难度。据一些代表委员反映，代表委员参政能力不强，除代表委员本身知识能力限制外，人大、政协平时提供的学习、调研机会不多也有一定关系。

另外，由于非公企业参政是一项新课题，现行做法基本停留在对中央决策的应用上，前瞻性和建设性的理论成果不多。对于非公企业主的参政内容界定及参政主体界定，如何构建非公企业主参政行为的激励与约束机制等，理论及实证均缺少深入研究，这使得非公企业主参政的作用受到限制。

三、对策及建议

政治参与是公民表达利益诉求的重要方式，也是民主政治的有机组成部分。作为市场经济的主要实践者和组织者，非公企业主参政议政有助于资源信息的沟通交流和共享，形成政治经济社会领域的良性互动，推动民主政治的发展，坚持非公企业主参政的原则应该不会动摇。重要的是，我们如何建构一个公平有序的政治参与体制，真正发挥好非公企业主参政议政的作用。

(一)依法行政，规范公共权力的运用

在我国市场尚未完善、公共权力未规范的情况下，公共权力对非公企业的生存和发展仍具有重要的意义。很多中小企业主在调查问卷中呼吁，政府政策法规要明朗，要及时传播。其潜台词就是，与政府关系密切就有可能获得更多的信息和利益。不容置疑，许多非公企业主政治参与的目的就是寻求公共权力和庇护，以免受到不当干预或争取更多的政府分配利益。这种寻求特殊利益的政治参与，建立和拓展了政府官员与非公企业主的庇护关系，容易引发权钱交易等腐败行为。特殊情况下，还可能造成非理性的集体行动，影响社会稳定。因此，切实转变政府职能，规范公共权力的运用是建立公平的参与机制的关键。

(二)畅通政治参与渠道，增强参与体制的自主性

在目前非公企业主的参政议政中，组织性、制度性、安排性、动员性等参与

是参与的主流形式。但是,行业协会、与官员接触等非制度参与的形式应该引起足够的重视,否则可能会进一步加剧非法参与甚至金钱政治。为此,应该尽可能地在政治体制改革中,增加政治参与的通道,尽可能多地把非公企业主正当的参政期望纳入可控体制之中。这方面,工商联、总商会作为政府联系非公人士的桥梁与纽带,其在政治生活和社会事务中的重要作用不容忽视。工商联可通过推荐政治安排和组织调研和视察的途径,搭建非公人士参政议政平台,推动有关政策、法律法规的制定和贯彻落实;还可发挥下属行业协会、异地商会的作用,对非公人士进行有效的管理和引导,使其入会的自主性与参政议政的自主性逐步融合;更可以通过建立党委政府领导联系非公人士、行业协会商会等制度,畅通诉求表达机制,缓解非公企业主过多的政治诉求对政治体系施加的压力。

(三)加强对非公参政人士的引导和管理

基于前述分析的非公企业主参政存在的问题及原因,我们认为,应加强以下几方面的管理工作:

1.加强对非公参政人士的履职能力培训

一是平时以邮件、纸质材料等形式向代表委员提供参政信息,帮助代表委员了解嘉兴政府决策的热点话题。二是常委会讨论话题应提前一星期告知,给委员充分准备时间,必要时提前组织调研。三是组织学习为常态,对提案分析及撰写进行培训,全面提升非公参政人士的履职能力。

2.改善非公企业人士参政议政选拔及考核机制

统战部门在代表、委员选拔时可改变单一从企业负责人中挑选的老思路,一些文化水平、思想政治觉悟高、参政议政意识强的非公经济代表的当选比例可适当提高。企业中的高科技人才和经济管理人才,不容忽视。同时,具备上述特点的中小企业主也应该纳入参政考虑范围。

另外,从制度方面考虑,人大、政协应该严格参政议政纪律,建立政治安排进出机制、参政议政考勤制度和所提意见建议质量评审制度等,确保非公经济人士真正成为民众利益的代言人。2004年,中央统战部经济局局长曹虹冰接受《财经时报》记者采访时曾称:“参政的私营企业家必须保证一年有一半以上的时间处理商会工作;担任会长期间,企业经营必须交给别人去做,也不能利用自己的政治身份为自己的企业牟取利益,比如要实行财产公示制度。今后将通过三个省的试点进行调研和总结,最终完善这些制度。”试点结果如何尚不得知。我们认为,非公企业主一旦进入公务员队伍,即应受“公务员不得同时经商”之约束,其公权力的行使亦应依法受到约束。非公企业主当选代表、委员,遇到与其企业关联的利益表决时，同样应予回避。如果参政议政的企业主不称职，就应该让贤。

（四）加强对非公企业主参政议政理论研究

研究非公企业主参政的根本目的，在于探讨如何在中国民主政治建设和政治发展中，更好地发挥非公企业主参政议政的作用，对非公企业主参政应该进行怎样的引导与管理。调研组成员在本次资料采集中深刻感受到，非公企业主参政确实是一项值得研究的课题。如非公企业主人大、政协制度外的参政形式如何？现有参政议政方式中哪些是要坚持完善的，哪些是要消除的？哪些内容应该吸纳、扩大和鼓励非公企业主更广泛的参与，哪些内容又以这一阶层的精英或代表人士参与更为妥当？这些问题都非常值得研究。

嘉兴新社会组织党建工作现状分析与政策建议

□ 林 晨

新社会组织主要是指在社会主义市场经济发展过程中涌现出来的相对于政党、政府等传统组织形态之外的各类民间性社会组织，主要包括社会团体、民办非企业单位、基金会、部分中介组织以及社区活动团队。随着改革的不断深入，社会主义市场经济的快速发展以及政府职能的转变，社会结构和社会组织形态都在发生深刻的变化，各类新社会组织大量涌现，并在我国社会生活各个方面发挥着越来越大的影响和作用。作为党的基层组织新的依托，党建研究的新的领域，新社会组织种类繁多，涵盖经济、社会等诸多领域，荟萃了各行各业的专业人士、优秀人才，同时介于政府和企业之间，具有非政府性、独立性，对于这种新的、重要的党的工作和群众工作的重要阵地，如何扩大党的组织覆盖和工作覆盖，提高党的影响力、凝聚力和战斗力，是时代赋予的重要课题。

一、嘉兴市推进新社会组织党建工作的进展情况及主要做法

近年来，嘉兴市的新社会组织发展迅速。据组织、民政、工商部门统计，截至 2011 年 11 月 30 日，嘉兴全市共有新社会组织 2066 家。其中社团 1058 家，民办非企业单位 660 家，中介组织 346 家。①

嘉兴市的新社会组织党建工作起步于 2000 年浙江省委对加强社团党建工

---

① 2066 家新社会组织中，第一，不包括广大的城乡社区民间组织，主要指群众自发形成的歌舞、书画等活动团队，这类组织基本上没有领导机构和组织机构，也没有专职工作人员，且确切数量难以统计。本文对这类新社会组织，不讨论其党建问题。第二，中介组织大多按企业模式在工商部门登记，数量难以精确统计。这里只统计规模较大、运作较规范的律师事务所、会计师事务所、职介所、婚介所、信息咨询公司等。

作提出了总体要求和展开专题调研之后，特别是自2008年以来，新社会组织党建工作得到了迅速发展。2011年，省委成立“两新”工委，出台《2011年全省新经济和新社会组织党建工作要点》，要求全面实施“强基固网、双强争先、党员人才、同心聚力、和谐示范、保障提升”，努力推动两新组织健康快速发展，为全省“十二五”发展良好开局提供保障、增强动力。嘉兴市为了贯彻落实好省委的重要精神，于6月至9月，深入开展“两新”组织党建集中推进月活动。在新社会组织党建方面，党组织组建率从2011年6月底的11.64%，跃升到2011年11月底的25.99%。目前，嘉兴市2066家新社会组织中，已成立党组织的有537家，其中单建党委的有5家，单建党总支的有8家，单建党支部的有145家，联合建立党组织的有379家。1058家社会团体中，会员单位80家及以上且有专职工作人员的有198家，已建立党组织的有123家；660家民办非企业单位中，从业人员50人及以上的有117家，已建立党组织的有84家；346家中介组织中，从业人员50人及以上的有23家，已建立党组织的有22家。在未建立党组织的1529家新社会组织中，有专（兼）职党建工作指导员（联络员）的有635家，有入党积极分子的有717家，有群团组织的有325家，负责人已参加各级党委组织的教育培训的有761家，有一个基层党组织联系的有834家，党的工作覆盖率达到了100%。（详细数据请见文后表1“嘉兴市各县（市、区）新社会组织党的组织覆盖情况”，表2“嘉兴市各县（市、区）新社会组织党的工作覆盖情况”）目前，被命名为各级“双强”党组织的有36家，圆满实现了市委提出的工作目标。

（一）健全组织机构，实现强势推进

2008年年初，新社会组织工作首次被纳入嘉兴市对县（市、区）党委、政府年度工作目标责任制考核。同年，嘉兴市在全国地级市率先成立市委社会工作委员会，通过领导机构、工作制度的健全以及专项活动的深入开展，嘉兴市的新社会组织党建工作得到了强势推进。

1. 成立领导机构

2011年，嘉兴市县两级专门成立新经济与新社会组织工作委员会，镇（街道）也相应建立党建工作指导站，由市委组织部牵头抓总，市委统战部（工商联）、市民政局（市委社工办）、市工商局等单位协调联动，县镇齐头并进，形成横向到边、纵向到底的两新组织党建工作领导指导机构，为推进两新组织党建工作提供组织保证。

2. 建立工作制度

嘉兴市在全省率先出台了《关于扶持和促进社会组织发展的若干意见》和

《关于加强社区社团社工建设,进一步完善社会管理体制的意见》,2010 年又出台了《关于加强新社会组织党建工作的意见》(嘉委办〔2010〕12 号),明确了任务,提出了要求。

3. 专项活动推进

2010 年 4 月,嘉兴召开全市新社会组织党建工作推进会。2011 年 6 月起,开展新经济和新社会组织党建工作"集中推进月"活动,提出用 3 个月集中开展"两新"组织党建工作攻坚行动,努力实现"两新"组织党的组织和工作全覆盖目标,其中新社会组织党组织组建率达到 20%左右的要求。6 月到 8 月间,先后召开全市深化创先争优活动推进会暨新经济与新社会组织党建工作现场会、两新组织党建带团建工作推进会、两新组织党建工作推进会和深化两新组织创先争优座谈会。集中推进月结束后,嘉兴又在两新组织中深入实施"红船领航 · 红色行动",提出力争年底前,在市县两级 100 家先进新社会组织中,培育创建 20 家示范新社会组织,形成示范群,使新社会组织"学有标杆、做有标准、赶有方向",并在 10 月底召开了表彰会。

(二)创新组建方式,扩大组织覆盖

近年来,嘉兴市通过多措并举抓组建,多方联动抓落实,不断扩大新社会组织中党的组织和党的工作的覆盖面。尤其是以从业人员 10 人以上的民办非企业单位、社会中介组织和拥有 30 人以上会员单位是具有一定数量专职工作人员的社会团体为重点。在 2011 年集中推进月中,市县两级按照"六个摸清"的要求,开展"拉网式"排摸调查,摸清了全市 2918 家新社会组织的分布、实际规模、发展状况以及党组织和党员队伍情况等,进行了登记造册,健全完善党建工作情况档案。在此基础上,采取"分层分类"、"一单位一策",对不同新社会组织提出不同组建要求,同时建立了定期通报制度,每月盘点销号,通报排名,及实施专项督查,有效地提升了覆盖水平。

1. 单独组建

对具有法人资格,有 3 名以上党员的新社会组织,例如行业规模较大、业务主管部门明确、符合组建条件的商会、律师(会计)事务所、民办学校、民办医院,积极创造条件,单独建立党组织。

2. 联合组建

对有党员但未达到建立党组织条件的,积极引导其成立联合党组织。2008 年以来,嘉兴市先后成立了律师协会党委、注册会计师党委、行业协会商会党委、工商业联合会党委,采取"商会+党组织"、"协会+党组织"等方法,把会员单位纳入党建覆盖范围，同时还以产业链为依托，创新区域联建、行业统建、龙头领建、楼宇共建、项目同建等方式，推进了相关领域的党建工作。

3. 派员帮建

对没有党员的新社会组织，选派政治素质高、思想作风硬的老党员作为党建工作指导员，培养有入党积极分子、建立工青妇组织或每年一次的业主或负责人教育培训等方式，实现党的工作覆盖。对无常性工作，一年仅开展1～2次大的活动的社会团体，在开展活动时建立临时党支部，保证新社会组织发展的正确政治方向。

（三）坚持外派内培，组建骨干队伍

新社会组织党建工作，人才是保障。嘉兴市通过实施"党员人才工程"建设和党务工作者"孵化计划"，全面提升党建人才队伍综合素质，助推新社会组织健康持续发展。首先，通过派驻专兼职党建工作指导员，定向指导好新社会组织党建工作，帮助解决业务管理、党建工作中遇到的困难和问题。其次，建立新社会组织党组织书记队伍培训、集中轮训和专题培训制度。构建了"四位一体"的教育培训模式：一是普遍轮训、重点轮训新建"两新"组织党组织书记和部分党员业主，依托各级党校开展新社会组织党务工作者和党员业主，增强综合能力。二是依托20个省市两级的"两新"组织党建工作示范点，启发工作思路，提升实践能力。三是通过"党建联谊会"、"党组织负责人例会"等载体，定期组织党务干部交流研讨，拓展创新能力。四是全面实施"学用双效提升工作"，通过远程教育网络，进行现代科技、人文知识、社会管理等业务知识培训，提高服务新社会组织发展的能力。到2011年8月底，全市已选派各级"党务红领"2500余人，培养入党积极分子5300余名；举办业主和负责人培训班28期，培训1356人次，有效推进了新社会组织党建骨干队伍建设。

（四）力促作用发挥，巩固活动成果

在抓好覆盖率的基础上，注重从新社会组织自身特点和需要出发，按照"业余、小型、灵活、分散、实效"的原则，努力探索党组织和党员发挥作用的途径和载体，保证了新社会组织的健康发展。

1. 深化创先争优

以打造"诚信强、党建强"新社会组织为目标，深入推进以争做"诚信服务先锋"为主要目标的创先争优活动，推进了"三化"建设，即亮化形象，做到亮身份、亮职责、亮承诺；优化服务，做到比技能、比作风、比业绩；量化考核，做到行业自评、领导点评、群众评议，影响和引导普通员工不断激发创业创新热情。

2. 加强平台建设

按照有一块党组织牌子、有一个党员活动场所、有一块党建工作宣传栏、有一名党建工作指导员、有一笔启动经费"五个有"要求，建设党员服务中心。强化"三网三点"，即以区域化党建网络、96345党员志愿服务网络、远程教育覆盖网络和各类党群服务中心、"三服务"品牌服务队、党员专业服务工作室，构建党建服务平台，努力为群众多办实事好事。同时，充分利用微博、QQ群等网络平台，为党员提供网络互动服务。

3. 实施党建引领

大力实施"党建引领计划"，积极推进党群共建，使党组织对群团组织思想上带动、组织上联动、工作上促动。嘉兴市在市县镇村(社区)四级党群关爱资金全覆盖的基础上，积极向"两新"组织延伸，帮助生活困难和有志创业的党员群众。目前，已有381家非公企业和29家新社会组织建立起了党群关爱资金，全市关爱基金已达到5711万余元，使广大职工群众真切感受到党组织的关怀和温暖。

同时，嘉兴的新社会组织党组织也非常注重从自身特点出发，认真寻求发挥作用的途径和载体，保证了新社会组织的健康发展。例如，桐乡石门镇鞋业协会党委是全市组建的第一个新社会组织党委，吸引全镇213家相关企业参加，建立了8个支部，共有89名党员，先后吸收企业主党员35名。党委在考察中积极引导企业主改掉赌博陋习，改善劳资关系，为企业健康发展塑造好党员企业主形象，受到该镇鞋业企业职工的一致好评。此外，还积极围绕业务工作、职工福利等，定期听取党员群众意见建议，进一步推进单位法人与党组织之间的沟通，有效保障党员和职工的合法权益。又如，嘉善县在9个镇(街道)中组建新居民事务所党支部，发动新居民党员每年做好事2次以上，广泛开展认徒活动，受到了广大新居民的普遍欢迎，新居民们纷纷提出入党要求。

二、存在的难题及其原因分析

(一)存在的主要难题

1. 提升党组织组建率比较困难

截至2011年8月底，嘉兴市新经济组织(非公企业)总体组建率已经提高到46.59%，在省内率先实现三个100%的目标，即有党员的非公有制企业的组织覆盖率达到100%，从业80人以上非公有制企业的组织覆盖率达到100%，从业50～79人且营业收入500万元以上非公有制企业的组织覆盖率达到100%。而新社会组织党建只有28.58%，且主要靠全市活动的强势推进，内生动力不足。新社会组织之间党建工作发展并不平衡，那些业务主管部门比较明确，规模较大的新社会组织组建率较高，例如嘉兴全市59家律师事务所中，有24家律师事务所建立独立党支部，27家律师事务所建立了9个联合党支部，同时，市、县司法局为没有党员的8家律师事务所选派了党建联络员，党的组织建设和党的工作在律师行业的覆盖率达到了100%。但是其他的新社会组织则比较低，据数据显示，目前有1036家新社会组织仅有个别党员(不到3人)，有1603家新社会组织没有党员，这部分新社会组织如何开展党建工作，难度较大。另外，在新社会组织中，党员大多是进入组织前加入的，新党员的发展比例相对较低。

2.增强党组织活动的系统性与规范性比较困难

总体来看，新社会组织党组织活动的开展仍缺乏系统性与规范性。一些党组织活动的形式单调、内容枯燥，有的只是读读报纸聊聊天，对党员缺乏吸引力。一些党组织没有很好地切合新社会组织的特点及发展需要，有的只有外出观光休闲等同福利旅游，对业主缺乏吸引力。一些党组织由于其管理的松散性、协调的困难性，对党员的日常教育、管理和监督确实存在难度，甚至一些党组织只是挂个牌子，实际处于瘫痪和半瘫痪状态。

3.平衡党员的权利义务比较困难

新社会组织党建工作是一个新兴事物，相比较于机关、高校、国企及事业单位中的党建工作，党组织的定位及党员的权利义务规定不够明确，特别是对于新社会组织中党组织与业主的关系如何协调，党员在新社会组织中如何实现自己的政治诉求等问题仍然没有较为一致的看法，更谈不上“领导核心”、“保证监督”了。不少新社会组织中，党组织对人、财、物没有实际的控制力，开展党建工作缺乏底气、有心无力，很难有效地把从业人员中的党员组织起来。一些党组织成员认为自己只有“参加组织活动”、“交纳党费”等义务，但却没有相应权利，所做工作也难以得到业主和同事的支持与理解。

(二)原因分析

1.思想认识不足

一些业务主管部门和一些基层党委(工委)把本系统单位的党建工作抓得有条不紊，却不能认识到所管辖新社会组织的党建工作也是其重要职责。有这样几种观点：新社会组织规模小、人员少，党员寥寥无几，抓不抓“无所谓”；新社会组织的成员大多为兼职，建立党组织没有必要；新社会组织本身就是民间性的，搞党建没有意义；新社会组织党建工作面宽量多，难度很大，多一事不如少一事；新社会组织是非政府性的，搞党建存在风险，等等。由于思想认识上的偏差，造成党建工作责任意识比较淡薄，党建工作推进比较困难。

2. 组织构成复杂

社团实行会员制，而不是员工制，有的甚至没有单独的办公地点和专门的工作人员，党员只是把社团作为其业余活动的一部分，缺乏认同感和归属感。民办非企业单位和中介组织多数为合伙制或公司制，产权比较明晰，独立自主性强，业务主管部门和登记部门的管理权限比较有限。党组织的权限更加有限，如果为了抓好党建工作，违反了相关法律法规的规定，就有可能带来矛盾，甚至可能引起行政诉讼。

3. 自身发展艰难

嘉兴的民办非企业单位和中介组织一般都比较弱小，自身发展也面临着较大的压力。有的新社会组织就是租个地方，办个执照，简单装修就可开业。有的新社会组织人员来无踪去无影，不时“跳槽”，发展极不稳定。负责人和领导层把绝大多数精力都放在单位的生存与发展上面，对党建工作心态比较复杂。而对于一些党员来说，到这个单位工作目的就是为了赚钱，过不过组织生活无所谓。

4. 关系尚未理顺

新社会组织在构成上具有广泛性和复杂性，与各级党委政府没有直接隶属关系，无论是行业管理还是属地管理，都不同程度地存在着关系不顺和规章缺乏的问题。在行业管理中，主管部门党组织发现，新社会组织党建工作与本部门党建工作内容的差异性很大，找不到党的工作在新社会组织中的切入点和着力点，难以一起要求，一起布置。在属地管理中，因不是“嫡系”，工作关联度不高，工作也难以“有声有色”。目前虽然有新经济与新社会组织工作委员会，但是成立时间不长，许多政策上的盲点和工作上的难点迄今仍然存在。

5. 理论研究欠缺

这几年对农村、非公有制企业、社区等领域的党建工作研究较多，而对新社会组织党建工作的系统研究相对较少，且数据难以精确、细致统计，在一定程度上影响了党建工作的开展和水平的提高。

三、对策措施与工作建议

（一）提高认识，加强领导

有针对性地开展“四破四立”，即破除“无所谓”心理，树立抓新社会组织党建事关全局的观念；破除畏难情绪，树立理直气壮抓党建的观念；破除戒备心理，树立新社会组织要健康发展，离不开党的政治优势的观念；破除雇佣心理，树立在新社会组织同样可以发挥先锋模范作用的观念。充分发挥市县镇三级“两新”工委（指导站）的作用，落实领导责任，将两新组织党建工作作为年度各级党委书记履行基层党建工作责任制专项述职制度的重要内容，抓好对新社会组织党的建设的筹划、组织、协调、督查和考评等工作。建立健全两新组织党建工作领导干部联系点制度，两新组织党建工作目标管理制度，实行定期研究、定期通报、定期会商、定期督查，确保工作落实。充分发挥统战、工商联、工会、团委、妇联、经贸、民政、司法、财政、地税、外经、新居民、工商等部门与新社会组织联系多、对新社会组织比较熟悉的优势，积极参与到新社会组织党建中，形成齐抓共管的新社会组织党建工作格局。

（二）深入推进，巩固提升

一是推进新社会组织党建工作扩面提质增效。各地和有关单位要结合各自实际，以中央、省市委的精神为指导，坚持改革创新，建立健全枢纽式党建管理体制，把规模较大、专业性较强的新社会组织党建工作归口于业务主管单位，把规模小，专业性不是很强，与镇、街道联系密切的新社会组织党建工作实行属地管理。要在全市新社会组织中深入实施“红船精神”领航计划、“红色堡垒”提升计划、“红色标兵”培育计划、“红领人才”孵化计划、“红色传承”接力计划、“红色互动”统筹计划、“红色在线”推动计划等“七大红色计划”，确保具备条件的新社会组织都按要求建立党组织，确保新社会组织中的党员都编入党的一个支部并正常参加组织活动，确保党的工作覆盖到所有依法登记的新社会组织。二是提升骨干队伍能力。通过内部推优、组织选派、外部招聘、公开选拔等形式，选配党性强、业务精、热爱党务工作的党组织负责人，努力把新社会组织中的党员培养成优秀人才、把优秀人才培养成党员、把党员中的优秀人才培养成经营管理干部，并且以一线员工、生产经营管理人员和技术骨干为重点，积极稳妥做好发展党员工作。要把新社会组织党务工作者培训纳入党员干部教育培训总体规划，确保新社会组织党组织书记每年至少参加一次镇（街道）及以上组织的集中业务培训，确保正在培育中的“红色标兵”新社会组织业主和党组织书记每年至少参加一次县及以上组织的集中培训，增强党的意识，提高党建工作业务能力和企业生产经营管理能力。要健全党建工作指导员、联络员制度，规模较大、经营稳定的新社会组织要有驻点指导员，业务指导关系明晰的新社会组织要有联系指导员，每周到新社会组织指导、联系工作不少于1次。三是坚持党建、工建、团建一起抓。特别是在青年比较集中的新社会组织，应优先建立群团组织，促进党组织的建立。

(三)结合实际,发挥作用

要注意研究新社会组织的特点,把党的活动和促进新社会组织与党员个人的发展、促进社会和谐相结合,推动新社会组织党组织活动的开展。要支持帮助业主,加强沟通和说服工作,充分尊重新社会组织的自治性,以服务合作为主,促进新社会组织的健康发展,争取业主对党建工作的配合和支持。要通过党员议事会、民主恳谈会、民主听证会等制度,组织党员群众对组织的长远发展、内部管理和涉及员工群众利益的重大问题,开展认真讨论,把党和国家的路线方针政策、员工群众的意见建议渗透到新社会组织的决策中去。要注意依托现代网络信息技术,发挥网络党支部、党建QQ群、微博群、网上党校等的作用,努力破解组织网络设置难、党员分散活动难、工学矛盾突出等难题,增强工作的有效性。要结合新社会组织主要分布在中心城区各社区、在职党员具有较强的专业知识等特点,积极推进服务型党组织建设,引导新社会组织"适时、适宜、适度"地参与社区各项建设,使更多的居民群众受益。

(四)总结经验,健全机制

认真总结"集中推进月"活动中的成功经验,对诸如管理制度、工作机制、职能定位、党员发展、书记选配、作用发挥等重大问题制定出台具体可操作的规范性文件,形成制度体系,使这一重大的党建工程有章可循,形成体系,从而常抓不懈。一要健全绩效考核体制。科学制订实施新社会组织党组织规范化建设考核办法,组织新社会组织党组织从党员和群众最关心、最直接、最现实的利益问题出发,科学制订任期目标和年度目标。通过明晰目标责任、严格业绩考评、开展群众满意度测评等措施对其进行绩效考核,增强其加强班子建设和党员管理服务、完善活动场所、开展主题活动的主动性。二要构建激励保障机制。加大诸如党费返还、财政专项、奖励补助、岗位补贴、党员基金等工作力度,力求形成长期稳定的基本政策。新社会组织党务工作者原则上应与同级行政管理人员同等待遇,使其安心专心,保持稳定并激发工作热情和创造力。当前正值换届,可不失时机地在推选党代表、人大代表、政协委员中推出新社会组织中的党员代表,让他们感受到党和社会各界对新社会组织党员同志的关爱。三要强化督促检查机制。在建立年检年报制度的基础上,定期开展工作汇报、经验交流、述职考核、台账检查等,及时掌握两新组织党建工作中出现的新情况、新问题。

(五)加强宣传,营造氛围

充分利用报刊、电视、广播、网络等各种媒体,大力宣传新形势下根据各行各业要求贯彻落实科学发展观，建设诚信执业的新社会组织和党组织的先进典型；大力宣传新社会组织党组织凝聚广大职工、参与决策、促进发展的先进事迹；大力宣传那些对党有深厚感情、热忱支持新社会组织开展党建工作的经营管理者和法人，进一步发挥典型的引领示范和辐射带动作用，在全社会营造良好的新社会组织党建工作氛围和工作环境。

最后，推进新社会组织党建工作，还要充分发挥党的诞生地独特的政治资源和红色文化资源优势，充分发挥高校、党校、市党建研究会、南湖革命纪念馆等全市社科界的作用，就新形势下新社会组织党建工作的特点、问题破解的方法等进行理论研究，及时推出阶段性研究成果，指导工作实践。

表1　嘉兴市各县(市、区)新社会组织党的组织覆盖情况

（截至2011年11月30日）

单位	新社会组织数	社会团体			民办非企业单位			中介组织			基金会		已建立党组织的①
		数量	会员单位80家及以上且有专职工作人员的	已建立党组织的	数量	从业人员50人及以上	已建立党组织的	数量	从业人员50人及以上	已建立党组织的	数量	有党员的	
南湖区	151	74	2	2	75	2	2	2	0	0	0	0	33
秀洲区	98	57	17	1	36	6	4	3	0	0	2	2	40
嘉善县	306	106	28	19	190	75	48	10	1	1	0	0	122
平湖市	180	110	8	3	50	3	2	20	0	0	0	0	41
海盐县	192	87	19	19	36	4	4	69	5	5	0	0	58
海宁市	304	168	39	14	48	6	6	88	2	2	0	0	65
桐乡市	183	65	35	27	33	15	12	85	12	11	0	0	50
开发区	8	2	2	2	6	1	1	0	0	0	0	0	3
港　区	0	0	0	0	0	0	0	0	0	0	0	0	0
司法局	61	1	0	1	0	0	0	60	0	0	0	0	51
工商局	2	2	0	0	0	0	0	0	0	0	0	0	0
工商联	71	71	35	22	0	0	0	0	0	0	0	0	22
民政局	501	315	13	13	186	5	5	0	0	0	0	0	46
财政局	9	0	0	0	0	0	0	9	3	3	0	0	6
合　计	2066	1058	198	123	660	117	84	346	23	22	2	2	537

①　此数据为新社会组织已建立党组织的总数。

表 2 嘉兴市各县(市、区)新社会组织党的工作覆盖情况

(截至 2011 年 11 月 30 日)

单位	新社会组织数	未建立党组织的	有专(兼)职党建工作指导员(联络员)的	有入党积极分子的	有群团组织的	负责人已参加各级党委组织的教育培训的	有一个基层党组织联系的	党的工作未覆盖的	是否已成立两新工委
南湖区	151	118	98	0	4	61	122	0	是
秀洲区	98	58	58	1	0	40	56	0	是
嘉善县	306	184	31	35	28	114	184	0	是
平湖市	180	139	60	20	10	100	30	0	是
海盐县	192	134	18	8	12	17	129	0	是
海宁市	304	239	167	167	98	156	167	0	是
桐乡市	183	133	133	133	133	133	133	0	是
开发区	8	5	5	2	0	3	5	0	否
嘉兴港区	0	0	0	0	0	0	0	0	否
司法局	61	10	10	0	0	0	0	0	否
工商局	2	2	0	0	0	2	0	0	否
工商联	71	49	5	25	2	26	0	0	否
民政局	501	455	47	326	35	109	5	0	否
财政局	9	3	3	0	3	0	3	0	否
合　计	2066	1529	635	717	325	761	834	0	

嘉兴农村党组织书记队伍作用发挥问题研究

□　阚莹莹

农村党组织书记是村领导班子的带头人，是实现农村科学发展的关键。近年来，按照中组部《关于加强村党支部书记队伍建设的意见》，嘉兴市形成并深化推进“五导向五机制”模式，村党组织书记队伍的素质不断提高，凝聚力日渐增加。当前，我市已进入由传统农业社会加速向城乡一体转型的重要时期，城乡关系、农村生产生活关系正发生着深刻的变革。面对这种变革，村党组织书记队伍也暴露出了诸多不对称、不适应的问题。那么，在新形势下如何进一步加强我市村党组织书记队伍的建设？本文在调查了解村党组织书记队伍现状的基础上，试图通过分析其中存在的问题，探索和揭示问题产生的原因和内在规律，进而为发挥好村党组织书记“领头雁”作用提供参考和借鉴。

一、取得的成效与面临的挑战

（一）取得的成效

近年来，我市对村党组织书记队伍作用发挥问题一直高度重视，而且也采取了一系列富有成效的措施。2009 年，我市出台《关于贯彻落实党的十七届三中全会精神，进一步加强村党组织书记队伍建设的若干意见》（以下简称《意见》），并构建“五导向五机制”模式，着力打造一支守信念、讲奉献、有本领、重品行的村党组织书记队伍，为推进城乡统筹发展提供了强有力的组织保证和人才支撑。

在选任机制上，严把“入口关”。从 2003 年平湖市新仓镇村级党组织换届选举公推直选试点，到 2008 年全市 522 个村采取公推直选产生村级党组织班子，再到 2011 年 3 月全市应换届的 790 个村党组织 100%采取“公推直选”的方式完成换届选举，我市在实践中将“党管干部”与“群众公认”原则进行了有效结合。目前，全市共有 818 名农村党组织书记，平均年龄 44.9 岁，比上届降低 1.8 岁。其中，女性党组织书记 70 名，占 8.5%，比上届增加 1.3%；大专及以上文化程度 301 名，占 38.1%，比上届增加 11.2%。

在教育机制上，突出提升能力。通过开展主题教育、书记轮训、实施“村干部大专学历”教育工程、拓展实践锻炼渠道、创新远程教育、关爱激励帮扶等，使村党组织书记队伍的带头致富、带动发展和带动和谐的意识进一步增强，履职能力进一步提高。调查显示，69.2%的基层党组织书记认为自己“目前村党组织书记履职情况”为“好”，30.8%的人认为“较好”。群众对村书记的工作认可度在测评中普遍较高。

在考核机制上，注重创新。我市把村级组织建设、集体经济发展壮大、农民增收致富、社会事业进步、农村新社区建设、社会和谐稳定和群众满意程度作为考核村党组织书记的重要依据，广泛推行“双述双评”制度。在考核导向上，既突出抓发展，又强调促和谐、得民心。

(二)面临的挑战

然而随着社会转型，农村出现的许多新情况和新问题，给这支队伍作用发挥带来许多新的任务和新的要求，并且提出了新的挑战。这些新情况新问题主要表现在：

工作环境越来越复杂。随着嘉兴“1640300”城市规划的实施和“两新”工程的推进，再加上前几轮行政村的合并，行政村的数量由 20 世纪 90 年代的 1819 个减少为现在的 816 个，而户籍人口及外来人口的数量却随之增加。以桐乡市濮院镇永越村为例，20 世纪末户籍人口为 1836 人，面积为 2.112 平方公里，外来人口仅为 550 人。并村以后，户籍人口(截至 2011 年)已经达到 3859 人，面积也扩大到 5.8 平方公里，外来人口猛增到 8345 人。工作环境的复杂性主要表现为：一方面，本地村民在城市化过程中，必须改变原有的思维方式和生产生活方式，以适应融入城市化的需要；另一方面，大部分外来人员来自全国各地，有来本地创业务工的，也有嫁到本地的，他们的宗教信仰、民风民俗、思想观念、生活方式、行为方式等也都与本地居民有很大的差别，为了生存，他们与本地居民之间的磨合需要比较长的时间。这些情况造成行政村的工作环境发生了质的变化。

工作要求越来越具体。几轮行政村撤并以后，目前行政村自治的范围比以前更大了，任务也因之而增加和细化。上级党委、政府和有关部门已经习惯于将有关村民的行政工作统统落到村里，从而给村里带来了大量的事务性工作。

特别是在新村集聚过程中，涉及土地拆迁、资金补助等工作，往往会产生利益分配和协调上的矛盾，如果处理不好，会导致不同行政村之间、行政村内部村民之间的冲突。行政村从原来村民自治的一个平台，演变成为乡镇一级政府办事机构的延伸。

村级经济越来越困难。村级集体资产在股份制改造或拍卖变卖之后，村级集体经济收入主要靠厂房租金和土地租金，其他收入比较少。虽然近几年地方党委政府出台了一系列的政策以扶持贫困村或经济薄弱村，但是造血功能没有彻底形成。截至 2011 年年底，村级集体经济年收入在 30 万元以下的仍有 90 个，占总数的 10%。一些村因为没有资金来源和保障，公益事业得不到应有的发展，甚至个别村连村干部的工资都很难确保按月发放。有的村历史遗留的经济问题较多，比如建厂集资款无法还付，导致债权人不断上访或以此为借口不配合村里工作开展，隐患很大。

村民需求越来越多元。随着物质生活水平的不断提高，村民对政治、经济、社会、文化、生态等各方面的需求也越来越高。比如，群众民主法治、自身利益诉求意识进一步提高，对村级组织在民主选举、党务公开、依法办事等方面提出了新要求；村民生产生活方式的改变，特别是在建设城乡一体新社区过程中，对村级组织在政策制定、环境卫生、劳动就业、邻里纠纷、治安稳定等方面的服务工作有了新的期盼。

二、存在的问题

近几年的嘉兴实践，推动了我市农村党组织书记队伍建设，但是面对新的形势和任务，以下五个方面的矛盾却越来越突出。

（一）村级集体经济增长乏力与村级社会管理工作日益繁重之间的矛盾

虽然我市多年以来实施“村级经济壮大工程”或“强村工程”，不断增加贫困村的造血功能，但是实际情况仍不尽如人意。对近 200 位村党组织书记的抽样调查显示，认为农村当前面临的最主要的问题是“集体经济的薄弱”占到了 69.2%。不仅原来所谓的“贫困村”数量没有基本减少，相反，随着“两新”工程的推进，资金的需求和压力越来越大。由于资金短缺，许多行政村无法开展道路、水利、文化等设施建设，无力为村民办实事办好事，直接影响到基层党组织及书记在群众中的威望；由于资金短缺，基层党组织党员活动场所比较破旧、经费缺乏保障，直接影响到党组织的凝聚力；同样，由于资金短缺，村级社会化服务缺乏保障，直接影响到村级党组织的战斗力。

(二)村党组织书记个人思想政治素质与经济社会转型期处理实际问题的能力要求之间的矛盾

调查显示,目前我市村党组织书记的文化学历有了明显的提高,大专及以上学历的达到38.1%,比上届提高了11.2%。但是由于他们长期从事比较繁重而又琐碎的工作,缺少比较系统的培训学习和教育,因而缺少一定的理论水平和知识修养,自身素质不够高。另外,由于村党组织书记一般都是本村人,在依法办事与人情世故发生矛盾时,往往偏向人情一边。特别是出现重大事件时,有些村党组织书记不坚持原则,不以大局为重,而是打小算盘,考虑个人得失,不愿意得罪人,甚至直接把矛盾上交给上级部门。这样的村党组织书记不仅有一定的市场,而且被认为是"会做人"、"脑子灵活"。因此,当一些地方出现群体性事件之后,一部分村党组织书记缺乏大局观念,缺乏突发事件的应对能力,甚至在大是大非面前丧失方向。

(三)社会管理中服务村民的要求与承担上级各类摊派与应付各项行政工作之间的矛盾

村级管理是社会管理的细胞。从管理学的角度讲,它是实现村级自治有力的推手。因此,村党组织的功能在很大程度上就是组织协调和指导服务。然而,长期以来,由于村民自治无法从根本上得以实现,换言之,无法从根本上解决如何把党的意志更好地转化成群众自己的意愿,因而村党组织及其书记扮演的角色一直是上级党委的传声筒,以及上级镇(街道)政府行政工作的落实者和承担者。镇政府也往往把行政村看成是他们机构的延伸,把所有需要落实到村民的行政工作全部"打包"给了村里,村里的担子越来越重。村级管理更多的是执行任务,而不是为村民服务。这就从根本上颠覆了村党组织书记的"公仆"意识,而往往以"家长"自居,逐步暴露出只管完成上面布置的任务,而不管村民的感受和实际承受能力这样的弊端。除了大量行政工作之外,部分行政村还常常承担征地拆迁、河道改造、管道铺设等额外任务,以及受到环境污染、农民补偿、群体纠纷等突发事件的干扰,村党组织书记常常叫苦连天,疲于应付,没有精力真正静下心来规划村级经济的发展,想方设法实施"民心工程"。

(四)农村思想道德文化建设滞后与"文化强国"建设和提高国民素质之间的矛盾

改革开放以来,由于各种思潮的影响,以及农村长期以来缺乏行之有效的道德教育手段,村民的思想道德水平出现了滑坡。特别是随着农业税费的改革，行政村对于村民的约束机制已经丧失。许多村民没有事情不会找村里，有了矛盾才想到村里，而且矛盾绝大多数来自于个人利益，或者因为利益而引发的矛盾冲突。这些矛盾与整个社会存在的“社会失序、道德失范、心理失衡、人格失态、灵魂失洁、人生失控”现象是一致的。究其原因，就是长期以来农村党组织及其书记忽视了对党员的管理和对村民的教育。部分党员根本起不到先锋模范作用，平时参加党组织或者学习没有积极性，不发放一定报酬或者实物，就不愿意参加。另一方面，农村文化建设和精神文明建设基本流于形式，与党的十七届六中全会所提出的需要“文化自觉”、加强“文化强国”建设还有相当大的距离。部分村党组织书记甚至认为精神文明建设只是嘴上说说，做与不做一个样，对农村社会风气下降非但没有引起足够重视，有时还带头发牢骚、唱反调，一部分村党组织书记自己还热衷于请吃迎送、迷信赌博，更有甚者，凭着自己手中有实体经济，在花钱、交际、生活作风等方面常常“出格”，在村民中造成了极坏的影响，直接影响了党员干部在群众中的威望。

（五）上级党组织对村党组织书记的工作要求与目前较低的个人待遇之间的矛盾

村党组织书记是村级组织的“领头雁”，也是村级集体经济壮大和发展的“引路人”。我市2009年出台的《意见》明确指出，农村基层党组织的工作职责主要有五项，即要以科学发展观为指导，研究确定符合本村实际的新农村建设规划和富民强村路子；要落实上级党委、政府各项支农惠农强农政策，带领农民致富；要紧密联系群众，了解群众所思所想，组织党员干部为群众办实事做好事，支持和保障村民依法开展自治活动；要加强村民群众教育，疏导和化解矛盾纠纷，促进农村社会和谐稳定；要执行好党的民主集中制原则，加强村党组织建设。这些要求虽然是对整个村级党组织而言的，但是作为党组织的书记，自然要在明方向、出思路、选用人、理关系、保稳定、强监督上把好关，责任重大。而与此同时，随着撤乡并村，村的规模不断扩大，村干部职数却没有相应增加，对村党组织书记来说压力越来越大。虽然各村情况和实力差距较大，但是村党组织书记年均收入在5万元以下，有时候还无法兑现。调查显示，有80.8%的村党组织书记认为“待遇偏低”。此外，工作时间较长的村党组织书记对自己退休以后的保障也感到担忧。由于职数和政策的关系，大部分村党组织书记无法享受退休工资待遇，产生比较大的后顾之忧。当然另一方面，退出机制也没有得到实质性的实施。对于党性缺乏、能力不强、责任心事业心缺失或者工作成效明显低下的村党组织书记，没有一个有效的可操作的机制可使其正常退出，“能上能下”仍是一句空话。

三、对策措施及解决办法

如何进一步有效发挥农村党组织书记队伍作用，为建设社会主义新农村、加强和创新社会管理服务？我们认为，应当按照中央组织部《关于加强村党支部书记队伍建设的意见》要求，结合嘉兴实施“领头雁工程”的实际，着重从以下五个方面加以推进：

（一）大力提升村党组织书记思想业务素质，提高工作能力

俗话说：班子强不强，关键要看头带得好不好。所以村党组织能不能建设好，书记的作用非常重要。当务之急，一是做好“选人”这一基础性工作。要把那些具有宗旨观念、创新意识、处事能力、良好威望、年富力强的人选出来担任村党组织书记。对那些不能胜任或没有明显实绩的村党组织书记，要敢于采用淘汰机制，做到“能者上、平者让、庸者下”，达到华西村班子“不是数量上的简单增减，而是科学调整，人尽其才”的效果。二是不断强化学习教育和培训。组织部门和党校除了每年对村党组织书记定期进行有针对性的培训教育外，乡镇党委还要不定期地组织学习会、外出参观等，经常性地请专家和教授授课辅导，不断提升村党组织书记社会主义核心价值观、是非观，以及为村民服务的宗旨观念，提高服务水平和应变能力。三是建立村党组织书记“顾问（智囊）团”，形成矛盾分析处理机制。为了使村党组织书记不断提高应对复杂问题的能力，建议各个乡镇聘请相关专家专门成立村党组织书记“顾问（智囊）团”，定期或不定期召开村党组织书记情况交流会和形势分析会，帮助分析问题、学习法律、宣传政策，以指导实际工作。四是创新考核办法，不断加强监督。对村党组织书记的考核要突出实绩，让更多的党员和村民说了算。将考核结果与年终奖励直接挂钩，优秀的重奖。用制度真正管好人、用好人。

（二）继续完善壮大村级集体经济相关政策，增强发展后劲

作为村党组织书记而言，壮大村级集体经济、推进新农村建设发展，当成为第一要务。但是，目前壮大村级集体经济又面临许多新的实际问题，需要各级政府部门解放思想、创新方法，继续出台新一轮的扶持政策，才能推动这项工作进一步开展。一是要提供村集体经济发展空间，在土地指标上进行政策倾斜。各级领导要从大局出发，目光放远一点，抱着“宁可少几个项目也要维护农村长治久安、社会和谐”宗旨，牺牲一部分用于招商引资的土地指标，划归村集体所有，同时减免有关税收和手续费用，真正给行政村营造良好的发展平台。在符

合城镇规划的前提下,也可以采取政府行政划拨土地等优惠政策,通过几个村联合开发的形式,进一步拓宽集体经济发展的新平台。同时结合“两分两换”工作的推进,把土地调整过程中多余的标准厂房、农贸市场、店面房等资产划归村集体所有,“授之以渔”,使村集体经济充满发展活力和后劲。二是不断增加资金保障力度。特别是对涉农基础设施建设,水利、农经、建设等相关部门应该齐心协力,以项目的形式把资金投放到亟须使用的行政村。三是不断充实村级工作人员的力量。针对目前行政村工作人员偏少的情况,我们建议以从镇(街道)工作人员中下派蹲点、从机关公务员中选派挂职、从大学生中招聘村官任职等多种渠道,逐步充实村级工作人员的力量。对这些人员要进行动态管理,对其中特别优秀的工作人员,加大培养和使用的力度。

(三)不断创新村级管理模式和方法,提高服务能力

随着整个社会发展,农村情况也发生了很大的变化。如何加强新形势下的农村管理,是摆在各级基层领导面前一个新的课题。一是增加层级化管理。随着农村工作区域和工作内容的扩大,流动党员的增多,传统的层级管理已经无法适应新形势的变化,必须增加相应的管理层级才能满足管理需求。二是进一步强化“三小组长两老一代表”(党小组长、村民小组长、妇女代表小组长,老党员、老干部,村民代表)队伍的作用。根据当前村级组织工作负担较重和干部编制限制的情况,发挥好这支队伍的作用,将在经济发展、社会维稳、民意民情沟通等方面工作起到意想不到的作用。同时建议变原来的义务劳动为有偿服务,由财政来购买服务,以调动他们的积极性。三是重新调整村干部任职时间。调查中,80%以上的村党组织书记反映3年的任期对实际工作带来许多不便,为了更有利于工作的开展,建议将村干部(包括村党组织书记)每届任职年限调整为5年,以保持工作的连续性。四是更加注重方式方法。一方面,村党组织书记要“俯下身子”,要心中装着村民,把村民始终视为自己的衣食父母,变“官民”关系为“母子关系”。另一方面,要“低下声音”,要多进村民门、多听村民声、多问村民事、多同村民情。感情的沟通和言语的交流永远是村党组织书记必备的基本功。目前桐乡市在全市年轻公务员中开展的“进百村住千家联万户”实践活动,就是很好的举措。从镇和部门角度而言,要严防工作“村级化”的简单做法。机关部门应改善作风,不能一刀切地按照“属地管理、责任追究”的办法把原本力量相对薄弱、资源比较有限的村级党组织作为抓落实的“垫脚石”。建议有关部门开展村级事务内容清理工作专项行动,按照村级职责科学界定其日常工作内容,清退不合理的部门单位“村级化”工作任务,切实做到为基层减负。

（四）大力加强农村文化建设，提升农民素质

按照十七届六中全会的要求，要不断发展农村文化，提高农民素质和文明程度。村党组织书记要真正担当起村级文化建设第一责任人的职责，把农村文化建设和精神文明建设当作一件大事来抓。一是在内容形式上更加注重丰富多样性。村级党组织要通过文明创建这一抓手，把思想教育落实到实实在在的创建活动中；要培育优秀典型，用身边事身边人教育人；要组建富有特色的文艺队伍，开展村民喜闻乐见寓教于乐的文艺活动，要鼓励文艺团队创作贴近村民贴近现实的优秀文艺作品，提高艺术感染力和宣传效果；要利用广播等传统宣传手段和渠道，加强经常性的教育宣传，弘扬正气，倡导新风。二是在受众群体上更加强调针对性和有效性。针对老年人，应当推广"文化茶馆"建设，把先进文化渗透到老年人的日常生活中去。针对中青年人，办好现有村级网站，提供科学、健康的知识；尝试编辑手机报，提供健康、有益的信息；针对新居民，继续加大"文化下乡"的力度，使新居民不出门，也可以享受到文化大餐，倡导社会和谐，维护社会稳定。与此同时，全社会特别是新闻媒体也要积极营造良好的舆论氛围，多创办弘扬社会正气的节目和栏目，多为改善良好的舆论氛围做实实在在的事情。一直以来，宣传报道、反映优秀村党组织书记先进事迹和感人情怀的文艺影视作品相当少，没有很好地起到典型引路、舆论引导的作用。建议宣传部门认真研究并加以指导。

（五）不断提高村党组织书记待遇，增强工作动力

调查显示，目前村党组织书记的工资收入、福利待遇及社会保障还存在许多问题，在一定程度上影响了他们工作积极性的提高。为此，我们建议，一是要提高和落实村党组织书记工资收入等基本待遇。要逐步提高和改善村党组织书记的收入，强化激励机制。将村党组织书记及其他在编村干部的工资收入纳入县级财政预算。县级财政部门和乡镇（街道）党委要督促村党组织书记年终待遇的落实，做到不欠账。二是加大对优秀村党组织书记的使用力度。通过一定的选拔机制，将部分村党组织书记录用为机关公务员或事业编制人员，并安排一定的职位。年龄偏大的也可以考虑安排到乡镇站所工作，一方面发挥他们的特长，另一方面也对他们付出的辛勤劳动加以肯定。有条件的县市还可以将这一政策扩大到整个村干部队伍，以调动全体村干部的工作积极性。三是为村党组织书记办理社会保险。可以参照机关事业单位工作人员标准，使他们能够享受同等养老保险待遇，以解决村党组织书记的后顾之忧。

嘉兴大学生村官现状分析与对策思考

□ 向惠平

大学生"村官"是指"由政府部门正式发文、选聘的专科及以上学历应届或往届毕业生,担任村党支部书记助理、村主任助理或已经当选村支书或村委主任的工作者"①。2005年,中共中央办公厅、国务院办公厅印发的《关于引导和鼓励高校毕业生面向基层就业的意见》指出,从2006年起,国家每年有计划地选拔一定数量的高校毕业生到农村和社区就业,争取用3～5年时间基本实现全国每个村、每个社区至少有一名高校毕业生的目标。2008年,中央组织部等有关部门又决定,从2008年开始,用5年时间选聘10万名高校毕业生到村任职。这就是备受关注的"大学生村官计划"。大学生村官计划,是国家出台的一个导向性政策,是解决高校毕业生就业、改善农村基层干部队伍结构、促进城乡经济社会协调发展的重大举措,对于构建社会主义和谐社会具有重大意义。

根据中央和省委有关文件的精神,嘉兴市从2006年起开始选派大学生到村或社区工作。目前,嘉兴市大学生村官计划实施情况怎样?大学生村官发挥了什么样的积极作用?在实践中还存在什么问题?如何进一步完善这些计划?带着这些问题,笔者通过走访、座谈等方式对嘉兴市实施"大学生村官计划"的情况和大学生村官在农村的履职情况进行了调查,以期为今后大学生"村官"政策的可持续发展提供建设性的参考建议,让大学生村官在我市新农村建设中发挥更大的作用,为基层培养一支"引得进,留得住,用得上"的村官队伍。

一、充分认识大学生担任村官所发挥的积极作用

选聘优秀大学生担任村官,向相对较为落后的农村输送高素质的人才,对

---

① 胡跃高:《大学生村官发展研究报告:新农村建设的生力军》,《光明日报》2008年3月25日。

于加快社会主义新农村建设步伐，构建社会主义和谐社会具有极为重要的意义。大学生村官发挥的积极作用主要表现在以下几个方面：

（一）缓解就业压力，锻炼自身能力

当前，城市就业局面紧张，就业岗位相对饱和，而广大农村经济社会的发展需要一批又一批拥有高素质的大学生去投身农村建设。大学生担任村官有利于拓宽大学生的就业渠道，有助于解决部分高校毕业生的就业问题，从而缓解城市的就业压力。“一村一名大学生”的做法，能从很大程度上促进大学生的积极就业。大学生当村官，有利于当代大学生深入基层了解民情，不断增强自身调查研究的能力；有利于大学生将在校的知识储备运用于工作实际，为新农村建设顺利进行建言献策。

（二）改善农村干部队伍知识结构，提高农村干部队伍素质

由于我们长期实行城乡二元分治，导致农村的经济社会发展远远落后于城市，实现城乡协调发展的任务十分艰巨。因此，除了中央和各地出台的支农惠农政策外，让优秀大学生担任村官则是向新农村建设提供智力支持，使得农村干部队伍知识结构更为完善，干部队伍素质整体上得到提高。大学生村官经过严格考核、层层选拔产生，其文化素质好、思想观念新、创业激情高、社会责任感强，为村干部队伍注入了新鲜血液，激发了活力。特别值得一提的是，大学生村官利用熟练的计算机及网络技术，广泛深入地开展农村现代远程教育，并对远程授课的重点、难点运用浅显易懂的语言进行分析讲解，真正使农村党员干部群众听得懂、学得会、用得上，充分发挥了远程教育在新农村建设中的基础性作用。

（三）提高办事效能，带领农民致富

大学生村官，并不只是一种称谓，要真正发挥积极的作用，明确自身职责、科学定位自身角色极为重要。大学生进入农村，就要结合实际，科学定位自身的角色。在新农村建设中，大学生应当担任好方针政策的宣扬者、思想理念转变的推动者、基层情况的反映者和脱贫致富的领路者等角色。大学生村官的自身政治素养都已经具备了较高的水平，而广大的人民群众受教育程度相对不够，这就需要大学生村官积极组织人民群众进行各种形式的活动，学习和宣传党和国家的各项方针政策，并严格加以贯彻，使各项方针政策深入人心。大学生村官直接与人民群众打交道，更能熟悉民情，从而能真实准确地向上级部门反映民情民意，并发挥自身懂知识、会技术、有思路等优势带领农民脱贫致富。

(四)开辟选拔培养干部新途径,锻炼培养后备人才

大学生村官为党的事业提供了高素质的干部储备。实践出真知,农村是一个广阔的社会大舞台,大学生在担任村官的过程中,可以直接与广大人民群众相联系,了解人民的真实想法,深入了解民情,在具体工作中不断磨炼自己,提高自己认识问题、分析问题和解决问题的能力。这样,在年轻后备干部选拔时,大学生村官正是上上之选。

二、嘉兴市大学生村官现状分析

大学生村官计划是国家出台的一个导向性政策,是提高大学毕业生就业水平和促进社会主义新农村建设的一个双赢战略。大学生担任村官的积极作用是多方面的,但我们应该看到,工作在基层一线的大学生村官的积极作用并未充分发挥出来。

(一)嘉兴市大学生村官基本情况

2006年以来,嘉兴市根据浙江省委组织部的部署,按照"由点到面、稳步推进"的要求,依托嘉兴县(市)域经济发展比较均衡的有利条件,超前谋划、精心布局,把实施"一村一社区一名大学生计划"与建设现代新农村和城乡一体新型社区有机结合起来,建立健全大学生"村官"选拔、使用、培养、管理等工作机制,取得了较好成效。到2011年底,嘉兴市已累计选聘大学生"村官"1478名,目前仍有978名(约占选聘总数的71%)的大学生"村官"在岗,其中在农村785人,社区193人。截至2011年11月,嘉兴市大学生"村官"共有13人(南湖3人,秀洲2人,嘉善2人,平湖1人,海盐2人,海宁2人,桐乡1人)成为副科级领导干部,7人成为镇街道团委书记(副书记)等镇街道中层干部,14人成为副科级乡镇后备干部;进入公务员队伍112人,考入事业单位163人;脱离"村官"岗位自主创业6人,自行择业174人;3人考取硕士研究生,69人参加在职研究生学习;137人采取合资、独资、股份制等多种形式创业,其中独立创业50人,团队创业87人。有493名大学生"村官"担任过村团支部书记(副书记),66人担任过村(社区)妇联组织负责人。

表1　嘉兴市大学生村官去向分布情况

大学生村官去向	人数(人)	占比(%)
成为副科级领导干部	13	1.86
成为镇街道团委(副)书记	7	1.00
成为副科级乡镇后备干部	14	2.00
进入公务员队伍	112	16.05
考入事业单位	163	23.35
脱离"村官"岗位自主创业	6	0.86
自行择业	174	24.93
考取硕士研究生	3	0.43
参加在职研究生学习	69	9.89
采取合资、独资、股份制等多种形式创业	137	19.63

数据来源:嘉兴市委组织部人才处。

(二)嘉兴市大学生村官计划的实施情况

近年来,嘉兴市认真贯彻中组部、省委组织部关于做好选聘高校毕业生到村(社区)任职的有关精神,积极创造条件,注重培养使用,使大学生"村官""来的有目标、干的有舞台、留的有希望、走的有收获",着力推动大学生"村官"成长成才,取得了较好成效,涌现了一批立足基层、干事创业的大学生"村官"典型,发挥了较好的示范引领作用。嘉兴市坚持"适"字当头,注重"四个把握",着力推动大学生"村官"成长成才。

1. 把握"适度"原则,在选聘上保证大学生"村官"队伍的总体规模和素质

嘉兴市在选聘工作中,坚持"适度"原则,从实际出发,逐步提高选聘条件,不断完善选聘程序,把握数量、注重质量,确保大学生"村官"队伍始终保持适度的规模和较高的素质。主要把握了三个环节:一是掌握节奏,按需选聘;二是提高条件,按质选聘;三是合理安排,按序选聘。

2. 把握"适用"原则,在培养上提升大学生"村官"干事创业的能力

大学生"村官"对实践能力的培养需求远高于对专业理论知识的需求。嘉兴市从大学生"村官"的实际需求出发,坚持"适用"原则,创新培养模式,强化能力培养,为大学生"村官"做好当前工作和谋求今后发展储备知识和技能:一是创新培训方式,培养提升学习能力;二是实行结对帮带,培养提升工作能力;三是加强实战锻炼,培养提升创业能力;四是强化互动互学,培养提升自我管理

能力。

3. 把握“适应”原则，在使用上促进大学生“村官”多途径发展

嘉兴市积极倡导“人才到基层锻炼、人才在基层成长”的理念，拓展多岗位、多领域的锻炼使用平台，增强大学生“村官”融入基层的适应性，促进大学生“村官”多途径发展：一是定岗定职，合理使用；二是不拘常规，大胆使用；三是平稳流转，动态使用。

4. 把握“适宜”原则，在舆论上营造大学生“村官”成长成才的良好氛围

嘉兴市坚持正面宣传、典型宣传，以弘扬大学生“村官”朝气蓬勃、积极向上、勇于开拓的精神风貌为主线，坚持“适宜”原则，把握尺度，正确引导：一是新闻宣传，主动及时；二是活动宣传，张弛有度；三是典型宣传，引领发展。

选聘高校毕业生到农村和社区工作，优化了基层干部队伍结构，一定程度上提高了村、社区工作水平，对嘉兴市建设现代新农村和城乡一体新型社区产生了积极的推动作用。但是，从长远看，目前在农村和社区任职的大学生“村官”，无论是思想认识、价值观念，还是实践工作能力、实际作用发挥等，都还有较大的提升空间。

（三）嘉兴市大学生村官存在的主要问题

1. 大学生村官待遇较差，难以充分调动其工作积极性

大学生村官政策在一定程度上缓解了当前高校毕业生的就业压力，但就职后的大学生村官首先面临的困难就是生活压力较大，主要表现为待遇偏低。嘉兴市政府规定：“到农村和社区工作的高校毕业生的年总体收入，不低于当地上一年的职工平均工资，具体由各县（市、区）、嘉兴经济开发区、嘉兴港区根据实际情况确定。”[①]但在调查和访谈中，大学生村官普遍反映的问题就是工资和福利偏低，生活压力较大，超过90%的人月收入在1000～2000元。工资和福利水平在很大程度上影响着大学生村官对自身工作生活状况的满意程度，待遇普遍偏低成为影响大学生扎根农村意愿的重要因素。

要让大学生安心在基层工作、长期扎根农村，必须保证大学生村官的基本生活，做好物质保障。大学生村官到农村就业是出于实现自我价值、志愿服务农村和当前严峻就业形势多种因素的考虑，但其实现目的在于获得就业、生存和发展的机会。月收入1000～2000元与当前普通高校毕业生的薪酬标准基本持平，但是，嘉兴市经济和消费水平不低，相比之下，大学生村官的收入相对微

---

① 《关于引导和鼓励高校毕业生到农村和社区工作的实施意见》（嘉委办〔2006〕42号）。

薄。而且,大部分大学生村官出身农民家庭,家庭条件较为困难,他们期望通过接受高等教育而改善家庭经济条件甚至改变个人命运,可是现实情况却与预想差距较大。此外,大学生村官在最基层就业,而且大部分在农村当村官,在同等薪酬水平下,农村与城市的工作相比较来说,在生活环境、工作条件等方面的差距较大。如果缺乏待遇补偿机制,将在基层就业的成本和收益进行比较,部分大学生村官会得出“得不偿失”的结论,这非常容易造成大学生村官在工作中的失望消极情绪,影响大学生村官安心扎根基层。

2. 大学生村官角色定位不清,难以融入基层

大学生村官是近几年来涌现出来的新鲜词、新鲜事。他们既不同于“四清工作组的大学生”,也不同于“上山下乡”的知识青年;既不同于乡镇的联村干部,也不同于“土生土长”的村干部。大学生村官并不是真正意义上的“村官”,他们既不属于乡镇公务员或者事业单位人员编制,又不是村民,名不正则言不顺,尴尬的身份使得很多大学生村官没有归属感和安全感。身份的模糊性使大学生村官普遍感到困惑,导致对村官的角色定位不清。在一次大学生村官座谈会中发现,超过50%的大学生村官将职责定位为“负责整理资料、管理档案、起草文字材料”,接近20%的大学生村官对自己的职责表示“不清楚,服从安排,需要干什么就干什么”,这显然与大学生村官的社会角色要求相去甚远。

大多数村官出身于农民家庭,一般来说,他们对于乡村社会的基本情况是比较熟悉的,这样有利于适应环境,有利于顺畅地开展工作。但是,在中国农村做村官的大多数是本村人,村民一般都会选择他们熟悉、了解的人做村官。一方面,村民迫切需要改变自己的状况,盼望有技术、有想法、有能力、能给他们带来实际收益的村干部。而具有专业知识和技能的大学生在农村是受欢迎、被尊重的。另一方面,由于村民不了解大学生村官,大学生村官以“外人”身份介入其中开展工作,他们要与村民建立起相互信任的关系就会比较困难。乡村政治的这种排外性使大学生村官开展工作的难度加大,他们需要付出更多的努力,做出更亲善的行为,才能融入村子内部。

在访谈中了解到,部分村干部不愿放权,这主要因为大学生村官的流动性太强。在履职期间,大学生村官随时可能因为考上公务员、研究生等原因离开,或者因为某种原因选择离职,大学生村官的不稳定性很容易影响村务的连贯性和有效运转。因此,部分村干部不愿意将村内的重要事务交给大学生村官负责,而只是让他们担任辅助性的职务。

3. 大学生村官的能力素质与基层实际需求存在偏差,难以发挥自身优势

一方面,新农村建设需要大学生村官为农村注入新的活力,农民普遍期待大学生能够给他们带来一些资金、农技、信息、市场方面的服务。遗憾的是,大

学生村官并不具备这方面的知识和能力储备，真正懂得涉农法律法规、农村经营管理知识、农村基层组织建设、农业实用技术的大学生村官是少之又少。大学的读书经历，使大学生村官储备了一定程度的文化知识，但由于他们大都刚刚走出校门，经验相对欠缺。此外，由于缺少必要的配套技能培训，这些大学生村官在实际工作中经常感到心有余而力不足。

另一方面，村官有其特殊的岗位要求和职业特点，但目前，全国绝大多数高校尚未开设专门的村官相关专业课程，大学生所学专业大多偏离农村和农民急需。知识与能力之间，理论与实践之间，还有较大差距：在校期间所学专业知识在农村实际工作中用不上；对农村社会问题认识不深、了解不全，缺乏解决实际问题的能力；不懂农村的“人情世故”，不善与农民群众打交道，缺乏良好的人际沟通能力；只会讲“普通话”，不会讲“地方话”；只会与群众论“大道理”，不会与群众拉家常；少数大学生村官好高骛远，大事干不了，小事不想干。大学生村官的能力素质与基层实际工作之间的偏离，使大学生村官难以发挥自身优势。

4. 大部分大学生村官对发展前景表示担忧，难以潜心工作

当前就业形势依然严峻，大学生村官聘期届满之时，将不得不面对后期安置、第二次择业等压力。大学生村官的出路主要有以下几条：一是继续担任村干部；二是择优选拔为党政机关公务员和事业单位工作人员；三是扶持其自主创业；四是引导其另行择业；五是支持其继续学习。在访谈中我们发现，接近五成的大学生选择当村官是出于为今后考公务员、考研打基础，超过两成的大学生当初选择当村官是由于就业压力大，于是将村官作为暂缓之计，两项合计占去了总人数的大部分。这表明大多数大学生村官仍将“村官”作为缓解就业压力的权宜之计，他们之中有近半数人是想通过大学生村官最后进入公务员队伍。

在访谈中，有大学生村官认为，“大学生村官往往会非常担心今后的出路，大部分人当村官就是为了考公务员，继续留在村里不是办法；虽说政策扶持自主创业，可是真正启动自主创业计划或者创业成功的人是很少的；基层工作经验对于自主另行择业又没有很大的优势，困难重重。所以，很多人都选择考公务员。可是考公务员需要大量看书大量练习，于是有些人就一门心思看书备考公务员，造成无法兼顾工作”。如果大部分大学生村官将重心放在公考或考研之上，基层工作反而成了“副业”，这显然是违背大学生村官计划推行的初衷的。大学生村官出路何在？这是大学生村官们最为关心，也是倍感迷茫和焦虑的问题。这种对前途的不确定很容易使大学生村官产生悲观情绪，这必然又会影响到大学生村官的工作热情和工作状态。因此，科学合理规划大学生村官未来的出路是保证大学生村官计划可持续发展需要着力解决的问题。

三、完善大学生村官政策的几点思考

“大学生村官计划” 作为我国新农村建设中的一项创新性工作，还处于尝试阶段，在理论和实践上都需要一个不断完善和深化的过程。这就要求建立和完善大学生“村官”的选拔、培养、激励和保障机制，以使“大学生村官计划”得以持续推进。

(一)建立健全大学生村官选任制度

“大学生村官计划”要取得实际成效，必须着力从源头上确保大学生“村官”的素质，因此建立和完善大学生“村官”选任制度是前提和基础。

1. 立足农村实际，尽量选聘涉农专业的大学生到农村任职

专业不对口，是大学生村官中普遍存在的问题，农村需要的是懂得农业技术、会农村村务管理、善于农业生产与经营的人才。① 所以，应当主要从农业院校、综合性大学的相关学院里面选派大学生到乡村去任职。在选择大学生“村官”时做到目标明确，从农村实际出发，结合当地农村资源条件和农村工作实际需要，选择与农村工作关联度较高的专业，发挥大学生的专业优势。选任前，选任单位要深入开展对相关农村地区的需求调查，做好选任地区、专业、人数等方面的统筹规划，以加强选任的针对性。当前，不少村具有一定的发展特色，这在人才方面也就有不同的要求，如某村需要水果种植技术方面的人才，就要选择具备水果种植专业知识的大学生来任村官。组织人事部门要通过调查研究，根据农村产业特色及发展趋势，协助有关村吸纳相关专业对口人才，做到人尽其才，才尽其用，使大学生“村官” 尽快地做出工作实绩，获得群众认可。

2. 培养“本土化”的大学生村官

在尊重大学生意愿、择优选拔的基础上，各个地方政府应该着重留住本村的大学生回乡参与建设和创业。目前，异地任职的大学生“村官”占有一定比重。根据《村民委员会组织法》规定，村民委员会主任、副主任和委员，由村民直接选举产生。任何组织或者个人不得指定、委派或者撤换村民委员会成员。目前，选聘的大学生“村官”在农村主要是作为村主任的“助理”，不能进入村委会。如果要进入村委会，并担任一定的实职，必须由本村有选举权的村民直接提名选举。外地大学生到村时间不长，工作成绩不突出，村民对其不熟悉、不了解，不容易获得村民的认可。因此，在同等条件下，选拔本地的优秀大学生回本乡，

① 岳华:《“大学生村官”项目实施现状、存在问题及对策》,《河北农业科学》2010 年第 4 期。

特别是回本村任职应成为大学生“村官”选拔的首选。从大学生“村官”的成长历程来看，选拔在本地农村成长的优秀大学生到本村任职，更能发挥作用。因为他们熟悉村情民俗，对本村有感情，与村民联系紧密，日常生活方便。同时，由于他们是土生土长的家乡人，能很快进入角色，也容易扎根长久干下去，为家乡建设长期作贡献。因此，通过优先安排大学生到户籍所在村任职，让大学生刚开始工作就占有天时、地利、人和的优势，可以最大限度地开发人才资源，发挥大学生“村官”的作用。

（二）建立符合大学生“村官”需求的长效培训机制

大学生“村官”初到农村工作，面对农村相对艰苦的工作环境和复杂的矛盾问题，有一个不断学习和适应的过程。必须建立健全符合大学生村官需求特点和农村实际情况的培训机制，以缩短大学生“村官”到农村任职后的迷茫期和探索期，使其尽快地进入工作状态，在本职岗位上做出成绩。

1. 重视对大学生“村官”进行任前培训

要选派基层工作经验丰富的人员对新任大学生“村官”进行培训，对他们重点讲授农村政策法规、农业科技知识和农村工作方法，培养他们发展农村经济、带领群众致富以及正确处理农村复杂社会问题的意识和能力。培训内容应包括农村政务管理、农村规划、农村工作方法、新农村建设、农业产业化发展、农村经济管理、乡风民情等方面，做到培训内容与农村工作相衔接。

2. 对大学生“村官”要实行定期和不定期的集中在岗培训

大学生“村官”在校所获知识显然是不足以应付农村工作的，因此，有必要定期、不定期组织已任大学生“村官”到相关院校、科研机构学习、进修，还可以有计划地组织大学生“村官”外出参观学习，到经济发达地区、到新农村建设取得巨大进步的地方去学习交流，以进一步拓展他们的工作思路。要利用各种形式的文化载体定期组织他们交流经验，取长补短，不断增强他们领跑新农村建设的能力。

（三）落实大学生“村官”激励和保障机制

大学生“村官”计划本身是一项好政策，但目前还处于起步阶段。相关政策不成熟、后续保障不充分、发展方向不明确是大学生“村官”最为担忧的问题。因此，必须加强长效稳定的制度建设，明确科学合理的激励政策，并配以相应的社会保障制度。

1. 提高待遇，解决大学生村官后顾之忧

妥善解决好大学生“村官”的待遇问题，是稳定大学生“村官”队伍、有效发挥大学生“村官”作用的关键因素。大学生“村官”不是志愿者,他们是毕业生,是择业者,待遇对他们来说是一个很现实的问题,光靠教育管理、政治激励等手段是不能让刚走出校园的大学生扎根农村的,提高经济待遇或“有保障的经济待遇”是他们安心在艰苦农村工作的重要条件。

要确保有关大学生“村官”的工资和奖金的规定落实到位,分管部门要进行定期检查督促。应允许大学生“村官”通过创业来提高收入水平,对大学生“村官”引进项目、组织农村合作社及农民的产业收入,可以通过分红获得一定的报酬。应对大学生“村官”的工资报酬进行适当补助,有关部门可以建立优秀大学生“村官”奖励基金,对到经济薄弱村工作且作出突出贡献的大学生“村官”予以适当奖励。要为大学生“村官”办理养老、医疗、失业、工伤和生育等各类社会保险,同时也要重视相应地提高其他村干部的待遇,改善和平衡干部心理落差问题,促进大学生村官与其他村干部的关系和谐。对于不能胜任或不愿继续担任村官的大学生,也应提供必要的服务,以使其能在其他领域或行业发挥才能。这样,建立一套完善的大学生村官准入、退出制度,就解决了大学生的后顾之忧,能够更好让其在广大农村发挥才智,为社会主义新农村建设贡献力量。

2.兑现有关激励承诺,使激励承诺具体化

要使“大学生村官计划”可持续发展,不仅要有激励承诺,更重要的是兑现“大学生村官计划”的有关激励承诺。如果无法解决服务期满的大学生“村官”的后续安置工作,将会影响“大学生村官计划”的继续实施。在激励承诺方面,陕西省旬邑县大学生“村官”的一项优惠政策可资借鉴。在嘉兴市大学生村官与陕西省旬邑县大学生村官交流互动的座谈会上,旬邑县大学生村官谈到,旬邑县大学生村官在农村工作满3年且经考核合格可以直接转为乡镇事业单位编制。这一做法效果良好,可以让大学生村官不必担心期满出路问题,从而能安心在基层工作。

目前,解决好承诺兑现问题就是使激励承诺具体化。比如,嘉兴市规定,要强化激励,加强培养,使优秀高校毕业生成为县(市、区)、镇(乡、街道)干部队伍的重要来源。对在农村和社区工作2年以上,成绩突出、表现优秀、群众信任的高校毕业生,通过法定程序使其进入村、社区领导班子,并及时推荐为镇(乡、街道)后备干部,条件成熟的,可推荐为镇(乡、街道)领导班子人选。从2009年开始,全市各县(市、区)、镇(乡、街道)机关录用公务员应主要从招聘到村和社区工作3年以上、且年度考核均为称职以上的高校毕业生中招考。招聘到村和社区工作3年以上、且年度考核均为称职以上、仍在村和社区工作的高校毕业生,在报考市级公务员时实行加分,报考时笔试成绩加5分。对工作满1年、且年度考核称职以上的高校毕业生,在报考本省高校研究生时,可享受与参加志愿服务我省欠发达地区计划的高校毕业生同等优惠政策，考试总分可加10分。[①]。这些规定，具体可行，可以激励更多的大学生扎根基层干事创业。同时，要确保任期满后，兑现所有承诺。

3.注重服务，给予大学生村官人文关怀和帮扶引导

选聘大学生村官到农村和社区基层任职后，应积极给予大学生村官人文关怀，做好一系列服务工作。最基本的问题就是怎样为他们创造宽松的人际关系和良好的生活环境，关心大学生"村官"的生活与情感需要。在日常生活方面，大学生村官的吃、住、行等要提前规划，积极主动解决他们面临的实际生活困难，尽可能为他们提供有效、便利的后勤服务保障。每年应以县或市为单位组织召开一次大学生"村官"的正式的经验交流或表彰大会，通过"村官"之间的谈心和经验交流等各种活动，达到大学生"村官"互相学习、互相促进、树立榜样的目的。还可以以非正式形式举办大学生村官联谊会，增进相互之间了解，让大学生村官在精神和文化需求方面得到满足。通过一系列的人文关怀，使大学生村官能够"下得去、用得上、留得住"，让他们能在农村安心工作和创业。

同时，针对大学生"村官"社会阅历不足、实践经验欠缺、创业资金短缺的现状，市和各县(市、区)应制定出台创业扶持政策，有针对性地激励、指导和扶持有意愿、有特长、有能力的大学生"村官"直接从事创业实践，形成"政策支持、培训帮扶、创业实践、服务管理"的创业保障机制。要建立帮扶引导制度，帮助他们解决实际工作和创业过程中遇到的困难和问题，特别要重视对大学生"村官"创建项目的帮扶，政府部门在政策上要给予优惠，金融部门在信贷资金上要给予扶持，以帮助他们尽早成为农村经济建设的能人。应尽快让大学生"村官"担任"实"职，给他们搭建干事创业的平台，提高其责任感和工作主动性，激发其干事创业的热情。

① 《关于引导和鼓励高校毕业生到农村和社区工作的实施意见》(嘉委办〔2006〕42号)。

文化篇

WENHUAPIAN

2011 年嘉兴文化建设状况和 2012 年建议

□　刘江宏　金敏烨

嘉兴市文化建设工作在市委、市政府的高度重视下，紧紧围绕“文化兴市”战略的目标任务，抓机遇促发展，谋创新求突破。2011 年 1 月，成立由市委书记任组长的文化建设领导小组；9 月，市政府常务会议通过了《嘉兴市文化发展“十二五”规划》。2011 年 5 月，在全国文化体制改革工作会议上，我市凭借着在文化体制改革创新、文化产业振兴发展中的突出贡献和显著成就，荣膺“全国文化体制改革工作先进地区”称号。

一、2011 年嘉兴市文化建设总体状况

(一)覆盖全市城乡的公共文化服务体系进一步完善

完善城乡一体化公共图书馆服务体系。自 2007 年始，全市大力推进图书馆乡镇分馆建设，公共图书馆服务体系已初步形成嘉兴模式。2008 年，荣获“全国文化信息资源共享工程示范市”称号。截至 2010 年底，全市已先后建成公共图书馆乡镇分馆 54 个，实现乡镇分馆全覆盖；至 2011 年 12 月，累计建成村(社区)图书流通站 23 个。2011 年，全市乡镇分馆累计到馆人次已达 356.94 万人次，新办图书借阅证 24136 张，外借图书 148.62 万册次。2011 年，依托乡镇分馆在村(社区)图书流通站试点的基础上进一步总结经验加以完善推广。全市图书馆间通过联盟建设，进一步在资源共享、人才培养、活动联办等方面进行合作。镇分馆建设得到中央领导和省委、省政府领导的充分肯定，形成城乡一体化公共图书馆服务的共享机制以及群众文化工作一体化集约化运作机制。2011 年 3 月，经国家公共文化服务体系建设专家委员会评审、公示并报国家公共文化服务体系示范区(项目)创建工作领导小组批准同意，嘉兴市申报的创建

东部地区国家公共文化服务体系示范项目——“城乡一体化公共图书馆服务体系建设”项目被列入其中。

2011年，嘉兴市数字图书馆面向全体市民零门槛开放。嘉兴数字图书馆拥有国研网、CNKI中国知网等近50种国内外专业数据库，涵盖图书、期刊、视频、学位论文等多种文献类型，共有2.7亿条中外文文献信息，310万种中文图书书目信息，9亿页全文内容检索，110多万种中文图书全文阅读，200多万种图书原文传递，300万部视频信息，1万多种电子刊物、2000余万篇论文全文下载或原文传递，以上资源每天以10万条内容的速度不断更新，为城乡居民的文化生活提供了丰富的资源。

开展嘉兴市公共文化服务体系示范镇创建活动。截至“十一五”期末，全市累计建设镇(街道)综合文化站72个，总建筑面积达到12.1万平方米。其中，63个镇(街道)综合文化站达到三级以上标准，53个镇(街道)被评为省级“东海文化明珠”；全市拥有全国文化先进社区4个，省级文化示范村(社区)39个，市级文化示范村(社区)127个，村级文化设施总建筑面积达到40万平方米。全市实现了省级文化先进县满堂红，省、市级“东海文化明珠”镇(街道)建成率达到92%，基本形成以争创全国文化先进县、全国文物先进县、“东海文化明珠”镇(街道)、文化示范村(社区)为主要内容的建设机制。为逐步建设公共文化服务体系，2011年嘉兴市部署开展了全市公共文化服务体系示范镇(街道)创建活动。2011年8月9日，市政府办公室下发《关于印发嘉兴市公共文化服务体系示范镇(街道)创建工作实施意见的通知》(嘉政办发〔2011〕112号)，部署开展全市公共文化服务体系示范镇(街道)创建活动，积极推动现代新市镇综合文化站(文化中心)和城乡一体新社区文化中心建设，为全市创建国家公共文化服务体系示范区创造条件。2012年初，海宁市盐官镇、桐乡市石门镇、南湖区大桥镇、平湖市新埭镇、嘉善县姚庄镇、海盐县百步镇、秀洲区新塍镇等7个镇被评为第一批嘉兴市公共文化服务体系示范镇(街道)。

农村数字化电影放映工程和农村广播电视村村通工程取得积极进展。全市建立并完善了农村数字化电影放映工程和农村广播电视村村通工程长效管理机制，确保“长期通”、“优质通”，逐步实现“数字通”。努力实现组组通广电光缆，提高农村有线电视入户率。村村建有广播室，农户有线广播收听覆盖率逐年提高。市级广播电视台和县级广播电视台努力办好对农节目。实施“彩虹行动”，以社会捐赠的方式，基本解决农村低保户困难家庭没有电视机的问题，着力改善困难群众的文化生活。

(二)遍布全市的文化设施网络日益完善

“十五”以来，全市共投入20余亿元新建了“一院三馆”(嘉兴大剧院、图书馆、群艺馆、博物馆），以及嘉兴市体育中心、南湖国际网球中心、秀洲中国农民画艺术中心、嘉善县文化艺术中心等一大批市、县级现代化的标志性大型公共文化体育设施，初步建立起以市级文化场馆为核心，县级文化场馆为主干，乡镇（街道）文化站为枢纽，村（社区）文化活动中心（室）为基础的布局合理、覆盖城乡的公共文化基础设施网络体系。总体来说，全市已建成市、县两级文化馆8个，公共图书馆8个，各类博物馆（美术馆、艺术馆）28个，剧院（电影院）19个，建成特色文化镇23个，村级文化中心（室）1013个，城市15分钟和农村30分钟文化圈基本形成。全市各县（市、区）也集中财力，修建了一批重要的大型公共文化服务设施，如嘉善县文化艺术中心、桐乡市科技会展中心、秀洲·中国农民画艺术中心、海宁市文化馆等一批现代化的标志性文化设施，全市村级公共文化设施建筑面积近39万平方米。2011年，继续加大政府对公益性文化设施建设的投入，文化设施网络日益完善。全市加快了广播电视基础设施建设和数字化进程，城镇有线电视网络数字化，实施数字电视整体转换加速推进。新一轮广播电视"村村通"、文化信息资源共享、农家书屋、农村小连锁等重点农村公共文化服务工程建设提速，进一步巩固和扩大了农村文化阵地建设成果。

（三）公共文化产品生产供给能力不断提高

继续实施全市"双百、双千、双万"工程。截至2011年底，全市广场文艺演出838场次，观众739800人次；电影放映716场次，观众403500人次；歌舞戏曲下乡演出1805场次，观众1649000人次；电影下乡14056场次，观众2416300人次；市、县两级图书流动441214册。市群众文化艺术馆搭建市、县文艺团队联动、共享机制，以文艺直通车形式为城乡基层群众提供菜单式文化服务，全年共完成文艺下乡进社区54场次。继续组织开展各类公益性培训，共完成各类艺术培训、辅导班15期，参训人员2250余人；举行公益性培训356次，参加人数1385人。

加强村级民间文艺队伍建设与扶持。为配合文化部"群众自发性文艺团队建设和扶持研究"课题项目，推进全市基层民间文艺队伍建设，进一步完善我市公共文化服务体系建设，2011年10月21日，市文化广电新闻出版局与市委宣传部在嘉善县陶庄镇联合召开全市村级民间文艺队伍建设现场会，观摩"越韵吴风"嘉兴市村级民间文艺队伍精品节目展演，学习推广嘉善县陶庄镇村级民间文艺队伍建设和扶持经验，研讨交流各地村级民间文艺队伍建设工作，以期加强政策扶持力度，推动我市村级民间文艺队伍建设规范化发展。

（四）重要节庆活动和社会文化活动日益彰显嘉兴特色

2011年6月3日至7日，由国家文化部、浙江省人民政府主办，浙江省文化厅、中共嘉兴市委、嘉兴市人民政府承办的"2011中国·嘉兴端午民俗文化节"在我市举办。本次节庆活动由五项主体活动和八项系列活动组成,包括端午民俗文化节开节仪式暨文艺晚会、端午习俗国际学术研讨会(嘉兴)、端午祭(伍相祭、神龙祭)、子胥庙会等节庆文化活动等。与此同时,嘉兴市还举办了第七届全国德艺双馨电视艺术工作者颁奖活动、"中信闹新春"第五届嘉兴市调龙灯大赛、市委市政府迎春团拜会暨军政首长联谊会文艺演出、第九届嘉兴市"社区之声"文艺调演、第五届嘉兴市乡村文化艺术周、嘉兴市第四届"石榴奖"校园文化艺术节、第五届嘉兴市新居民文艺汇演等社会文化活动。在建党90周年之际,开展了一系列庆祝党建的活动,包括纪念中国共产党诞辰90周年大型文艺活动、庆祝中国共产党成立90周年大会暨"红船先锋"表彰典礼、庆祝建党90周年特别节目演出工作、庆祝中国共产党成立90周年"灿烂阳光下"红色经典——浙江歌舞剧院郑培钦专场演出活动等。这些系列重要节庆活动和社会文化活动彰显了嘉兴特色。

(五)物质文化遗产和非物质文化遗产保护取得突破

物质文化遗产保护工作有了进一步发展。近三年来,嘉兴市共投入约15亿元,其中财政投入8000多万元,用于历史文化名城保护工作,大批历史文化遗迹得到修缮,城市历史文化特色得到进一步彰显。2011年1月24日,国务院发文同意将嘉兴市列入国家历史文化名城,标志着我市申报国家历史文化名城工作取得了阶段性的胜利。全市有全国重点文物保护单位12处,省级文物保护单位54处,市(县)级文保单位328处,初步构建起历史文化名城—历史文化保护区—各级文物保护单位的多层次历史文化遗产保护体系。自2009年8月马家浜遗址保护规划经国家文物局批准后,正式启动了遗址公园方案设计工作,目前正在积极申报国家级考古遗址公园立项。大运河嘉兴段2段河道和5处遗产点被列入大运河申报世界文化遗产专家推荐预备名单。白坟墩遗址公园方案已编制完成,待专家论证完善后动工建设。同时,还正式出版了《嘉兴明清望族疏证》、《江南文化之源——纪念马家浜遗址发现五十周年图文集》,进一步推进嘉兴特色文化遗产的研究和保护。

非物质文化遗产保护工作成绩斐然。近年来,嘉兴市的非物质文化遗产保护工作取得了十分显著的成绩。世界非物质文化遗产项目1个,国家、省、市、县级非物质文化名录分别有13个、44个、134个和423个;国家、省、市级非遗项目代表性传承人分别有8人、17人和60人;海宁皮影戏、硖石灯彩等7个项目被列入第一、第二批国家非物质文化遗产名录。"嘉兴端午习俗"、"嘉兴灶头画"、"五芳斋粽子制作技艺"、南湖区"掼牛"、秀洲区"网船会"、桐乡市"高杆船技"等6个项目荣列第三批国家级非物质文化遗产名录。在2011年5月第四批浙江省非物质文化遗产名录初评中，全市共有28个项目参加评审，20项获得通过，其中"海宁潮神祭祀"等项目还被推荐列入第四批国家级非遗名录申报项目。2011年全市推荐的"嘉兴灶头画"(3人)、"五芳斋粽子制作技艺"(1人)、"掼牛"(1人)、"网船会"(1人)、"硖石灯彩"(1人)、"高杆船技"(1人)等8位传承人已申报第四批国家级非物质文化遗产项目代表性传承人。

根据省文化厅统一部署，全市于2011年5月组织开展了民间文化艺术之乡的申报工作。秀洲农民画、嘉善田歌、海宁硖石灯彩、桐乡漫画、桐乡摄影被命名为2011—2013年度"中国民间文化艺术之乡"，平湖九彩龙等9个项目被命名为2011—2013年度"浙江省民间文化艺术之乡"。运用生产性保护方式促进非物质文化遗产项目的传承发展，是非物质文化遗产保护工作最行之有效的手段。2011年，嘉兴市浙江五芳斋实业股份有限公司、嘉善治本园林古建筑材料厂、海宁硖石灯彩有限公司、桐乡市丰同裕蓝印花布有限公司等4个单位顺利通过省专家评估组的考察与验收，成为浙江省非物质文化遗产生产性保护基地。2011年，根据省文化厅部署，开展了浙江省非物质文化遗产宣传展示基地申报工作，海宁皮影戏馆、嘉兴德勤文化园、平湖市民俗风情馆等3家单位被评为浙江省非物质文化遗产宣传展示基地。

为弘扬中华端午文化，打响嘉兴端午文化品牌，嘉兴市委宣传部、市文化广电新闻出版局与中国民俗学会于2010年签订编纂《中国端午节》丛书的相关合作意向，由此启动了《人类非物质文化遗产——中国端午节》丛书"嘉兴卷"田野调查的工作，以走访观摩、座谈交流、现场体验、实地采录等方式进行了端午田野调查工作，积极为2012年完成《人类非物质文化遗产——中国端午节》丛书做准备。此外，在2011年完成了《2011端午习俗国际学术研讨会(嘉兴)论文选》编辑出版工作。

(六)文化产业得到进一步扶持与发展

近几年嘉兴市的文化产业发展有了新的起色。当前，已基本形成了娱乐业、音像业、图书报刊业、演出业、电影业、网络文化业、印刷业等门类齐全的综合产业体系。嘉兴国际创意文化产业园、嘉兴现代文化产业园、创业创新软件园3个园区，已列入浙江省集聚发展文化创意产业园区规划，形成了环南湖创意产业带。随着各地对文化产业的不断重视，各类文化产业园也在不断涌现，嘉善动漫大楼、平湖服装箱包设计文化创意产业园、海盐横港印刷产业园、海宁皮革产业园品牌风尚中心、桐乡濮院320创意广场等，纷纷引进工业设计、动漫设计、艺术品经营、影视拍摄制作等涵盖不同层次、分属不同类别的文化服务产品。在浙江省文化产业“百强振兴计划”园区(企业)遴选中,经过多方筛选和认真论证,我市4个园区15家企业预备冲刺省级“百强”。嘉兴国际创意文化产业园、嘉兴现代文化创意产业园、江南传媒文化创意产业园和中国归谷·嘉善文化创意产业园等4个已具有一定集聚效应的文化产业园区列入候选名单。而嘉兴市电影有限公司、嘉报设计印刷有限公司、嘉兴麦宝科技信息有限公司、浙江海利控股集团等15家单位则纳入此次企业“百强”申报范围内。

为了进一步促进文化产业发展,2009年开始,我市设立了每年300万元的文化产业专项扶持资金,以补助、贴息、奖励的形式,扶持市场发展前景好、文化产品有特色的优势文化企业和重大项目。2010年3月,嘉兴市成立了文化产业发展领导小组及其办公室,加强对我市文化产业发展的领导和管理。各县(市、区)也均成立了文化建设领导小组及其办公室,文化产业管理的体系粗具雏形。起草了《嘉兴市文化产业发展“十二五”规划》,从发展目标、重点工作、平台建设、保障体系等多个方面,探索“十二五”期间我市文化产业发展的方向和途径,目前,规划已向各县(市、区)、市级有关部门征求意见并作进一步修改。

二、2012年嘉兴文化建设的建议

嘉兴文化及相关产业的发展成就显著,同时也应该看到,在文化建设方面还存在一定的困难和问题,有待改进。面向大众的公共文化服务体系需进一步完善;文化产品供给在总量、质量和结构等方面与人民群众的需求还有一定差距;文化设施普及率和利用率还有待进一步提高;文化创新能力需进一步增强;文化人才引进与培养力度需进一步加强;文化产业的实力和竞争力需进一步提高。十七届六中全会为我国文化改革发展绘就了蓝图,也为我市文化建设指明了方向。2012年是深入学习和贯彻落实十七届六中全会精神的关键之年,2012年文化建设应该将十七届六中全会确定的方针政策、工作部署和措施要求落到实处,转化为具体推进“文化兴市”的工作实践。

(一)科学制定和贯彻落实文化发展的法律法规及政策体系

党的十七届六中全会突出强调了加强文化建设、提高文化软实力的极端重要性,对加强中国特色社会主义文化建设、推动社会主义文化大发展大繁荣作出了总体部署。在此背景下全国各地都相应出台了推动文化大发展大繁荣的政策文件。浙江省先后出台了《浙江省建设文化大省纲要(2001—2020)》、《浙江省推动文化大发展大繁荣纲要(2008—2012)》等政策文件;嘉兴市委、市政府高度重视文化建设,2008年以来,召开了市委工作会议专题讨论文化工作,制定了《关于推动文化大发展大繁荣的实施意见》和《关于推动文化大发展大繁荣的若干政策意见》等政策文件。一方面，要认真落实国家和省市现有的这些文化发展政策；另一方面，结合十七届六中全会精神，围绕市委、市政府提出的“文化兴市”战略的目标任务，科学制定并贯彻落实《嘉兴市文化发展“十二五”规划》、《嘉兴市文化事业发展“十二五”规划》和《嘉兴市文化产业发展“十二五”规划》，以此统领未来几年我市的文化发展。同时，制定一个近期工作目标，围绕十七届六中全会精神和我市颁布的一系列规划，就我市社会主义核心价值体系、公共文化服务体系、文化产业体系和历史文化名城保护等具体工作制定目标细则。

（二）深化文化体制改革，理顺影响文化发展的体制机制

深入推进国有经营性文化单位转企改制，培育合格市场主体。推进公益性文化事业单位人事、收入分配、社会保障制度改革。加快推进文化宏观管理体制改革，推动政企分开、政事分开，完善国有文化资产管理体制。加快建立统一、开放、竞争、有序的现代文化市场体系。推进文化市场诚信体系建设，推动行业协会建设和社会监督。

创新镇（街道）文化站、村级文化中心的管理体制，提高基层文化管理水平。建议将镇（街道）综合文化站从合署的社会事业服务机构中分离出来，独立设置；推广文化馆干部下派制度，提高基层文化站的工作能力和服务水平，推进农村村级文化阵地管理员专职化工作，实现村级文化阵地专职管理员全覆盖、年轻化和专业化。创新文化市场管理机制，建设统一高效的文化市场监管、执法系统，完善文化市场综合执法改革。完成市本级文化市场管理体制调整下放工作。探索建立小城市培育试点镇的文化市场行政执法新机制，增强对农村文化市场的监管力度。建立与国家历史文化名城相适应的文物管理体制，实现文物保护所全市覆盖。

（三）加大文化建设的保障力度，构建保障文化发展的政策机制

在政策支持、财政投入、人才引进、队伍培养等方面建立良性发展机制。《决定》提出的“设立国家文化发展资金”和“农村文化建设专项资金”的精神，在原有基础上，提高我市文化发展专项资金、农村文化建设专项资金和文化遗产保护专项资金。把公共文化产品和服务项目、公益性文化活动纳入公共财政经常性的支出预算。鼓励和引导社会资金兴建国家允许的各类公共文化设施，开展公共文化服务。鼓励社会力量捐赠文化事业。设立文化产业发展专项经费。优先安排文化建设项目用地，减免公益性、非营利性文化事业项目城建配套费

和征地管理费。执行国家对文化事业捐赠实行减免税收的优惠政策。除国家有明确限制外，赋予非公有资本与国有资本同等的市场准入待遇，保障经营性文化事业投资人的经营权和收益权。允许经营性文化设施、文化表演团体冠名权拍卖，允许公益性文化机构或设施按规定捐资冠名等。

（四）加大对文化产业的政策扶持

作为现代服务业的核心产业，文化产业以极强的传播力、渗透力和影响力，日渐成为各地增强城市综合实力的支柱性产业。结合我市产业结构特点和文化产业的发展现状，加快制定出台文化产业中长期发展规划。建立完善的扶持文化产业发展的组织机构，负责规划制定、政策完善、人才培养、综合协调、检查考核等工作。完善文化产业统计指标体系，切实掌握文化产业的发展动向，强化统计指标体系的动态管理，以科学的数据衡量我市文化产业的发展水平。完善落实文化产业发展的财政税费政策，在融资、土地、财税政策等方面加大扶持力度。鼓励国内外著名文化创意、制作、经纪、营销机构，利用其人才、技术、资金和营销渠道，与我市有条件的文化企业合作，开展文化创意活动，生产制作科技含量高、资金密集型的出口文化产品和服务。制定《嘉兴市文化产业发展投资指导目录及说明》，降低社会资本进入文化产业的门槛，降低市场准入门槛，扩大非货币出资方式，允许投资人以实物、知识产权、土地使用权等可以用货币估价并可以依法转让的非货币财产作价出资。创新知识产权保护和服务体系，鼓励知识产权评价机构发展，建立健全知识产权信用保证机制。整合优化现有资源，做好对文化产业集聚区的规划设计，对全市现有的各个文化创意产业园区进行科学的功能定位，避免同质化竞争，对三大园区重点产业进行规划，对引导县（市）文化产业集聚区的发展，实现完整的产业链及其相关配套。

（五）加快文化人才队伍建设

大力加强文化人才队伍建设，制定和完善嘉兴市文化人才队伍建设规划，建立充实文化人才数据库。制定文化人才评价办法和激励政策，积极引进优秀管理人才和专业人才。落实市级文化人才专项经费。加强基层文化人才队伍建设，实施基层文化人才培养计划；通过完善人才的选拔、任用和激励机制，积极创造发展文化产业的良好环境，使文化产业发展所需要的领军人才、策划人才、专业人才和经营人才不断涌现。加强定向培养、开展职业培训、组织学术交流、发展培训机构等方式，加大人才培养力度，探索建立文化从业准入制度，不断提高从业人员准入门槛，逐步提升文化从业人员的专业化水平。

（六）实施嘉兴特色文化活动品牌化战略

结合嘉兴城市的特点，实施嘉兴特色文化活动品牌化战略。一是精心打造嘉兴“歌城”的活动品牌，扎实推进群众性歌咏活动，不断提升合唱艺术水平。二是精心打造嘉兴“画乡”的活动品牌，深入挖掘嘉兴书画艺术、民间艺术的优秀传统，办优全国性的农民画展、农民画艺术节。三是精心做好嘉兴端午民俗文化节等标志性大型品牌活动，扩大宣传，将其打造为富有嘉兴特色、在国内外具有一定影响力和可持续发展价值的品牌活动，并发挥其文化品牌的示范作用，带动其他民间艺术活动、经贸文化活动、旅游文化活动、区域文化活动、社团文化活动开展。四是精心培育具有浓郁地方特色的各类文化。加大对群众自发性文艺团队的扶持力度，以业余艺术团、各行业、社区、村文艺团队为骨干，普通市民为主体，开展集镇文化、村落文化、企业文化、校园文化、社区文化等活动，举办群众喜闻乐见的民间文艺活动，形成多层次、多类别、多样式、城乡联动的基层群众文化活动新格局。

（七）提高公共文化服务水平

以公共文化服务体系示范区建设和公益性文化场馆深化免费开放示范区建设为抓手，坚持公益性、基本性、均等性、便利性的原则，以政府为主导，以基层为重点，构建和完善覆盖城乡、结构合理，功能健全，实用高效的公共文化服务体系，促进基本公共文化服务均等化，保障人民基本文化权益。加强公共文化基础设施建设，重点应完善社区公共文化设施建设，把社区文化中心建设纳入城乡规划和设计，拓展投资渠道，确保新建、扩建小区配套建设高质量的公共文化设施。参照村级文化活动中心建设模式，确保城市社区文化活动中心管理专职化、活动经常化，不断提高公共服务的能力和水平。加快图书馆、博物馆、大剧院等市级标志性公益性公共文化场馆的提档升级。开展各类群众文化活动，丰富公共文化服务内容。支持各类群众文化团队开展健康文体活动，培养群众文化优秀团队，鼓励开展普及性、公益性的文化艺术讲座和活动，不断提升市民文化欣赏能力。优化文化信息资源共享工程，提高推公共文化场馆免费服务水平。推进大运河保护和申遗工程、马家浜遗址保护工程、子城城市遗址公园建设工作、文生修道院及其周边环境整治修缮工程及历史街区保护工作等重大文化遗产保护工程，加强文物普查和文化遗产研究工作，提高文化遗产的传承、保护、管理和利用水平，切实保护嘉兴城市历史文脉。

嘉兴非物质文化遗产保护现状分析与对策研究

□ 彭世杰

非物质文化遗产对于保证文化的多样性和文化活力，对于一个民族、一个地区的文化认同的重要性正日益被人们所认识。根据联合国教科文组织《保护非物质文化遗产公约》的界定，非物质文化遗产是指被各群体、团体、有时为个人所视为其文化遗产组成部分的各种社会实践、观念表述表现形式、知识、技能及有关工具、实物、手工艺品和文化场所。各个群体和团体随着所处的环境与自然界的相互关系和历史条件的变化使这种代代相传的非物质文化遗产得到了创新，同时使他们具有一种认同感和历史感，从而促进了文化遗产多样性和人类的创造力。非物质文化遗产包括口头传统和表述，表演艺术，社会风俗、礼仪、节庆，有关自然界和宇宙的知识和实践，传统的手工艺技能，以及与上述表现形势相关的文化空间。非物质文化遗产由人类以口头或动作方式相传，具有民族历史积淀和广泛代表性的民间文化遗产，被誉为历史文化的“活化石”、“民族记忆的背影”。2006 年 5 月，国务院公布了第一批国家级非物质文化遗产名录，并决定对非遗项目实施“保护为主，抢救第一，合理利用，传承发展”的方略。嘉兴是历史文化名城，在长期历史发展进程中，创造了大量珍贵的非物质文化遗产，但是随着经济社会的快速发展，非物质文化遗产普遍面临生存危机。嘉兴市在非物质文化遗产的保护上已经形成了一整套行之有效的做法，但仍存在一些问题。本文在此基础上对如何保护传承好嘉兴市的非物质文化遗产进行了一些探讨，以期对这项工作有所启示或推进。

一、嘉兴市非物质文化遗产概况

嘉兴是新石器时代马家浜文化的发祥地，市域内非物质文化遗产资源丰富，其种类之繁多，形式之多样，在全国都引人注目。国家级、省级和市级非物质文化遗产分别有 13 项、44 项和 134 项，秀洲、嘉善、平湖、海盐、海宁、桐乡分别被命名为中国民间绘画之乡、田歌之乡、西瓜灯之乡、滚灯之乡、灯彩之乡和漫画之乡。非物质文化遗产以独特的方式抚慰着人们的心灵，使得生活在现代的我们与历史文化血脉相连，也体现了作为江南文化之源的这块土地上的人们的顽强生命力、丰富想象力和独特创造力。

根据嘉兴市文化广播新闻出版局编辑出版的《嘉兴市非物质文化遗产名录集成》一书，嘉兴市非物质文化遗产主要包括民间文学、传统音乐、传统舞蹈、传统戏剧等十大类。

表 1　嘉兴非物质文化遗产项目分类

项目类别	数量（种）	项目名称
民间文学	3	何文秀传说、桐乡蚕歌、五姑娘
传统音乐	8	嘉善田歌、平湖派琵琶艺术、塘工号子、车水号子、南湖采菱歌、敲鼓亭、渔民号子、海宁思情山歌
传统舞蹈	9	海盐滚灯、龙舞、五梅花、魏塘打连法、马灯舞、秦山老虎嗒蝴蝶、十二花神大田官、钢叉舞、桐乡拜香凳
传统戏剧	4	皮影戏、海盐腔、海盐牌子、花鼓戏
曲艺	6	平湖钹子书、三跳、摊簧、平湖太保书、嘉善宣卷、嘉善农民书
传统体育、游艺与杂技	5	掼牛、高杆船技、踏白船、大纛旗、南湖船拳
传统美术	16	灯彩、嘉兴灶头画、平湖西瓜灯、竹刻、桐乡灰塑、芥子园画谱技法、秀洲民间绘画、嘉兴剪纸、许村粉塑、余新蚕猫、木雕书刻、桃核雕刻、彩蛋画、麦秆画、刺绣、砖雕
传统技艺	28	中国蚕桑丝织技艺、五芳斋粽子制作技艺、蓝印花布印染技艺、剔墨纱灯、西塘古民居建筑艺术、乌镇水阁建筑艺术、传统纺织技艺、斜桥榨菜制作技艺、西塘八珍糕制作技艺、濮绸织造工艺、传统纽扣制作技艺、京砖烧制技艺、嘉兴黑陶烧制技艺、平湖糟蛋制作工艺、龙凤花烛制作工艺、新塍小月饼制作技艺、造船技艺、海盐大头菜制作技艺、海宁三把刀制作技艺、海宁缸肉制作技艺、糖糕板雕刻技艺、章园茗茶制作技艺、风筝制作技艺、舂打年糕技艺、高桥糕点制作技艺、姑嫂饼制作技艺、历本袋制作技艺、三珍斋卤制作技艺
传统医药	2	瘌头传统诊疗法、丰山脱力药制作技艺
民俗	19	含山轧蚕花、嘉兴端午习俗、网船会、海盐骚子、嘉兴南湖荷花灯会、钱江观潮、双庙渚蚕花水会、元帅庙会、云龙蚕桑生产习俗、鱼圻塘庙会、乌镇香市、大曹王庙庙会、做社、新塍元宵民俗、嘉善淡水捕捞渔俗、护国随粮王庙会、平湖婚俗、经蚕肚肠、桐乡神歌

二、嘉兴市非物质文化遗产保护的基本情况

在“非物质文化遗产”被提出之后，社会各界纷纷把注意力投向了非物质文化遗产的保护。当前的非物质文化遗产保护，是全球化过程中地方文化自觉的一种表现。在全球化面前，地方的人们开始认识、理解本土文化，并且意识到本土文化的重要性。所谓“文化自觉”，按照费孝通的说法，其意义在于生活在一定文化中的人们对自身文化有自知之明，并对文化的发展历程与未来有充分的认识。这种文化的自觉是非物质文化遗产保护工作的直接推动力。

(一)抓规划制定，加大非物质文化遗产保护政策保障力度

普查摸底是进行非物质文化遗产保护的基础性工作。为摸清全市非物质文化遗产的家底，2004 年至 2008 年，嘉兴市根据国家文化部和浙江省文化厅的统一部署，先后开展了民族民间艺术资源普查和非物质文化遗产普查工作。全市共搜集“非遗”线索 95678 条，调查项目 8979 条，累计编纂文字资料 210 册 965 万字，拍摄照片 17000 余幅，录音 368 小时，录像 748 小时，搜集民间作品、实物 2642 件。[①]

为提高非物质文化遗产保护的针对性和前瞻性，嘉兴市在“非遗”保护方面十分重视规划。在深入调研和充分论证的基础上，于 2010 年 5 月制定出台了《嘉兴市非物质文化遗产保护发展规划(2010—2015 年)》。作为嘉兴市首个“非遗”保护规划，规划明确了“十二五”时期全市非物质文化遗产保护工作的指导思想、目标任务、保护重点、保护办法、实施计划和保障措施，提出将在 2015 年基本构建起一个科学的、全面的“非遗”资源保护体系、保护制度体系、展示体系、宣传推广体系和产业运作体系。同时，随着“中国蚕桑丝织技艺”入选“人类非物质文化遗产代表作名录”，作为蚕桑生产的主产区和蚕桑丝织文化保护地之一的嘉兴，为了更好地保护这一全市唯一的“世遗”项目，市政府及时制定出台了专门针对这一项目的保护规划——《嘉兴市蚕桑丝织文化生态区保护规划(2010—2015 年)》，将“中国蚕桑丝织技艺”保护纳入政府规范化管理轨道，推动蚕桑丝织技艺活态传承和发展。这也是全市首个“非遗”保护子规划。

同时，为继承和弘扬优秀民族文化传统，保存和收藏嘉兴非物质文化遗产精华，延续嘉兴人文脉络，嘉兴市结合自身实际，及时制定出台了《嘉兴市文化遗产保护办法》、《嘉兴市非物质文化遗产征集与管理办法》等制度和法规，以此

---

① 嘉兴市文化广电新闻出版局：《嘉兴市非物质文化遗产名录集成》，浙江摄影出版社 2010 年版，第 7—8 页。

进一步强化全市非物质文化遗产的规范管理工作。

(二)抓场馆建设，加大非物质文化遗产宣传展示力度

建设非物质文化遗产场馆不仅有利于形成遗产的整体价值、形成良性的民间艺术保护机制，而且有利于彰显地方的特色文化。为了将非物质文化遗产融入现代生活，让非物质文化遗产有存放和展示的地方，嘉兴市相继建成了一批特色民间"非遗"馆和专题"非遗"馆。以嘉兴灶头画为例，作为嘉兴农村民间美术的一种形式，灶头画是民间艺人用绘画颜料在柴灶的各个部位绘制一些意蕴吉祥、寓意富贵平安的图画，它不仅反映了嘉兴独特的江南吴越文化，也是江南民间壁画中的瑰宝。[①] 至 2009 年底，嘉兴仍有 2000 多名灶画艺人活跃在乡间。但是随着时代的发展，嘉兴农村生活条件发生了深刻变化，农村家庭普遍使用煤气灶，柴灶的使用不断减少，而灶头画是依附于柴灶存在的，柴灶的减少，使灶头画面临着失传的危险。为了更好地传承这一非物质文化遗产，嘉兴市建成了全国首个灶头画展示场馆——中国嘉兴灶头画艺术中心，并于 2010 年 6 月对外开放。中国嘉兴灶头画艺术中心通过 30 多座不同样式的灶头画实型、模型和文字、图片、画稿等形式，集中介绍了嘉兴市民间灶头画的发展历史、工艺特色和传承发展过程。[②] 另外，新建了月河历史街区德勤文化园、嘉兴粽子文化馆、平湖市民俗风情馆、海宁市盐官江南民俗风情馆、桐乡洲泉蚕桑丝织民俗馆等多个非遗展示场馆，为嘉兴市非物质文化遗产的保护传承增添了有效载体。

同时，为了将全市的非物质文化遗产进行集中展示，《嘉兴市非物质文化遗产保护发展规划(2010—2015 年)》把建立嘉兴市非物质文化遗产展示中心作为重点工作措施之一。目前这项工作已经正式启动，将集中有效地保护全市大量非物质文化遗产实物资料和农耕时期留存的物品。2010 年 2 月至 10 月，嘉兴市面向市民开展"守望记忆"嘉兴市非物质文化遗产实物资料专项征集活动，通过接受捐赠、收购、仿古复制等多种方式重点征集国家、省及嘉兴市级非物质文化遗产名录项目的实物资料，既为筹建中的嘉兴市非物质文化遗产展示中心筹集展示品，同时又是一次"非遗"普查，以进一步搜寻散落在民间的遗珠。

(三)抓有效传承，加大非物质文化遗产活态传承力度

非物质文化遗产大多是传承的文化、传人的文化，代代相传、口传心授是其独特的传播延续方式。一代又一代的传承人是非物质文化遗产得以保存和流传至今的"活载体"。为了使非物质文化遗产一代一代传承延续，嘉兴加大了对

---

① 张皓：《从嘉兴灶头画看嘉兴民间文化》，东北师范大学本科毕业论文，2010 年 5 月。

② 沈爱君：《灶头画艺术中心上午"开张"》，《南湖晚报》2010 年 6 月 12 日。

“非遗”传承人的保护和培育力度。

一方面，加强对现有传承人的保护力度。针对现实中许多传承人年事已高，传承人不愿从事与“非遗”项目相关的生产经营活动，嘉兴市建立了代表性传承人政府补贴机制。2010 年 2 月，市政府确立第一批享受市政府补贴非物质文化遗产项目代表性传承人（民间老艺人），每年享受市政府 2000 元补贴。目前，全市拥有市级以上非物质文化遗产项目代表性传承人 60 人，其中国家级 8 人，省级 17 人，这一批非遗项目代表性传承人（民间老艺人）已经享受了国家、省、市、县四级政府补贴，非遗传承人（民间老艺人）补贴机制已经初步得到建立，有力推动了全市重要非物质文化遗产项目的活态传承。

另一方面，加强对新的传承人的培养力度。为了使非物质文化遗产的传承后继有人，嘉兴市通过在学校设立教学基地，推进“非遗”进校园等方式培养新的传承人。譬如，南湖区政府将南湖船拳作为扶持项目进入校园，秀洲区培养了农民画学生作者 1700 多人，嘉善县魏塘镇里泽中学在课余时间开设了打连法培训班，海宁市袁花镇谈桥小学在专职音乐教师的带领下学唱思情山歌并在省、市各类比赛中屡获佳绩，等等。目前，嘉兴学院（曲艺）、嘉兴职业技术学院（民俗动漫）、秀洲区新塍镇中心小学（民间绘画）、嘉善县丁栅中学（嘉善田歌）、海宁市职业高级中学（硖石灯彩）、海宁市斜桥镇中心小学（皮影戏）、平湖市广陈中心小学（平湖钹子书）等 7 所学校被列入浙江省首批非物质文化遗产传承教学基地名单。

（四）以“国遗”为依托，致力于打造一批“非遗”品牌

在做好非物质文化遗产普查的基础上，嘉兴积极申报国家级和省级非物质文化遗产，努力使重要“非遗”项目进入国家级和省级名录。在 2011 年 5 月公布的第三批国家级非物质文化遗产名录中，嘉兴申报的“嘉兴灶头画艺术”、“五芳斋粽子制作技艺”、“嘉兴掼牛”（南湖区）、“网船会”（秀洲区）、“高杆船杂技”（桐乡市）、“嘉兴端午习俗”等 6 个项目名列其中，再加上第一、二批已经申报成功的“海宁皮影戏”、“硖石灯彩”、“嘉善田歌”、“平湖琵琶派”、“平湖钹子书”、“桐乡蚕桑习俗”、“海盐滚灯”等 7 项，嘉兴拥有的国家级非物质文化遗产达到 13 项。

在做好申报工作的基础上，加大了资金投入力度，通过举办文化节、邀请赛、表演等活动，不断提升非物质文化遗产的知名度和影响力，致力于打造一批“非遗”品牌。一是通过设立专项资金提升保障。针对享有“江南第一灯会”美誉的元宵硖石灯会，海宁市不仅将灯会活动列入每年政府主办的重要文化活动之一，而且成立了专门的元宵硖石灯会组委会，自 2010 年起，每年设立硖石灯

会传统节日元宵节保护示范基地专项资金，用于硖石灯会的保护与传承工作。二是通过重大节庆活动打造品牌。为了挖掘传统资源、传承端午民俗，从2001年起举办南湖船文化节、江南文化节活动，把龙舟赛和群众性的裹粽大赛作为经典节目；2009—2011年连续三年举办了中国·嘉兴端午民俗文化节，内容涵盖南湖竞渡、中国端午习俗国际学术研讨会、神龙祭、伍相祭、诗词吟诵会、戏曲票友会、民俗赏宝鉴宝会、民俗童玩会、踏白船表演赛、民间美食会等，逐渐形成了“过端午、到嘉兴”的民俗文化品牌，既保护了传统民俗文化，也满足了群众文化需求，更拉动了地方经济发展。三是通过举办“非遗”活动扩大影响。南湖区以嘉兴掼牛和江南船拳为脉络，编撰完成大型武侠文化展示表演节目《江南武魂》，得到了社会各界人士的广泛好评。2007年举办的中国秀洲·国际民间绘画邀请展，有来自亚、欧、非、大洋洲四大洲10个国家的多位艺术家参与，不仅使农民画作为推介和展示农村新变化的优势品牌，而且促进了农民画与国际、与时代的接轨。

(五)抓社会调查，加大非物质文化遗产理论研究力度

为了加深对非物质文化遗产的了解，更好地宣传嘉兴的非物质文化遗产，嘉兴通过开展社会调查、举办学术研讨会、编辑出版“非遗”图书等方式，促进“非遗”研究深入开展。以嘉兴端午习俗为例，2010年召开了中国端午习俗国际研讨会，国内民俗专家、非遗专家以及高校学者纷纷对伍子胥、嘉兴、端午三者之间的关系撰写论文、开展研讨，引起了日韩、新加坡和全国各地专家学者的关注，形成了许多研究成果。[①] 同时市委宣传部、市文化广电新闻出版局决定与中国民俗学会合作编纂出版《中国端午节》丛书。2011年下半年，中国民俗学会组织专家学者开始赴嘉兴开展《中国端午节》丛书“嘉兴卷”田野调查工作，深入南湖区大桥镇，秀洲区王店镇，嘉善县西塘镇，平湖市林埭镇，海盐县丁城镇，桐乡市河山镇，乌镇镇等农村基层，以走访观摩、座谈交流、现场体验、实地采录等方式进行了端午田野调查工作，为完成《人类非物质文化遗产——中国端午节》丛书作准备。此外，为了集中展示全市非物质文化遗产的建设成果，在近年来先后开展民族民间艺术资源普查和非物质文化遗产普查工作的基础上，着手编纂《“越韵吴风”嘉兴市非物质文化遗产大观》系列丛书。目前丛书之《嘉兴市非物质文化遗产名录集成》已由浙江摄影出版社出版发行，该书系统地介绍了迄今为止已列入嘉兴市级以上非物质文化遗产名录的项目，是一本不可多得的文化科普类读物。

---

① 许晴:《彰显区域特色 打造文化品牌》,《江南论坛》2011年第2期,第46页。

三、加强嘉兴市非物质文化遗产保护的对策思考

在对以往的工作进行历史回顾、问题总结之后，笔者认为今后嘉兴市在保护非物质文化遗产中可注意采用以下对策。

（一）提高文化自觉，端正思想认识

保护非物质文化遗产工作这几年虽然有了良好的开端，但发展是不平衡的。这些问题源于一些部门和领导对非物质文化遗产保护工作在认识上还存在着误区。非物质文化遗产是一种无形的、不可重复的文化现象，对此，应该增强文化的自觉意识和危机意识，充分认识保护与传承非物质文化遗产的紧迫性和重要性，珍爱、尊重祖先传下来的精神财富，对处于弱势地位且脆弱无比的非物质文化，应该刻不容缓地采取有效措施抢救与保护，使之再现生机与活力。在培养保护意识方面，日本的做法值得学习和借鉴。日本是世界上最早提出对文化遗产（包括非物质文化遗产）进行保护的国家，也是世界公认的文化遗产保护最为成功的国家之一。关于保护过程中的“儿童意识”问题，他们的许多做法都是值得我们学习和借鉴的。日本从文化保护政策的制定到学校课程的设置以及在各种民俗活动中，都将儿童放在极为重要的位置。在具体的活动中，日本不仅重视儿童在非物质文化遗产传承过程中的作用，在一些被确定为民俗文化财的活动中，几乎都有儿童的方阵、儿童的参与，而且始终将儿童放在第一的位置，甚至为了儿童的参与，宁可打破仪式活动的“常规”。① 事实上，非遗的保护是一项非常艰巨的工作，如果少年儿童不愿意接受，传承者势必就要断层，该项遗产也就无法传承下去。

（二）区别对待，不同类型采用不同的保护方式

就非物质文化遗产的保护而言，应该实施整体性、综合性的保护方式，其中活态传承是核心，使之与当代生活方式、生产方式和人类社会的发展相适应。除此，以文字和影像的方式、以博物馆的方式或作为文化资源开发利用，都是辅助的方式，而且这些方式都应以不损害非物质文化遗产项目按照自身自然演变规律发展为前提。

一是活态整体性保护。非物质文化遗产既包含着丰富的内容和形式，又与特定的生态环境相依存。为了使民间原生态非物质文化遗产存活下来，就必须

---

① 郑土有：《非物质文化遗产保护中的“儿童意识”——从日本民俗活动中得到的启示》，《江西社会科学》2008年第9期。

加强对与其紧密相依的文化生态环境的保护。在今天的时代条件下，要使活态的民间非物质文化遗产保持原始自然状态是不太可能的，但在一个局部的特殊环境中，采取相应措施，使原生态民间非物质文化遗产存活较长时间，则完全可能。建立文化生态保护区，既可为非物质文化遗产的保护设立屏障，又能将民族文化遗产的真实状态保存在其所属的环境之中，使之成为“活文化”。目前桐乡市已被省文化厅列为蚕桑丝织文化生态区试点。建立文化生态保护区是文化遗产保护工作的新尝试，要做好这项工作还需要在实践中积极探索、积累经验。

二是生产性保护。非物质文化遗产是先民留给今人和后人的宝贵财富，其中蕴藏着丰富的文化价值和经济价值。有效保护与合理利用相结合，使非物质文化遗产造福当代，是保护工作可持续发展的必由之路。对于各种非物质文化遗产，我们应该根据具体情况，采取不同的保护方式。对于那些已经失去生存条件的文化形式，可采用收入博物馆的方法加以保存；对于那些仍然具有生命力，又有开发潜质的传统手工艺和民间艺术，则可以进行合理开发，以生产性的方式加以保护，这既有利于它们更好地传承与发展，又能体现其价值。应当鼓励社会各界对非物质遗产的利用，从民俗表演到旅游开发，从工艺品销售到文化创意发展，多手段、全方位地开发非物质文化遗产中的文化价值和经济价值，使非物质文化遗产在弘扬传统文化、振兴民族艺术的同时，也为开发人文旅游景观、刺激地方经济发展发挥应有的作用。在生产性保护的实践中，可以通过举办各种类型的民间文化艺术节、旅游节、工艺品展销会、民间歌舞比赛、开展集中宣传展示活动等，使本地区的非物质文化遗产转化为经济资源，获取较大的经济效益。如乌镇、西塘的有效开发利用，使之辐射全国、走向世界，已经成为嘉兴亮丽的文化名片。

三是记录式保护。运用录音、录像及亲笔记录等方式，记载民间各类非物质文化遗产传承人的声音、表演或技艺、生产过程，获取真实可靠的图像、实物、文本记录及其他第一手资料，然后再整理分类，建立档案、资料库，进而利用多媒体、数字化等高科技手段，建立数据库等，以便永久保存，并逐步做到资源共享。对于表现为声音、图像、文字等类型的非物质文化遗产，如何文秀传说、海盐钱氏传说、吕留良传说、陆稼书故事等，可以转换成卡通片的方式进行保护；嘉善田歌、南湖采菱歌、桐乡蚕歌等，可以通过录制光碟的方式进行保存和利用。

四是博物馆收藏与展示。非物质文化遗产在长期的发展和传承过程中，留下了大量珍贵的实物和物质载体，如民间美术中的绘画、手工艺品，民间戏曲中的剧本曲谱、乐器、戏服、古戏台等。每一件实物和载体，都是劳动人民智慧和创造力的结晶。在文化遗产比较丰富的嘉兴，各博物馆应该负责本地区文化遗产的收藏、展示、研究和鉴别。在一些非物质文化遗产专题博物馆内，还可邀请民间艺术大师或优秀传承人现场献艺。

(三)利用非物质文化遗产的理念和形式，进行文化的创意

文化创意产业的发展为破解非物质文化遗产保护与传承的困局提供新的解决框架。长期以来，非物质文化遗产保护主要是财政经费支持，属于公益行为。但由于非物质文化遗产的种类、数量、规模极其庞大，保护方式的单一、经验的匮乏以及保护经费的不足致使非物质文化遗产保护事业面临日益严峻的挑战。如何有效地争取民间资源，采用创新的、灵活的手段，借鉴国际先进的保护经验和技术，强化市场导向，使非物质文化遗产的保护在国家公益事业的基础上走产业化开发的道路，提高非物质文化遗产保护的公众认知，并获得一定的市场收益，反哺非物质文化遗产保护，成为非物质文化遗产保护与传承亟待解决的课题。

嘉兴“十二五”规划提出要大力发展文化创意产业，在实践中可考虑与非物质文化遗产的创意开发有机结合起来。充分利用嘉兴大力发展文化创意产业的良好契机，整合各方优势资源，充分以文化元素、创意思维和创新手段融入非物质文化遗产的保护与传承领域，以全新的信息技术手段和卓越的市场眼光，开创一条非物质文化遗产的保护与传承的探索与创新之路，使得非物质文化遗产的保护与传承不仅仅是文化事业的组成部分，而且是充分调动民间力量、市场手段和文化创意产业的创新力量，做成一个既有公益性又有市场收益的全新产业。

(四)加强人才建设，致力于非物质文化遗产的薪火相传

一是强化文化传承人的保护。非物质文化遗产依托于人本身而存在，以声音、形象和技艺为表现手段，制作专题片，并以身口相传作为“文化链”而得以延续。非物质文化遗产保护的核心就是保护文化传承人。必须强化传承人的评估、确认和保护，建立传承人资料库(含音频视频)和保护制度。

二是不断改善传承人的待遇。包括提高其物质待遇，改善其工作环境，提供大师工作室、名师创作室，鼓励“师带徒”，通过带徒传艺、举办相关传习班等形式，传授技艺。申报省级、国家级文化传承人储备人才。淮阴和徐州明确民间艺人在专业技术职称评审等方面享受事业单位人员同等待遇，有特殊贡献者允许破格提升；杭州市不仅采取措施保护传承人，而且采取措施激励年轻人学习，“给徒弟发津贴”，这都给我们以启示。

三是加大人才培养规模。整合职校资源，充实高校非物质文化教育师资力量，广泛培养非物质文化的传承人。要继续强化大师级人才的培养，形成嘉兴非物质文化“大师团队”和“传承人第一方阵”。

嘉兴文化创意产业发展对策研究

□ 曹小明

文化创意产业是以创意为核心，以满足人们精神文化娱乐需求为基础，以高新技术手段为支撑，以网络等新传播方式为主导的一种新兴产业。嘉兴市文化创意产业起步较晚，但近几年，在产业结构转型升级的背景下，围绕建设文化名城、壮大文化产业的目标，深化文化体制改革，文化创意产业呈现快速发展势头。

一、嘉兴发展文化创意产业的现实必然性

作为知识密集型产业，文化创意产业主要依靠人才的创造力和集聚效应，通过文化、技术、制造和服务的融合，将历史文化资源、社会人文资源等转化为经营资源和资本，从而有效突破资源、能源、土地、资本等瓶颈的制约，最大限度地实现环境保护，实现整体经济增长效率的提升和产业结构协调发展并逐步向更高水平演进，因而对嘉兴经济社会发展具有重要意义。

（一）必然性

1. 发展文化创意产业是促进嘉兴经济转型升级的重要途径

2011 年，嘉兴市三次产业结构为 5.5∶57.6∶36.9，而浙江省三次产业结构为 4.9∶51.3∶43.8，因此嘉兴调整产业结构，特别是提高第三产业在三次产业中比重的要求十分迫切。而发展文化创意产业不仅能迅速提高第三产业在 GDP 中的比重，而且可以优化第三产业本身的内部结构，是促进经济转型升级的重要途径。

2. 发展文化创意产业是推进嘉兴经济创新发展的内在要求

从国际经验来看，人均 GDP 超过 5000 美元以后，经济活动的商务成本和

人力成本不断提高，经济发展将主要依靠自主创新，包括科学技术的创新和商业模式的创新。通过创新促进产业结构优化，提高产业经济附加值，提升劳动生产率。2011年，嘉兴市地区生产总值2668亿元，按常住人口计算，人均地区生产总值约59000元，折合约9400美元，正处于由要素驱动和投资驱动向创新驱动阶段过渡的关键时期，处于必须紧紧抓住并且可以大有作为的重要战略机遇期，如果能抓住机遇，大力推进自主创新，全面提升自主创新能力，将有望破解环境承载力和土地等资源要素制约，实现经济的全面转型和升级。

3.发展文化创意产业是提升嘉兴城市综合竞争力的战略性举措

综合竞争力包括物质形态的硬实力和精神形态的软实力，创意产业对这两种实力都会产生影响，特别是在软实力方面。众所周知，在全球化的条件下，企业、城市之间的竞争日趋激烈，任何一种技术、工艺、商业模式都可能在很短时间内为竞争对手所知晓、模仿、超越，“只有创造力是无法模仿的，创造力也是最高端的宝贵资源”。创意产业的发展和繁荣可以大幅度提高传统制造业产品的文化和知识含量，进而提高产品附加值，并以其巨大的创造性激发城市的活力，提高城市的文化品位和文化内涵，增强城市的凝聚力和辐射力。因此，把创意产业作为嘉兴新一轮发展中的支柱产业，大力推动和扶持其发展，是嘉兴提升城市综合竞争力的战略性举措。

（二）可行性

1.区位条件和人居环境良好

嘉兴紧邻沪苏杭，面向杭州湾。随着高速公路、轨道交通、深水港区、杭州湾跨海大桥等重大交通设施的陆续建成和不断完善，已成为沟通长三角城市群南北两翼的重要交通节点，独一无二的区位交通优势为发展文化创意产业创造了优越的基础条件。

文化创意产业作为现代资源节约型的环保产业，对生态环境有着较高的要求，树立生态文明观念，营造优美、宁静的人居环境，是吸引文化创意产业投资项目，吸引高层次创意人才前来入住并开展创作经营活动的重要条件之一。嘉兴高质量的人居环境无疑有助于嘉兴成为吸引国内外、区内外创意人才，启发创意灵感，发展创意产业的理想城市。

2.文化底蕴厚重，人文资源丰富

嘉兴文化底蕴深厚，马家浜文化源远流长。作为中国江南文化的重要发源地和国家历史文化名城，嘉兴具有悠久的历史和丰厚的文化遗存，不仅传承了吴越文化之渊源，保留楚文化的余韵，而且深受海派文化乃至西方文明的影响，历代名人辈出，有着丰富的社会人文优势和高素质的劳动力资源。近年来，积极实施“文化强市”战略，通过举办江南文化节、农民画艺术节、南湖船文化节、博览会、设计展等多种创意性活动，逐渐形成了良好的制度、开放的环境以及对多种不同思维的包容性。

3. 科技创新能力迅速增强

《浙江省科技强省建设与“十一五”科学技术发展规划纲要》提出，加快形成和发展以杭州为中心、宁波和嘉兴为副中心，温州、绍兴、湖州、金华、台州等中心城市各具特色的网络化、开放型区域创新体系。作为浙江省两个科技创新副中心之一，以嘉兴科技城建设为载体，引进了不少科研机构和中高级专业人才。嘉兴基础教育发达，高等教育也奋起直追，通过培育和引进，发展迅速。目前有37家科研机构，4所普通高等学校，近7万在校学生，新兴科教资源和人才储备日趋丰富。

4. 文化产业发展体系基本形成

全市文化产业努力做强核心层、做大外围层、拓展相关层，以新闻服务、演艺娱乐业、印刷业、广播影视业、文化旅游业、艺术品经营业、文化中介服务业等行业为主体的文化产业九大类服务业态已初具规模。据嘉兴市文化局统计，截至2010年底，全市有各类文化经营法人单位4374家、个体经营户25065家，从业人员达17万人。2010年全市文化产业增加值为81.88亿元，占GDP的比重为3.56％，全市文化产业增加值呈连年稳定增长趋势，为文化创意产业奠定了良好基础。

二、嘉兴市文化创意产业发展现状与特点

(一)现状

嘉兴文化创意产业发展始于2006年。为了迎合嘉兴城市“东进南移”战略的实施，满足嘉兴市未来发展的功能布局，根据嘉兴市政府与美国马里兰大学中美中心合作洽谈达成的意向，决定对原东栅工业功能区进行“退二进三”改建，建设嘉兴国际创意文化产业园，其目的旨在利用创意产业特性，推动传统制造业向高增值产业升级和转型，拓展制造业的发展空间，并促进现代服务业的发展。

2010年，成立了市文化产业发展领导小组，加强对全市文化创意产业发展的领导和管理；2011年，成立了由市委书记任组长的文化建设领导小组及其办公室，文化创意产业管理机构不断健全。目前，嘉兴文化创意产业正在快速起

步，一批自主创新潜力较大的文化创意产业开始萌芽，一批规模较大、起点较高的文化创意园区正在规划和建设，环南湖文化创意产业带在《浙江省文化创意产业发展规划》中，被列入重点扶持构建的十大省级文化创意产业集聚区。

（二）特点

1. 文化创意产业园建设快速发展

嘉兴国际创意文化产业园、嘉兴现代文化产业园、创意创新（软件）园发展较快，形成了环南湖创意产业带，并列入了浙江省集聚发展的31个文化创意产业园区规划。嘉善文化创意园、动漫大楼，平湖服装箱包设计文化创意产业园，海盐横港印刷产业园，海宁皮革产业园品牌风尚中心，桐乡濮院320创意广场等，均围绕当地特色产业完成园区布局，引进了工业设计、动漫设计、艺术品经营、影视拍摄制作等涵盖不同层次、不同门类的文化创意产业，各有侧重，错位发展。

2. 行业龙头企业正在涌现

以嘉兴日报报业传媒集团和嘉兴广电集团为代表的经营性文化单位改制初见成效，并呈现规模化、集约化、多元化经营趋势，2010年总收入5.5亿元。其中，嘉报集团以"打造一流报业集团"为战略目标，先后荣获"最具品牌价值地市党报"十强、"中国地市报报业发展"50强、"2008中国地市报"十强、"品牌贡献奖·影响中国"十大地市报、"金长城传媒"奖、"2009中国十大"地市报和"中国最具企业投放价值"地市报等称号。嘉兴麦宝科技信息有限公司专注于网络平台营销，做线上的品牌商城，从实体经济向电子商务转型，预计2011年销售收入可达6亿元。浙江雅莹服装有限公司依托国际化品牌经营、专业化的研发设计、规模化的生产物流，向"微笑曲线"的高端发展，已成为富有文化内涵的全国十大女装品牌之一。

3. 软件产业发展迅速

根据浙江省经济和信息化委员会公布的数据，2010年，嘉兴市软件业务收入完成12.6亿元，同比增长65%，位列全省第三。近几年来，嘉兴市以嵌入式软件为主导，应用软件、软件服务为辅的软件产业一直保持了较高的发展速度，从2005年末的2.65亿元增加到2010年的12.6亿元，规模扩大了4.8倍。

4. 政策环境不断改善

为推动文化与科技的融合，近年来嘉兴围绕块状特色经济发展和新兴产业的培育，集聚行业创新资源，搭建文化创意服务平台，设立文化产业专项扶持资金，重点在培育文化创新团队、推进文化创意产业发展等方面出台相关扶持政策，加大对工业设计业、信息软件业、动漫游戏业等创意产业发展的支持力度。

5. 创意产业交流活动活跃

2009年以来，在嘉兴举行的创意产业交流活动和相关论坛已有多次，活动涉及创意产业经验交流、设计、动漫、艺术、旅游和会展等行业发展状况，包括2009年中国（嘉兴）科普旅游节、首届长三角国际动漫嘉年华、首届嘉兴国际钢雕艺术节和首届嘉兴马家浜文化节等。2010年和2011年的主要活动有中国·嘉兴江南文化节、第二届嘉兴国际钢雕艺术节、浙江（嘉兴）微软技术中心2011夏季交流会和第四届中国网页游戏高峰论坛等多项特色活动，园内的天工苑、铁哥们等举办了丰富多彩的展览展示活动，进一步打响了创意园区的品牌。这些节庆活动不仅已成为嘉兴文化创意产业及文化产品的重要博览、交易平台，而且也正在发展成为全国性的交流盛会，日益呈现出综合化、专业化的特点。

三、嘉兴市文化创意产业发展面临的问题

（一）当前存在的突出问题

1. 产业规模尚小

据第二次经济普查资料初步测算，2010年嘉兴市文化产业增加值为81.88亿元，占国内生产总值的3.56%。而2010年，宁波市文化产业实现增加值250.33亿元，占GDP比重为4.85%；杭州市文化产业增加值更是突破700亿元，达到702亿元，占全市GDP的比重达11.8%，相比之下差距巨大。

2. 产业龙头竞争力较弱

2010年，嘉兴日报报业传媒和嘉兴广电两大集团，年总收入不到6亿元；发展很快的B2C企业麦包包，2010年的销售收入也只有3亿元。所以就个体而言，嘉兴文化创意产业龙头企业规模较小、实力较弱，文化产业的经济总量、单体产品规模、对国民经济的贡献率以及经济发展战略，甚至市场运作成熟度、硬件和软件建设方面，均有很大的提升空间。

3. 园区产业集聚度不高

主要表现在要素分散、定位模糊、内耗较大，短期内难以形成规模效应。与周边城市相比，总体上招商引资进展较慢、重大项目数量较少以及产业链不完整，尤其是产业链问题比较突出。

与传统的产业链结构相比，文化创意产业链并不是简单的上下游关系，而是以市场为导向，以创意为核心的价值创造链。目前，嘉兴尚未形成一条符合

市场规律的完整创意产业链，创意企业的创意设计产品难以有效地与下游需求方对接，与上海、杭州等城市相比，嘉兴的中介服务、投融资等商业化环节活力不足，民营资本不够雄厚，企业创意意识不强，城市休闲氛围不够浓厚，产业和项目载体以及公共技术服务设施不足，不能满足企业发展需要，所有这些不同程度地制约了嘉兴文化创意产业的发展。

4.企业融资困难

当前，文化创意企业融资途径大致有两类：一类是内部融资，即企业将自己的留存利润转化为投资的一种筹资方式；另一类是外部融资，即企业通过金融、资本市场或公共资金渠道，以直接或间接方式从外部获得资本的筹资方式，具体包括银行信贷、债券融资、股票融资以及风险融资等形式。由于文化创意产业的无形资产难以评估，大多数文化产业项目缺乏固定资产等有效质押物，因此文化创意企业或文化创意项目获得银行贷款的难度较其他产业更大。

目前嘉兴文化创意企业还没有上市公司，得到风险融资的企业也只有麦包包等极少数企业。因此，如何进一步提升包括直接融资在内的文化创意企业的融资比重，优化融资结构，已经成为影响文化创意产业发展的关键性问题。

5.专业人才缺乏

文化创意产业是智能化、高知识化的头脑产业，人才是创意产业发展的核心资源，培养一流的创意人才，增强创意产业高端人才与团队集聚，是培育文化创意产业的关键。但目前嘉兴发展文化创意产业所需的人才，如策划、规划、设计、市场分析人才等十分匮乏，不仅文化创意人才的储备不够，而且结构也不尽合理，尤其是缺少高级文化创意人才，缺少能够将文化创意产品产业化的经营人才，创意人才总量、结构、素质还远不能适应产业快速发展的需要。

（二）原因分析

1.思想认识问题

各地对文化创意产业及其发展规律的研究和认识不足，不同程度地存在着对发展文化创意产业的重大意义认识不足，对发展文化创意产业重要性、必要性、紧迫性认识不足，发展观念滞后的问题。具体来讲，一是对文化创意产业在促进经济发展的同时，能够极大地满足人民群众不断增长的精神文化需求，从而对于推动经济社会发展的重大作用认识不到位；二是对发展文化创意产业的巨大潜力认识不足。其结果是，缺少对文化创意产业发展的全方位支持以及一个协调文化创意产业发展的统一服务机构。

2.产业规划问题

规划是预先决定要做何事，如何去做，为何这样做，何时去做，由何人来做，以及在何处做等一系列的安排，它是经由合理的程序，对于各种行动方案作有意识的决定，并根据目标、事实和经过思考的估计，作为制定决策的基础。因此，科学规划是培育文化创意产业的有力保障。

近年来，上海、杭州等周边城市均从发展背景、总体思路、战略目标、空间布局、产业发展、实施保障等方面全面系统地制定了文化创意产业发展规划，而嘉兴还未形成明确的文化创意产业发展规划，发展思路不明确，且缺乏针对性强、力度大的激励政策，使得产业布局不尽合理，发展带有一定程度上的盲目性和随意性。

3. 行业管理问题

一是完善的、有利于促进文化创意产业发展的体制机制，如引导机制、激励机制、保护机制和风险分担机制尚未建立健全；二是行业管理部门分工不明确，文化创意产业分散在不同的主管部门，政出多门，有效协调困难，不利于资源的整合和有效的利用，市场主体融入市场难度较大；三是文化创意产业的资源条块分割严重，文化市场秩序还较混乱，在产业准入性、规范性、开放性等方面还有不少工作有待完善。

4. 政策保障问题

一是文化创意产业发展的政策环境问题。资金缺乏、融资困难、高水平人才不足、市场拓展乏力是许多中小文化企业普遍面临的问题。尤其是中小文化企业的融资问题，由于文化企业多为民营中小企业，缺乏规范的公司治理结构，财务制度不健全，信息透明度低，信用程度相对较差；很多文化企业的经营范围趋同，缺乏经营特色和比较优势，同业竞争异常激烈；文化企业资产规模一般较小，很难满足银行对贷款的抵押要求，同时对知识产权等无形资产的评估质押仍很欠缺，以及文化产业领域的投资周期较长，收益具有不确定性等原因，加剧了企业的融资难度。

二是尚未建立起较完善的文化创意产业的公共服务平台。目前嘉兴的文化创意产业以中小企业居多，它们虽有一定的潜力和技术，但更需要培育和推广，需要社会的支持。因此，文化创意产业公共服务平台建设，尤其是能为广大中小文化企业解决共性技术问题和进行市场推广的公共服务平台建设的要求非常迫切。

四、加快文化创意产业发展的对策建议

(一)制定发展规划,明确发展定位

发展文化创意产业是促进经济发展的必然趋势,但文化创意产业门类繁多,应该根据"有所为,有所不为"的原则,结合嘉兴产业发展的基础和条件,扬长避短,因地制宜、有选择地发展文化创意产业。为明确文化创意产业在嘉兴经济发展中的地位,明确嘉兴在长三角文化创意产业发展格局中的位置。建议:

借鉴其他地区有益的经验和做法,并根据嘉兴市"十二五"发展规划和现代服务业发展的要求,制定包括目标任务、发展重点、产业门类、形态布局、政策措施、组织指导等在内的嘉兴市文化创意产业发展规划,通过合理的规划布局,形成若干富有特色和竞争力的文化创意主导产业和产业集聚区。

(二)进一步深化文化体制改革,激发产业发展活力

文化市场条块分割、区域壁垒和行政干预的问题虽然已有所改观,但仍没有从根本上得到扭转。原有行政主导的文化管理体制并未彻底改变,文化管理权限分散的问题并未根本解决,由此造成的资源浪费和多头管理问题正在成为进一步解放和发展文化生产力的重要制约。建议:

一是通过深化文化体制改革,明确政府主管部门的功能和职责,将文化产业与文化事业完全分离;同时通过成立专门管理文化创意产业的部门,形成独立、有效的创意产业的管理监督体制。二是加强文化创意产业行业协会的建设,将目前由政府部门承担的诸如制定质量标准、实行行检行评等工作转移给行业协会,以促进政府职能的转变。而行业协会则通过促进知识产权保护、专利申请和资质认定等工作,维护会员合法权益;通过组织合作交流、中介服务、会展招商、咨询培训、出版发行等活动,定期或不定期举办以"文化创意产业"为主题的高层论坛、专家研讨会、博览会和设计比赛等,加强相互间的交流与合作,为会员开拓国内外市场服务。

(三)加强组织领导,完善推进机制

文化创意产业既是经济与文化的融合,又是现代服务业与先进制造业的融合,是一个跨部门、跨行业的产业。没有一个综合性、权威性的协调机制,是难以形成合力的。为避免政出多门、交叉重复、资源浪费、相互推诿等问题。建议:

一是建立全市文化创意产业发展联席会议制度，研究制定全市文化创意产业发展中的重大战略和政策，统筹协调解决全市文化创意产业发展中的重大问题，协调推进重大项目。各区县也建立相应的协调机构，形成市、县（市、区）共同推进文化创意产业发展的工作机制。二是建立健全文化创意产业统计制度及统计指标体系，及时跟踪监测和分析研究全市文化创意产业发展状况，定期发布调查统计分析报告。三是加强宣传推广力度，通过开展各类有利于文化创意产业发展的活动，推动文化创意产业的形态和内涵同步发展，增强全社会的创新意识，营造良好的创意氛围。重点是降低准入门槛，降低创业成本，打破政府对文化资源的垄断和对文化产业的过度干预，建立一套全民创意的长效机制，大力发展创意社区、创意社会，让创意走进百姓生活中。

（四）建立完善政策支持体系，加大重点创意项目、创意企业的扶持力度

从国际经验来看，文化创意产业在发展初期离不开政府的大力扶持和引导。目前，嘉兴的文化创意产业还是一个弱势产业。建议：

加大扶持力度，设立专项发展基金，在财政资金投入、立项、用地、税收、价格、信贷、融资、生产、流通、进出口等方面予以扶持。对有重要示范、带动意义的重点创意项目和重点创意企业，应集中市场资源、技术资源和资金资源，实施重点扶持；对符合土地利用总体规划、城镇建设规划、国家产业政策和供地政策的创意产业项目，优先保证用地。

（五）推动集聚化发展，打造创意产业链

集聚化发展是加快产业发育的有效途径，有利于近距离建立资源配置链、市场供应链及相对完整的产业配套链。但目前以行政区域划分或行业分割方式构建的文化创意产业园区，因受到传统利益格局和资源配置的影响，难以达到理想的要素组合和产业的深化。建议：

加强对文化创意产业集聚区的规划、建设和培育，广泛吸取各地在政策制定和创新方面的有效作法，灵活制定相关政策，努力建设一批特色鲜明、优势突出的创意产业基地和园区，打造较为完整的创意产业链，实现创意产业集群发展和产业规模效应的充分释放，形成一批具有自主知识产权的技术、产品和标准，打造一批具有国内外影响力的知名创意品牌。

（六）构筑产业服务体系，加强对知识产权的保护

法制环境是文化创意产业发展的基本要素。从发达国家及地区发展文化创意产业的情况看，构建良好的法制环境是促进文化创意产业健康发展的先决

条件，也是实现经济社会协调发展的基本要求。建议：

一是构建文化创意产业的网络信息、投资咨询、知识产权、人才培训、展示交易和研发设计的公共服务平台。着重发展技术研发中心，以便为嘉兴文化创意企业提供公共的技术开发工具平台、测试平台等服务，以及在产业领域开展面向应用的关键技术研发，满足消费阶段所需要的应用技术供给。二是鼓励和支持中介机构、行业组织发展。重点发展经纪、代理、评估、鉴定、推介、咨询、拍卖等文化创意产业领域的中介机构，促进民间广大创意人群与创意专业机构的结合、合作，形成"政府引导、市场动作、中介服务"的产业联动机制，推动文化创意产业科学、健康、快速发展。三是适时出台保护知识产权的相关配套政策，加大对文化创意产业及其衍生产品的知识产权保护力度和对侵权违法行为的打击力度。在法律环境不健全的情况下，借助行政手段和政策力量，扶植知识产权代理机构，重点保护与本地文化创意产业有关的知识产权保护项目。

（七）加强创意人才引进和培养力度，营造优秀人才脱颖而出的发展环境

发展文化创意产业，关键是人才。但嘉兴不具有创业人才资源优势，尤其与周边的上海、杭州和苏州相比，嘉兴的高校、在校生、科研机构、专业艺术人才的数量都很低。建议：

一是逐步消除阻碍人才流动的制度性障碍，减少各种阻碍创造力发挥的人为阻力，积极营造一个宽容的环境。二是积极引进各类急需的专业技术人才和复合型人才，根据创意人才工作弹性强、自由度大的特点，在一定区域内创造一种与之相适应的文化氛围和生活氛围，以宽容和支持的态度为创意人才提供激发灵感的空间；对能带动整个行业发展的文化创意产业领军人物或高级人才，实行特殊政策。三是注重自身创意产业人才的培养，在有条件的高校尽量设立文化创意产业相关专业，条件成熟时设立专门的创意产业学院，并为其提供交流合作的机会和经费支持，以期培养出具有中国特色和嘉兴特点的创意产业设计、策划、制作等高素质的人才资源；要依靠社会力量、研究机构、国内及国际交流培养专业人才；要积极实施"文化创意梯队工程"，通过在中小学生中开展各类"文化创意设计"活动，为文化创意产业培养高素质的后备人才。

参考文献

[1]徐士珍主任在视察文化产业情况时的讲话.2010-10-26.

[2]嘉兴市文化广电新闻出版局2011年度工作总结.嘉文〔2012〕12号.

[3]嘉兴文化产业发展领导小组办公室.嘉兴市文化产业发展"十二五"规划（第二次征求意见稿），2011-11.

[4]浙江省发改委.浙江省文化创意产业发展规划.浙发改规划〔2009〕558号.

[5]嘉兴市统计局.2011 嘉兴统计年鉴.北京:中国统计出版社,2011.
[6]嘉兴市统计局.2010 年嘉兴市国民经济和社会发展统计公报.
[7]张京成.中国创意产业发展报告(2007).北京:中国经济出版社出版,2007.
[8]曹小明.嘉兴文化创意产业政策探析.浙江:嘉兴社会科学,2011(3).
[9]曹小明.嘉兴文化创意产业公共服务平台研究.南湖论坛,2011(3).
[10]王夏斐.2010 年杭州文创产业增加值突破 700 亿元.杭州日报,2011-02-11.

嘉兴公共图书馆乡镇分馆建设的实践与思考

□ 彭世杰

公共图书馆是“开展教育、传播文化和提供信息的有力工具，也是在人民的思想中树立平等观念和丰富人民大众的精神生活的重要工具”，在整个公共文化服务体系中占有重要地位。但是，受原有体制的影响，各图书馆之间自成一家、城乡分割、重复建设现象严重，因此，优化公共图书馆服务体系显得尤为迫切。近年来，嘉兴市探索实践乡镇分馆建设，在优化资源配置、提升服务效益等方面取得了良好的效果。

一、公共图书馆推行总分馆体系是大势所趋

一般而言，公共图书馆总分馆体系是指由同一个建设主体资助、同一个主管机构管理的图书馆群，其中一个图书馆处于核心地位作为总馆，其他图书馆处于从属地位作为分馆。分馆在行政上隶属于总馆，或与总馆一起隶属于同一个主管部门，在业务上接受总馆管理。①

（一）总分馆体系的优越性

作为一种先进的办馆模式，总分馆制具有许多单馆制所没有的优越之处。一是有利于优化公共图书馆的服务布局。总分馆制包括一个总馆及其所辖的若干个分馆，这些馆构成一个网状的形态，面向社会提供服务。以美国为例，纽约公共图书馆有 89 所分馆和 77 所社区图书馆；芝加哥公共图书馆包括 1 所主馆和 2 所区馆，总分馆一共 79 所分布在全市；洛杉矶郡公共图书馆管辖了 84

---

① 邱冠华、于良芝、许晓霞：《覆盖全社会的公共图书馆服务体系：模式、技术支撑与方案》，北京图书馆出版社 2008 年版，第 8 页。

所区域的社区分馆，4 辆图书流动车，以及 7 个专门的参考资料和文献资料中心。[①] 总分馆制使城乡图书馆网络布局合理化，城市图书馆总分馆制的推广将使城市中心图书馆上规模、上档次。二是有利于统筹公共图书馆的服务管理。总分馆制的突出优点是可以全面规划本地区图书馆网络的布局，促使其均衡、健康发展；可以对本地区文献资源进行规划、调整、协调、建立地区性文献资源保障体系；可以使公共图书馆组织更完善、更健全、更有序，各种业务工作实现标准化、规范化、网络化。这种发展趋势促使城市图书馆事业发展走上集群化道路，而且可以使城市图书馆体系形成健全的服务网络，更加方便群众、贴近社会，提高城市图书馆的整体服务功能和效益。三是有利于提高公共图书馆的整体效益。在总分馆体制下，总馆具有较为集中的管理人、财、物的权力。一方面统一申报经费，按统一标准选择、任命工作人员；另一方面，通过协同采购、联合编目的方式，从而避免图书资源的简单、重复建设，达到馆藏资源的充分利用，最终达到提升图书馆整体效益的目的。

（二）嘉兴市推行总分馆体系的可行性

党和政府对公共文化事业的重视，国内图书馆界的有力推动，以及嘉兴市经济快速发展，为探索实行公共图书馆总分管体系奠定了良好基础。一是政策基础。近年来，党和政府从建设和谐社会、社会主义新农村，满足人民群众基本文化需要的目标出发，提出构建覆盖全社会的、比较完备的公共文化服务体系，并出台相关政策对公共图书馆实行总分馆制作出指导，为公共图书馆推行总分馆体系提供了政策上的保障。2002 年初，国务院办公厅明确提出："有条件的地方要积极推行中心图书馆与分馆制，发挥中心图书馆的资源优势。"2006 年 9 月，《国家"十一五"时期文化发展规划纲要》要求："县（市）图书馆逐步实行总分馆制，丰富藏书量，形成统一采购、统一编目的图书配送体系，充分发挥县图书馆对乡镇、村图书室的辐射作用，促进县、乡图书文献共享。"在国家的重视和支持下，很多地区纷纷着手建设公共图书馆总分馆体系，推进了我国公共图书馆事业向前发展。二是制度基础。由于我国图书馆界的推动，我国公共图书馆事业的建设和发展逐步走上了快车道。由中国图书馆学会起草的《关于推进公共图书馆服务体系建设的建议》为政府部门提供了决策参考，对推动农村地区图书馆政策的出台起到了重要作用。2008 年，《公共图书馆建设用地指标》、《公共图书馆建设标准》两个国家标准正式颁布执行。我国图书馆立法工作也在文化部的支持下，由中国图书馆学会和国家图书馆牵头，紧锣密鼓地进行着。"图书

---

① 王嘉陵：《美国公共图书馆总分馆制考察》，《图书馆理论与实践》2011 年第 4 期，第 66—70 页。

馆法”的出台，将极大地推进我国图书馆事业的发展。三是经济基础。公共图书馆建设的发展进步与一个地区、一座城市的社会经济发展程度息息相关。一方面，城市发展水平的提高，带动了市民对文化、知识、信息的需求不断增加。另一方面，城市的发展为公共图书馆提供充足的并且是持续增长的经费保证。改革开放以来，嘉兴市经济呈现出较快的发展速度。2010年，全市生产总值为2296亿元，人均GDP为67410元(折合9958美元)；全市财政一般预算收入334.33亿元，其中地方财政收入176.83亿元。① 城市经济发展了，人民生活富裕了，地方财政也稳定增长，对城市的文化设施建设加大了投入，也包括公共图书馆的建设。

二、嘉兴以行业示范、政府主导为特色的乡镇分馆模式

近年来，作为经济相对发达的嘉兴市，从本地经济、文化发展水平的实际出发，在公共图书馆总分馆体系建设方面进行了许多新的探索，积累了许多新鲜经验。

嘉兴市开展公共图书馆总分馆体系建设的探索始于2005年，这种通过契约形成的总分馆模式在扩大总馆影响、提升分馆业务水平的同时，也面临着协调管理成本高、工作队伍难于稳定等一系列问题。2007年，在统筹城乡发展的指导思想下，嘉兴市开始探索在乡镇设立市图书馆紧密型分馆的方式，首先在南湖区余新镇和秀洲区王江泾镇分别建立了市图书馆乡镇分馆。两个分馆试点获得成功后，嘉兴市委市政府出台了一系列政策文件，明确提出两年内在嘉兴市本级全面建设乡镇分馆的目标，下辖的五个县(市)乡镇分馆的建设工作也全面启动。2008年2月，嘉兴市政府出台了《关于构建城乡一体化公共图书馆服务体系的实施意见》，明确了乡镇分馆建设的总体目标和具体任务等，并根据各乡镇的人数、地域范围、图书馆的有效覆盖能力，对分馆的网点布局进行整体规划，同时提出了统一的建设标准。同时，市政府和市文化局出台了一系列配套的政策文件，对乡镇分馆的管理职责、资金管理、人员管理、设备管理、乡镇分馆服务与读者权益、绩效考评等问题予以明确。

嘉兴市“政府主导、统筹规划，多级投入、集中管理，资源共享、服务创新”的总分馆建设模式，重点是突破城乡二元结构。

(一)财政投入机制

分馆建设过程中，由乡镇政府提供分馆的馆舍，分馆的开办经费核定为30

① 《2010年嘉兴市国民经济和社会发展统计公报》，2011年3月11日。

万元，由市、区、镇财政各负担 10 万元，不足部分由乡镇承担。乡镇分馆的图书购置费主要由市财政承担，每建一个乡镇分馆，市财政都给予 30 万元专项用于图书购置，建成后则按每个分馆每年 10 万元的标准拨付，专项用于分馆图书、期刊资源等的添置。拨付的图书购置费由市图书馆统一收支。同时，区财政每年为每个分馆提供 10 万元补助经费，由市馆专款专用。主要用于分馆日常设备的添置更新和日常业务活动的开支，多余部分根据考核补助给乡镇。乡镇财政负责馆舍日常维护、维修费、水电、通讯费及由当地配备的具有一定资质的辅助管理人员的工资等费用。

(二)人员选聘机制

市图书馆向各乡镇分馆委派馆长，业务活动对总馆负责。同时每建一个分馆，市人事局给市馆增加 2 名编制，包括 1 名事业编制和 1 名岗位合同工编制。市图书馆根据工作实际和岗位需求制定选人用人标准，乡镇政府按照标准招聘专职人员。乡镇分馆工作人员由市图书馆统一培训、统一考核、统一管理，并参加总馆组织的学习培训等，接受总馆考核小组的定期考核，总馆有权按照规定辞退不称职的工作人员。

(三)服务管理机制

市图书馆作为当地文献书目信息中心、图书资源配置中心、网络服务和业务管理中心，在整个公共图书馆服务体系中居于枢纽地位，对分馆的人财物和业务实施集中管理。市馆作为乡镇分馆的总馆，负责管理乡镇分馆的经费、人员、设备、资源建设。乡镇分馆的业务工作也由总馆统一规划，资源统一采购、统一编目、统一配送，统一开放时间、统一标识和统一服务标准。

(四)激励考核机制

对乡镇分馆的考核，实施自我评估与实地考评相结合的原则。各乡镇分馆根据考核标准，首先对年度工作写出自我评估报告，并报市文化行政管理部门。市、区两级文化行政管理部门和总馆组成联合考核小组，对各乡镇分馆实地进行考评。考评内容包括办馆条件、人才队伍、基础业务、读者服务、内部管理、提高指标等六大类，并根据实际情况分别赋分，按必备条件和考核分值分别给予考核定级。

嘉兴市公共图书馆总分馆制建设的方式彻底改变了原来乡镇图书馆经费缺乏、资源匮乏、专业技术力量不足、管理单元太小而难以有效地为广大乡镇民众提供公共图书馆服务的局面，建立起以市馆为总馆、乡镇图书馆为分馆的服务网络，实现了城乡图书信息资源的共享，提高乡镇图书馆的服务能力和水平。截至2010年底，嘉兴市、县两级图书馆（除海盐县外）均达到部颁一级以上标准；全市54个乡镇建有高标准的乡镇分馆，已实现乡镇图书馆的全覆盖；累计建筑面积3.1万平方米，总藏书121万册，报刊杂志13500册，书架4175个，电脑967台，工作人员169人，初步形成了较为完善的城乡一体化公共图书馆服务网络。试点以来，平均每个乡镇分馆年到馆人次超出10万，社会效益达到或超出全国县级公共图书馆平均水平。这一成功探索已引起社会各界的高度关注，被誉为打破"篱笆墙"的公共图书馆和中国公共图书馆总分馆建设的"嘉兴模式"，在一定范围内具有创新性、导向性、带动性和科学性。①

三、促进公共图书馆总分馆体系可持续发展的几点思考

不可否认，嘉兴市公共图书馆总分馆制在很大程度上代表着中国公共图书馆服务体系建设的基本方向，但是在促进其可持续发展方面，仍然需要在体制、立法等方面不断创新。

（一）增加总馆的能力和权力

在现有的"准总分馆体系"中，总馆通常扮演着业务中心的角色，负责整个图书馆体系的资源统一采购、分编，计算机网络平台的维护，参考咨询平台搭建等核心业务；分馆则在资源、管理、技术、服务等许多方面依赖于中心馆。在总馆不具有行政管理权的条件下，业务能力就成为其凝聚力的关键。在经济发展水平较高和社会协调发展要求强烈的嘉兴地区，在构建"准总分馆体系"的过程中（特别是规划或协议谈判阶段），扮演总馆角色的图书馆首先要向自己的建设主体（省、市、县政府）争取足够、稳定的总分馆建设的政策支持和经费保障，如管理制度、财经制度、考核制度及管理经费、购书经费、系统开发经费等。其次，要尽可能争取对分馆的人员管理权。苏州图书馆在建设所有分馆时，都要求掌握分馆的人员管理权，并把这一权力作为签订协议的基本条件。嘉兴市在建设秀洲分馆时，也争取到了人员管理权，这些图书馆的经验都可以借鉴。实践证明，总馆有足够的控制权，有利于实行统一的、规范化的总分馆体系建设。同时，在文化建设上求同存异，不断发展和增加统一的要素，形成共同的凝聚力和感召力。② 在这一方面，杭州市图书馆做得比较好，先后在服务体系内实行了统

---

① 《浙江嘉兴市：城乡一体化公共图书馆服务体系建设》，http://www.cpcss.org/_d271555002.htm

② 《图书情报工作》杂志社编著：《图书馆与多样化服务》，海洋出版社2009年版，第108—112页。

一的"杭州一证通标识"、制定了《杭州市公共图书馆服务公约》、《杭州市公共图书馆一证工程技术标准》等。

(二)调整公共图书馆服务体系的建设主体

当前,总分馆制已被图书馆界视为代表着中国图书馆事业未来发展的基本方向。但是,要建设人财物统一管理的总分馆体系,就必须对现有的建设主体进行调整。中国图书馆学会"图书馆服务网络构建研究"课题组建议,在综合考虑行政区划和城乡界限的基础上,由不同层级的政府担任区域内公共图书馆总分馆体系的建设主体。具体如下:将大城市(直辖市和部分公共图书馆较发达的副省级城市)的区政府界定为全区公共图书馆的建设主体,将中小城市的市政府界定为整个城区公共图书馆的建设主体,将县政府界定为全县公共图书馆的建设主体。将省政府界定为省级公共图书馆的建设主体,但在经济发展不均衡的省份(如广东、山东、江苏),可以参考澳大利亚部分州的做法,将省政府和县政府确定为该县公共图书馆的联合建设主体。① 这样做有以下几方面的优势:一是进一步明确了责任主体,责任主体可对区域内公共图书馆建设进行统一规划、合理布点,有利于区域内公共图书馆的一体化建设;二是由于建设主体上移,原有"一级政府建设和管理一个图书馆"体制下社区/村一级公共图书馆建设主体悬空的问题迎刃而解;三是由于区域内各图书馆之间在文献资源、设备、人力资源等方面高度共享,有利于形成区域内联系紧密的真正意义上的总分馆体系,方便读者享用区域内所有公共图书馆的资源。

(三)推动公共图书馆管理的法律化和制度化

通过立法,对于公共图书馆在经费、办馆方针及科学管理等方面,将提供重要保障和支持。我国不少地区也出台了具有一定法律效力的地方性图书馆条例,如《上海市公共图书馆管理办法》(1996 年 11 月)、《深圳经济特区公共图书馆管理条例(试行)》(1997 年 7 月)、《北京市图书馆条例》(2002 年 7 月)、《浙江省公共图书馆管理办法》(2003 年 8 月)等,但是这些条例和规章往往内容比较笼统,没有解决当前图书馆发展中亟须解决的一些重要问题。因此,文化主管部门要加大公共图书馆法规建设力度,在颁布《公共图书馆用地标准》、《公共图书馆建设标准》的基础上,制定具有推动我国图书馆事业发展的真正意义上的《图书馆法》,在法律层面上引导、推动公共图书馆总分馆体系建设,解决目前阻碍我国公共图书馆事业发展的体制、机制问题,使政府真正承担起公共图书馆

---

① 于良芝 陆秀萍 刘亚:《公共图书馆总分馆建设的法律保障:法定建设主体及相关问题》,《图书情报工作》2008 年第 7 期,第 6—11 页。

服务建设主体和管理主体的责任，为实现真正意义上的总分馆制提供法律保障。从法律上明确公共图书馆内部实行行业垂直管理，坚持服务网络“区域单元”合适、合理的原则，建立起分工明确、职责明晰、协作共享的不同层级的图书馆总分馆体系，从而促进公共图书馆事业的进一步发展。

（四）利用社会力量推动公共图书馆事业发展

图书馆属于公益性社会机构，应当主要依靠国家财政支持其建设和日常运转。但是，我国在图书馆学教科书上历来都把“坚持国家办馆和社会办馆相结合”作为图书馆事业建设的原则之一。事实上，世界上很多国家在建设公共图书馆方面都十分注重吸收社会力量的参与。比如，美国图书馆的建设高潮完全可以说是由个人捐赠激起的，卡内基的图书馆捐助活动，掀起了一场有声有色的公共图书馆运动。因此，作为我国经济相对发达的嘉兴市，在建设公共图书馆总分馆体系的过程中，完全可以借鉴国外经验，在坚持政府主导的基础上，补充以社会力量。政府通过制定有针对性的政策措施，鼓励和引导社会组织等参与到公共图书馆服务设施的投资、建设、运营和管理中来。在政府之外，通过事业基金会、企业参与、志愿者活动等多种形式，培育一个多方主体参与的公共图书馆服务供给市场，提高公共图书馆服务供给的质量与效率，促进公共图书馆服务供给主体的多元化。

群众自发性文艺团队的发展现状与政策建议

□ 刘江宏　袁锦贵

为了掌握当前群众自发性文艺团队发展现状，课题组于 2011 年 1 月至 5 月对浙江省嘉兴市五县（市）两区的群众自发性文艺团队情况进行了摸底调研，分别针对文化局、文化团队、普通群众三类对象。其中，嘉兴市群众自发性文艺团队发展情况调查问卷（普通群众），发放了 900 份，有效回收 815 份，回收率为 90.5%；嘉兴市群众自发性文艺团队发展情况调查问卷（团队负责人），发放了 900 份，有效回收 798 份，回收率 88.67%；嘉兴市群众自发性文艺团队发展情况调查问卷（文化局），发放 7 份，有效回收 6 份（海宁市文化局除外），回收率 85.7%。

一、当前嘉兴市群众自发性文艺团队发展现状

从调研中发现，嘉兴市大多数县市区的群众自发性文艺团队发展情况均表现出数量多、规模大、类型丰富而又相对集中的特点。

（一）数量多

从表 1 可以看出，嘉兴五县（市）两区的群众自发性文艺团队数量较多，按照 2010 年嘉兴全市户籍人口测算，每 1 万人中有 3.62 个团队（海宁市的团队数据没有统计），如果加上海宁市的团队数量，估计应该在 4 个/万人左右。

（二）规模大

从表 2 和图 1 可以看出，嘉兴五县（市）两区的群众自发性文艺团队固定成员人数在 50 人以上的比例达到 8.02%，固定成员人数达到 20 人以上的比例有 43.48%，如果加上非固定成员人数，应该有接近 50% 的团队成员数量在 20 人以上，大型的团队或许超过 100 人。这说明嘉兴的群众自发性文艺团队已经达

到一定的规模和水平。

(三)类型丰富而又相对集中

从图 2 可以看出,嘉兴的群众自发性文艺团队从表演内容上来说很丰富,共有接近 10 个类型(其中,“其他”类从调查来看,包含文学创作队、宣传队等)。但统计发现,排在第一位的体育健身类和排在第二位的大众歌舞类占据了表演内容的绝大部分,总和达到了 72.3%,远远多于其他类型的表演内容。说明嘉兴经济发展达到一定程度之后,嘉兴市民对健身非常重视,而且由于政府的倡导和“歌城”的创建,传统的大众歌舞仍然在群众生活中占据着重要的地位,对老百姓的精神生活影响仍然起着非常重要的作用。值得注意的是,嘉兴群众性文艺团队中有 13%的团队是表演民俗和进行非遗传承的,从中也可以看出嘉兴创建国家历史文化名城的带动作用以及嘉兴老百姓对文化传承的重视。

表 1　嘉兴市群众自发性文艺团队发展综合情况

序号	所属县(市、区)	群众自发性文艺团队数量		群众自发性文艺团队占所有文化性团队数量的比重(%)	文艺团队表演内容或活动方式								发展较好的群众自发性文艺团队数量
		营利类	非营利类		大众歌舞类	体育健身类	戏曲曲艺类	民俗表演类	技艺表演类	非遗传承类	琴棋书画类	其他	
1	南湖区	2	432	76.2	143	191	21	35	6	12	20	6	20
2	秀洲区	0	117	46.4	60	43	2	6	1	0	5		4
3	桐乡市	0	207	82.2	45	92	12	9	6	25	15	3	23
4	平湖市	1	66	36.2	33	17	3	3	0	1	10		8
5	海盐县	0	135	96.1	52	45	4	5	0	9	20		7
6	嘉善县	0	277	64.5	55	120	22	44	7	13	14	2	20
7	海宁市	调查数据错乱,无法采用											
	总计	3	1234	66.9	388	508	64	102	20	60	84	11	82

表 2　参加调查的 798 个嘉兴市群众自发性文艺团队规模综合情况

团队类型	5～10人	11～15人	16～20人	21～30人	31～40人	41～50人	50人以上
固定成员中达到一定人数的团队数量(个)	122	151	168	148	81	54	64
非固定成员中达到一定人数的团队数量(个)	141	88	34	12	11	10	4
非固定成员中经常参加活动人数达到一定人数的团队数量(个)	87	70	80	35	13	7	8

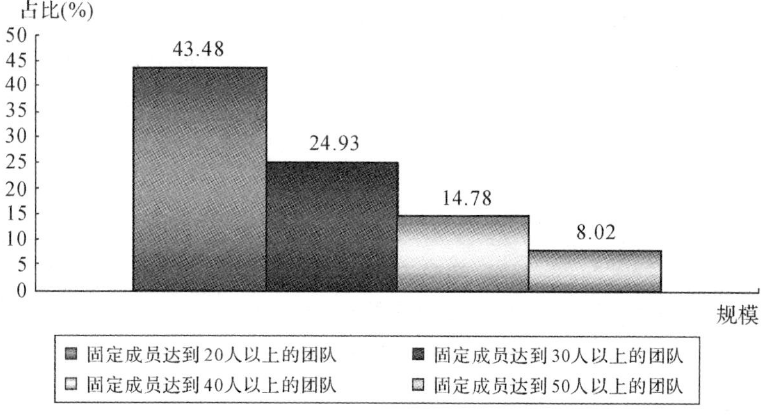

图1 参加调查的798个嘉兴市群众自发性文艺团队规模情况

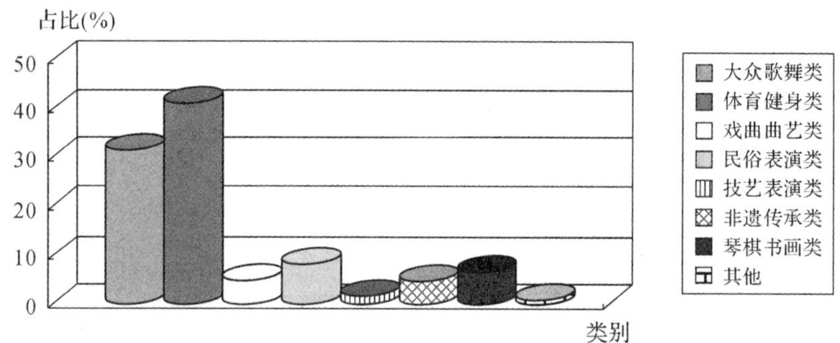

图2 嘉兴市群众自发性文艺团队类别情况

二、群众自发性文艺团队的内部运行机制及外部影响因素

(一)团队内部运行基本状况

嘉兴市群众自发性文艺团队发展情况调查问卷(团队负责人)的8—12题、19—22题涉及团队内部的结构和运行机制。

1.从团队成立的情况来看,体现出应有的自发性

这主要表现在三个方面:一是团队负责人绝大部分是长期以来自然形成的领头人,或团队活动的组织者,或团队的创建者,或是团队具有一定号召力的人,政府主管部门任命的负责人所占比例不大。二是团队成立的出发点方面,

兴趣爱好和自娱自乐占了绝大多数,而且大多数都是非营利性的。三是从团队成立的背景来看,选择“已经有一定的基础”、“自己有这方面的愿望”、“群众有这方面的需求”三个选项都在50%左右,而政府主导下成立的团队仅26%。从这些信息综合来看,嘉兴群众自发性文艺团队在“自发性”特征方面表现得是较为充分的,发展的基础是较为厚实的。具体情况见图3至图5。

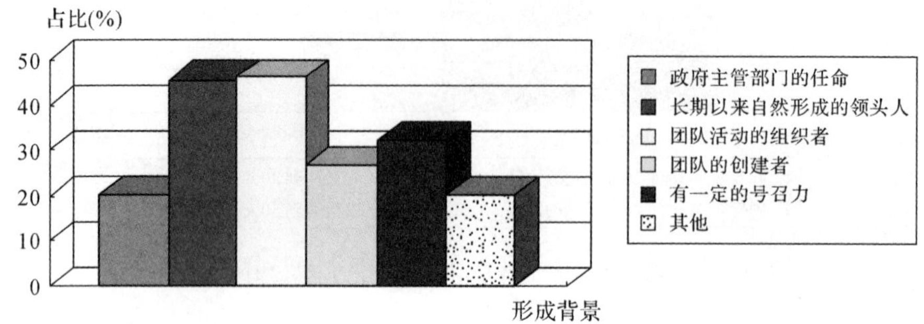

图3　参加调查的798个嘉兴市群众自发性文艺团队负责人形成背景

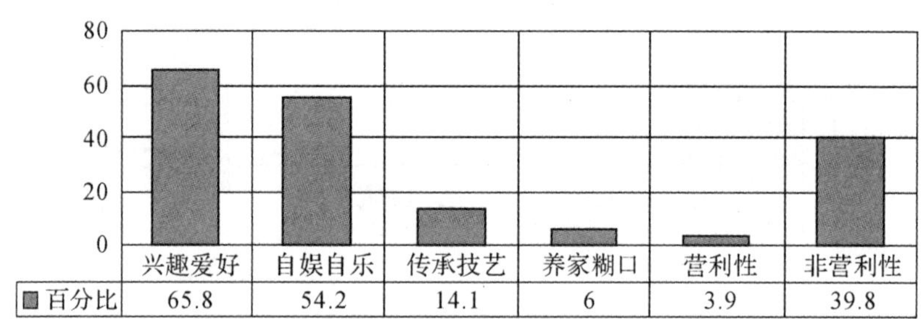

图4　参加调查的798个嘉兴市群众自发性文艺团队成立的出发点

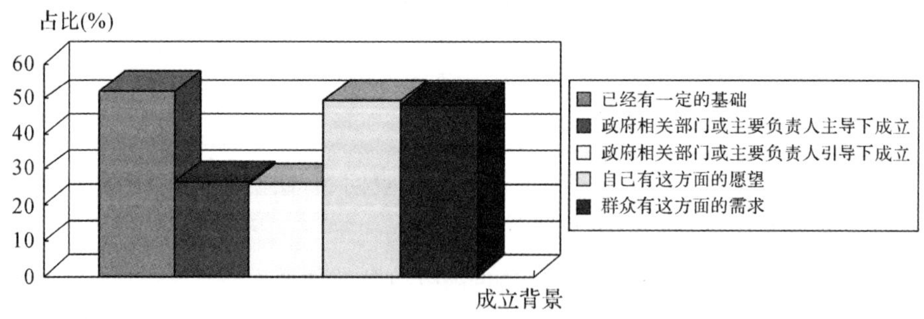

图5　参加调查的798个嘉兴市群众自发性文艺团队成立背景

2. 从团队内部组织结构来看，体现出较高的发展水平

这主要表现在团队固定成员都有基本的职责划分或有一定的内部职责划分的团队数量占比达到了 66.8%，而职责划分是团队趋于成熟并达到一定发展规模和发展水平的标志。

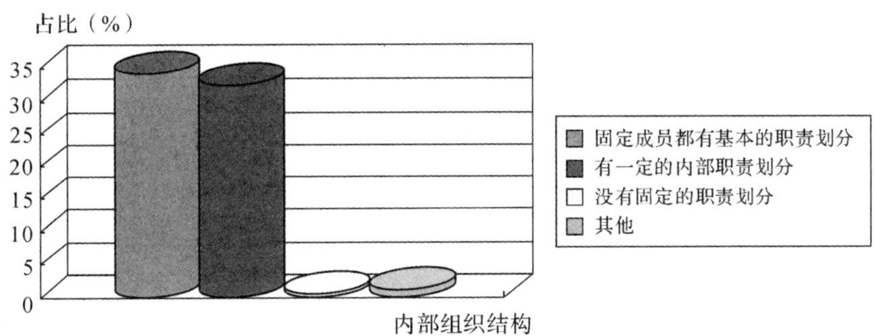

图 6　参加调查的 798 个嘉兴市群众自发性文艺团队内部组织结构

3. 从团队的运行情况来看，生存与后续发展面临一些困难和挑战，同时也面临一些发展机遇

(1)从图 7 可以看出，80%以上团队的活动资金为自筹或大部分自筹，其中有 47.9%的团队每年自筹经费投入团队建设的经费在 3000 元之内，平均就是每月 250 元，按照团队平均 10～20 人左右的规模，平均投入为 12～25 元/人。而就是这微薄的投入，还有 50%左右的团队是来源于团队成员的凑份子或家中工资等固定收入的倒贴，这对团队活动的频率和地域限制是相当大的。这从对第 23 题“您团队目前面临的主要困难”回答中得到了证实，其中选择“资金不足”的团队达到 72.8%，说明资金投入短缺确实是当前影响团队发展的普遍性问题和急需解决的人问题。

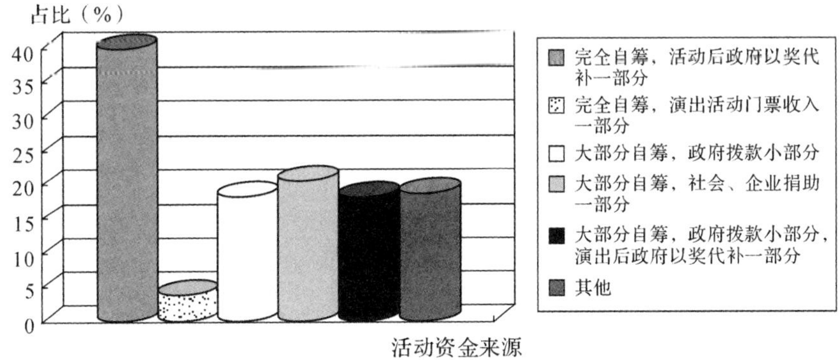

图 7　参加调查的 798 个嘉兴市群众自发性文艺团队活动资金来源

(2)从图8可以看出,团队的活动时机目前在很大程度上还是依赖于政府部门的安排或邀请,两者占比达到了79.8%。同时,我们也注意到选择属于或接近市场行为的“参加政府主管部门的招标”、“群众在政府主管部门的菜单下单”、“群众邀请”和“根据自己对群众需求的调查或了解主动安排”四项总和也达到了87%,这也反映出嘉兴自发性文艺团队正在逐步摆脱对政府主管部门的依赖,向市场化转化的趋势日益明显,正处于从依赖政府逐步转向市场的过渡时期。在这个阶段,急需政府有关部门对团队“扶上马再送一程”,继续出台一些鼓励政策,继续给团队以宽松的市场化环境。

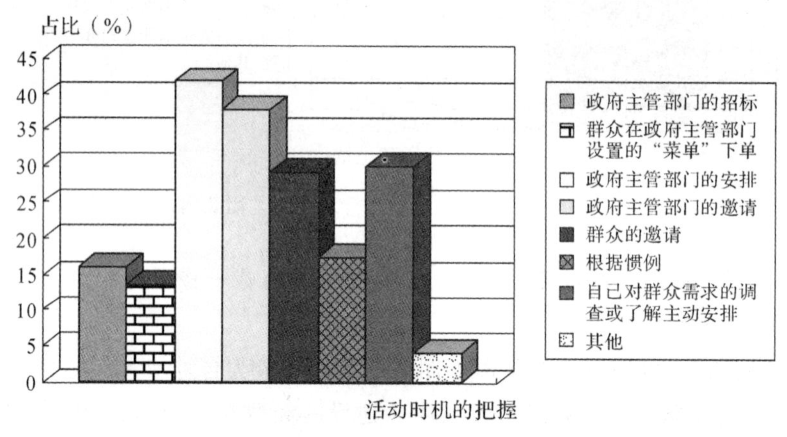

图8 参加调查的798个嘉兴市群众自发性文艺团队活动时机的把握

(3)从图9可以看出,嘉兴群众自发性文艺团队在内容上的自创性有所加强,但创新性仍显不足。首先,选择“老一辈的口耳相传”、“政府主管部门相应辅导人员的传授”和“团队人员培训学来的”三项的团队占比仍然达到71.9%,说明目前团队表演内容上还是以继承和学习他人为主。其次,选择“团队专门人员的创作”的团队占比31.4%,说明团队内部的创新意识有所增强,创新力有所提高。再次,选择“购买其他人(非团队成员)的专业创作”和“与专业创作人员合作”两项的团队占比22.7%,说明团队的市场化意识正在逐步增强,市场化改革已经具备一定的基础。如果加上“团队专门人员的创作”一项,选择三项的团队总量达到54.1%,充分表明团队创新表演内容的意识和要求非常强烈。综合起来判断,嘉兴群众自发性文艺团队处于较好的发展状态,整体发展水平较好。

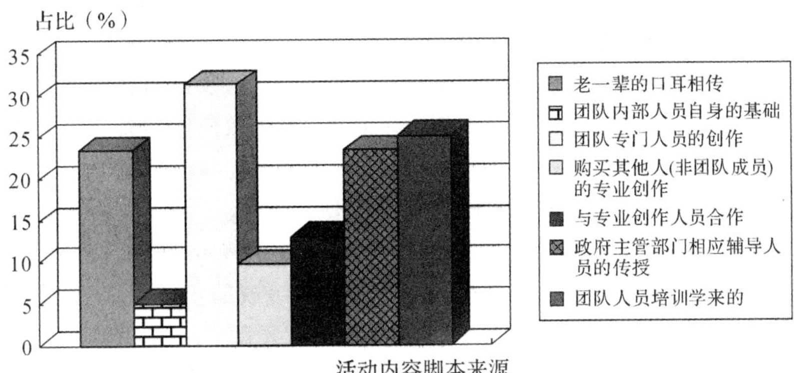

图 9 参加调查的 798 个嘉兴市群众自发性文艺团队活动内容脚本来源

(4)从图 10、图 11 可以看出，嘉兴群众自发性文艺团队因为如资金短缺等种种因素，走出去的能力仍然薄弱，在演出设施、演出场地方面仍需政府部门大力支持。在图 10 中，团队演出的地域范围由小到大呈现明显的阶梯下降趋势，

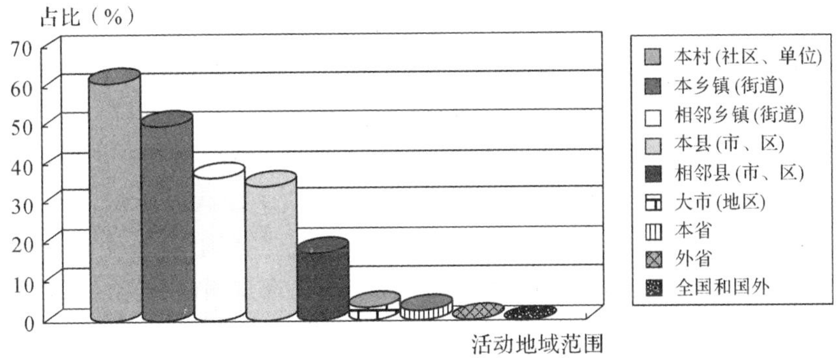

图 10 参加调查的 798 个嘉兴市群众自发性文艺团队活动地域范围

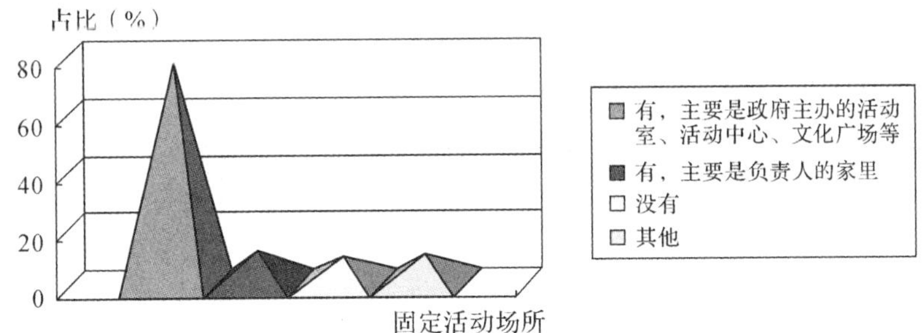

图 11 参加调查的 798 个嘉兴市群众自发性文艺团队固定活动场所情况

表明团队后续发展的后劲比较欠缺，主要表现在与其他团队竞争的能力较弱，与兄弟团队相互交流学习的机会较少方面。在图11中，高达80%的团队选择利用政府主办的活动室、活动中心、文化广场进行表演，少部分团队选择在团队负责人的家里进行表演或者没有固定活动场所，表明政府需要加大文化公共设施和场地的建设与调度安排。现阶段来说，文化基础设施建设仍然需要加强，政府部门在各个文化团队之间的协调非常重要。

美国著名的管理学教授、世界组织行为学权威专家斯蒂芬·罗宾斯认为，团队是指为实现某一目标而由相互协作的个体所组成的正式群体，按照团队组织结构的松紧程度可以分为紧密型团队与松散型团队。一支团队一般应具备以下六个基本特征：①明确的目标。团队的每个成员可以有不同的目的、不同的个性，但作为一个整体，必须有共同的奋斗目标。②清晰的角色。有效团队的成员必须在清楚的组织架构中有清晰的角色定位和分工，团队成员应清楚了解自己的定位与责任。③相互的技能。团队成员要具备为实现共同目标的基本技能，并能够有良好的合作。④相互间信任。相互信任是一个成功团队最显著的特征。⑤良好的沟通。团队成员间拥有畅通的信息交流，才会使成员的情感得到交流，才能协调成员的行为，使团队形成凝聚力和战斗力。⑥合适的领导。团队的领导往往起到教练或后盾作用，他们对团队提供指导和支持，而不是企图控制下属。

在本次调查中得到有效数据的798个嘉兴市群众自发性文艺团队中，按照这一标准来评价，总体上判断为：嘉兴群众自发性文艺团队大约有40%的团队勉强符合这一团队标准，算得上是真正的团队，如果考虑到“自发性”这一特征，最多也就50%的团队算得上真正的团队。其中，紧密型团队相对较少，如果以“团队固定成员都有一定的职责划分”作为紧密型团队的必备条件之一，那么紧密型团队最多只有30%左右，大约70%的团队都属于松散型团队。当然，按照“团队固定成员中有一定的职责划分而言”，其中应该有30%左右的团队正处于由松散型向紧密型逐渐过渡的阶段。

总之，整体而言，嘉兴群众自发性文艺团队虽然整体发展水平较高，但对政府部门的依赖性仍然较强，对政策的敏感度较大。同时，从内部运行机制来看，部分团队市场化取向已经较为明显，市场意识正在逐步增强，已经具备了一定的市场化改革基础，这为下一步从“政府主导”逐渐向“政府引导、市场主导”改革奠定了一定的基础。

(二)影响团队发展的外部影响因素

1.社会需求因素

本次调查中,嘉兴市群众自发性文艺团队发展情况调查问卷(普通群众)一共发放了 900 份,有效回收 815 份。从问卷调查的对象来看,基本上做到了城乡均衡分布和地域均衡分布,其中来自城市的被调查者占 30.6%,来自乡村的被调查者占 34.2%,来自城乡结合部的被调查者占 14.3%,来自小城镇的被调查者占 23%。为了真实反映嘉兴群众自发性文艺团队的社会需求,这里有必要对调查对象的其他特征说明如下:

(1)在年龄结构上:21～40 岁占 43%,41～60 岁占 40%, 61 岁以上的占 14%,20 岁以下占 3%,即调查的对象集中在 21～60 岁之间,两者之和为 83%。

(2)在性别结构上,女性占 65%,男性占 35%,男女比例基本上在1∶2。

(3)在文化程度上,大学及以上占 36%,高中占 32%,初中占 22%,小学及以下占 10%。其中,高中以上文化程度占 68%。

(4)在职业或单位性质上,机关事业单位占 23%,企业工人占 25%,农民占 15%,自由职业者占 9%,其他职业占 23%,未就业者占 5%。其中,机关企事业单位占 48%。

总之,从以上信息来看,本次调查对象的年龄层次集中在 21～60 岁之间的工作阶段,文化层次较高,职业性质覆盖了大多数领域,虽然在性别上女性比例较大,但整体而言调查对象的代表性较强,无论是在社会经历、信息了解还是在表达个人意愿方面都具有充分的代表性。在此前提下,我们再来分析嘉兴群众性文艺团队的社会需求因素。

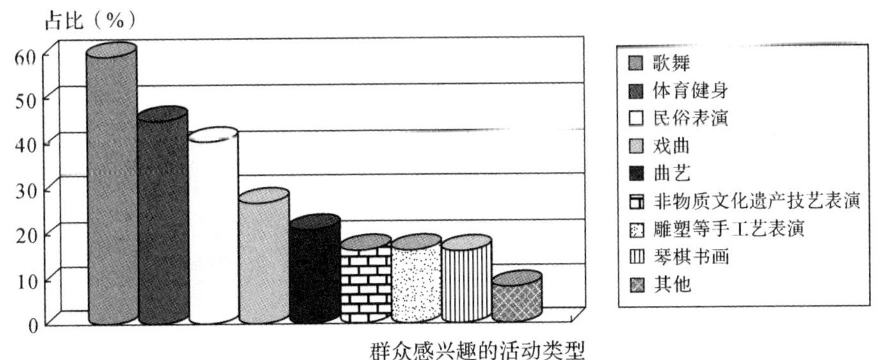

图 12 参加调查的群众感兴趣的文化演艺或健身活动类型

图 13　参加调查的群众所在社区或村现有群众自发性文艺团队类型

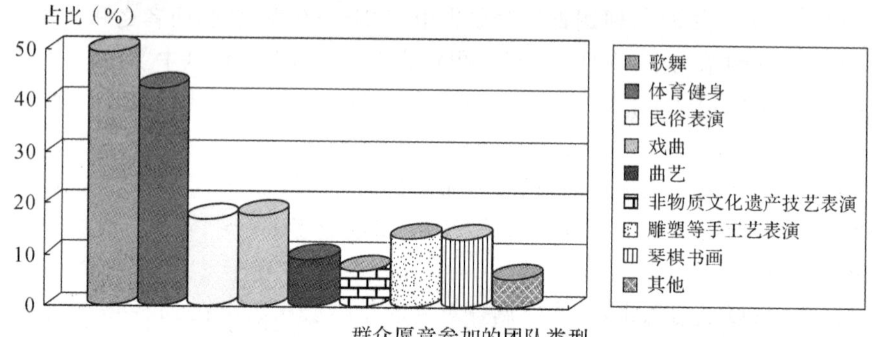

图 14　参加调查的群众愿意参加的群众自发性文艺团队类型

比较分析图 12 至图 14 可知，参加调查的群众感兴趣的文化演艺或健身活动类型、所在社区或村现有的群众自发性文艺团队类型和他们自身愿意参加的群众自发性文艺团队类型在基本面上是一致的，其中排在前四位的分别是：歌舞、体育健身、民俗表演、戏曲，歌舞和体育健身类更可以说是供需两旺。这一结果与前述图 2 大同小异。因此，我们认为歌舞、体育健身、民俗表演、戏曲四大类是当前嘉兴市社会需求最大，同时也是供应最多的群众自发性文艺团队类型。从这个意义上说，嘉兴群众自发性文艺团队体现出鲜明的供求基本平衡的特点，也在一定程度上反映出嘉兴群众自发性文艺团队深深扎根于群众、真实反映群众意愿的特点。这就使得嘉兴群众自发性文艺团队发展具有了非常深厚的社会基础和群众基础。

这一点在其他调研数据中也可以得到佐证。如在第 12 题中，有 72%的群众回答其所在社区或村有群众自发性文艺团队，可见团队分布地域非常广泛而普遍；在第 14 题中，有 43%的群众回答喜欢他们看过的群众自发性文艺团队的表演，有 37%的回答是部分喜欢，两者加起来总和占 81%，而明确回答不喜欢或说不上来的仅 11%，表明当前的群众自发性文艺团队表演内容和表演形式是得到群众的普遍认可和广受欢迎的。

2. 政府政策因素

如前所述，资金投入的短缺是目前嘉兴群众自发性文艺团队面临的最大挑战，也是急需解决的最大的问题。这一问题，也是团队负责人和普通群众的共同心声。

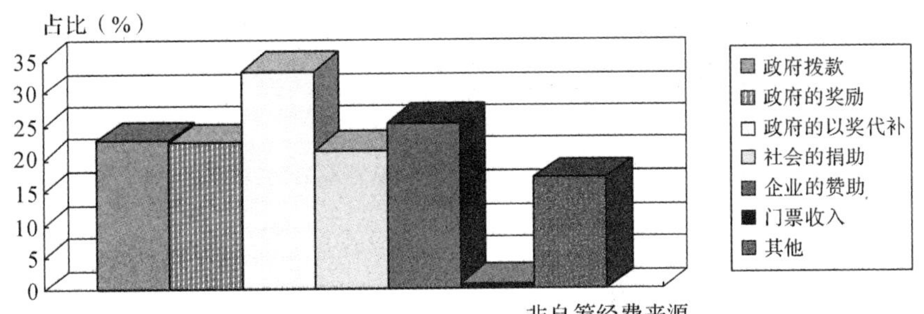

图 15　嘉兴市群众自发性文艺团队非自筹经费来源

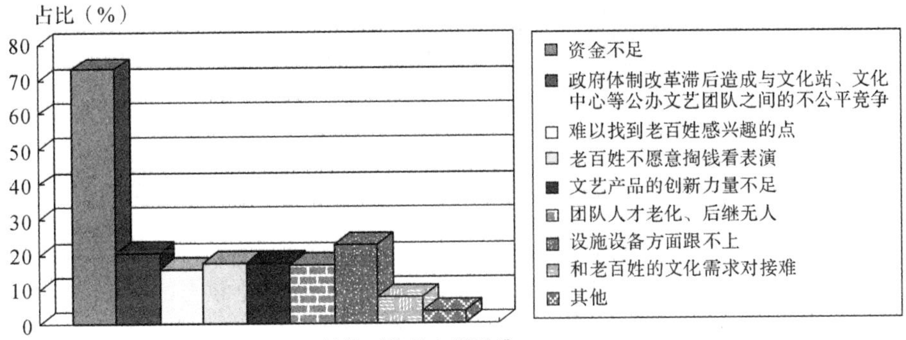

图 16　嘉兴市群众自发性文艺团队目前面临的主要困难

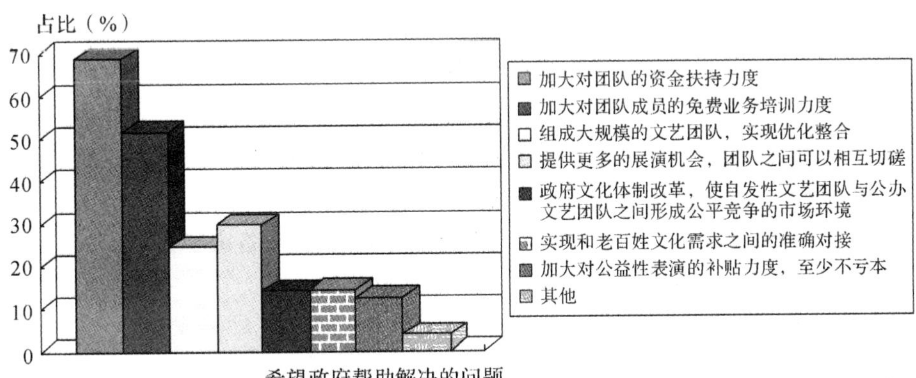

图 17　嘉兴市群众自发性文艺团队希望政府帮助解决的问题

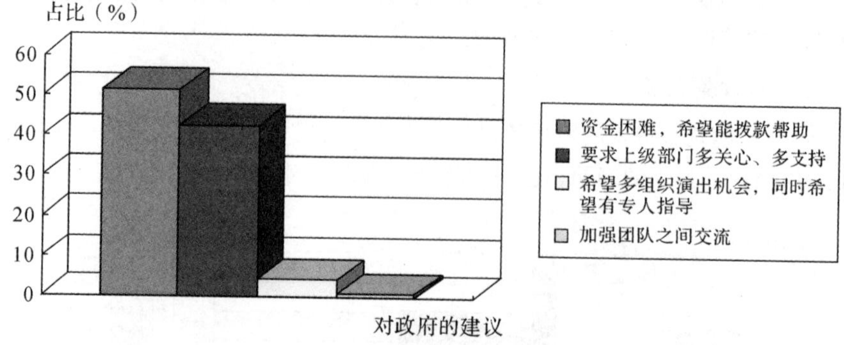

图18　有效回答的嘉兴市群众自发性文艺团队对政府的其他建议(共266份)

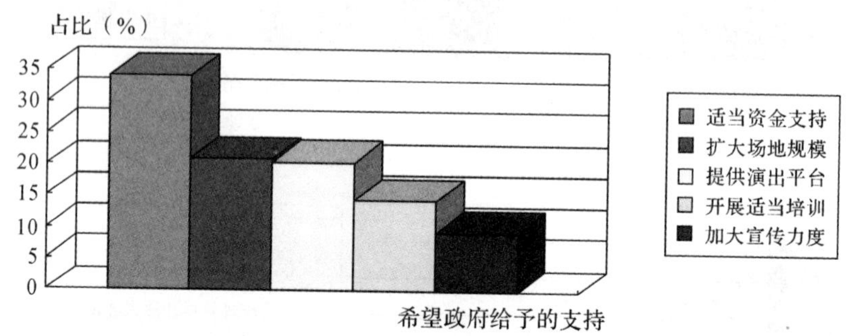

图19　有效回答的群众认为政府应该给予嘉兴市群众自发性文艺团队的支持(共824份)

从图15至图19可知,虽然目前政府在支持群众自发性文艺团队方面出台了部分资金支持政策,如直接拨款、奖励、以奖代补等多种方式,但资金支持的力度太小,对于团队正常的发展来说可谓杯水车薪,所以,扶持的力度大小成为当前影响团队发展的最大政策性因素,加大资金扶持的力度成为绝大部分团队负责人和群众的普遍愿望。

人才问题成为影响团队发展的又一个重大问题,所以在希望政府帮助解决的问题中"加大对团队成员的免费培训力度"成为仅次于资金扶持的又一大愿望。

设施和场地问题也是希望政府能够帮助解决的大问题。在群众认为政府应该给予自发性团队的支持中,"扩大场地规模"成为仅次于希望给予资金支持的第二大问题,在"团队目前面临的主要困难"中"设施设备跟不上"也是仅次于资金短缺的第二大困难。

综合以上分析,我们认为,在嘉兴市群众自发性文艺团队发展的社会需求因素方面,整体上判断是供求基本平衡。当然也存在一些问题,那就是老百姓还没有形成花钱看表演的习惯，不太愿意掏钱看文艺团队演出，这与经济发展水平还没有达到市民对文化具有刚性需求的发展阶段有关。如果考虑到群众自发性文艺团队本身的以非营利性为主和表演具有自娱自乐型为主的特点，这一问题也可以不成为问题。但是，如果从政策方面而言，这恰恰反映了政府部门对自发性文艺团队实施积极主动的资金扶持的重要性。

单就政策的影响因素而言，目前的调研表明，最大的影响因素是资金扶持力度和方式，其次是人才的免费培训机制，再次是场地和设施设备的提供和扩大资助规模问题。另外，如果希望自发性文艺团队走“市场化为主，政府引导为辅”的路径的话，积极营造自发性文艺团队和公办文艺团队及其他自发性文艺团队之间同台竞争、相互切磋交流的政策环境和加大对自发性文艺团队的宣传也很重要。

三、基层群众自发性文艺团体面临的现实困境

在调研中，课题组发现基层群众自发性文艺团体发展面临诸多现实困境。

（一）人才资源匮乏使得群众自发性文艺团体创新式发展难以实现

具有较高文艺素养的人才不愿加入、团队人才老化后继无人以及培训的机会较少等因素已成为部分群众自发性文艺团体创新式发展的制约因素。调查发现，本科学历在0%～10%有121个团队；在11%～30%有82个团队；30%～50%有30个；50%以上仅12个。由于专门人才的匮乏，导致文艺表演的内容和形式难以实现创新性发展。比如，在南湖区对部分文艺团队的调研发现，只有21.2%是表演脚本来自于团队专业人员的创作。

（二）组织体系不够清晰使得群众自发性文艺团体的规范化发展难以实现

从外部来看，群众自发性文艺团体的在这个社会组织体系中的归属难以明确，政府相关的文化部门可以管，当地的镇村也要管，甚至一些政府部门如公安等也要管，导致整个组织体系较为混乱。而且，如何对其组织行为和业务进行管理和指导，也比较混乱，没有统一规范的制度，管多了，成为政府主导的文艺团体，体现不出“自发性”；管少了，导致其发展难以规范、持续。

（三）制度保障不力、政策环境不明使得群众自发性文艺团体的科学化发展难以实现

从总体上看，目前还缺少真正用来规范、扶持群众自发性文艺团体的专门

制度，导致当前整个关于群众自发性文艺团体发展中涉及的组织性质、组织功能定位、人才保障、扶持等政策环境不明。在基层调研中，专门规范群众自发性文艺团体发展的制度没有，只是一些地方在其他政策文件中涉及群众自发性文艺团体的部分规定，如《平湖市业余文体团队考核补助办法（试行）》、《关于调整海盐县新农村文化建设九项工程目标任务和保障措施的通知》、《关于加强全县基层文化阵地建设推进城乡文化一体化的实施意见》、《嘉善县基层文化阵地建设与管理办法（试行）》、《嘉善县基层文化阵地管理考核办法（试行）》、《嘉善县文化大发展大繁荣实施意见》等，但这些政策有的刚刚颁布，实施效果现在不明，有些政策稳定性、执行性也有待观察。总之，制度保障不力和政策不明导致群众性自发性文艺团体科学化、规范化发展难以实现。

（四）财力扶持不足使得群众自发性文艺团体的稳定化发展难以实现

稳定的财力支持是群众自发性文艺团体持续发展的物质基础。但是，从调查的情况看，各群众自发性文艺团队基本没有活动的固定经费，经费大部分自筹，来源紧张。海宁市的调查结果显示，其中社会、企业捐助一部分，大部分自筹的队伍占队伍总数的39.7%；大部分自筹，政府拨款小部分，演出活动后政府以奖代补一部分的占35%；政府拨款小部分，自筹大部分的占11.5%；完全自筹，演出活动后政府以奖代补一部分的占10.8%；其他形式的占3%。财政扶持比例较小，自筹经费不稳定，导致群众自发性文艺团体的稳定化发展难以实现。

（五）舆论宣传不多、群众参与不够使得群众自发性文艺团体的持续化发展难以实现

舆论宣传与引导是让群众了解、接受并最终选择参与的重要渠道。但是，当前媒体对基层群众自发性文艺团体的活动宣传报道并不多，使得群众对群众自发性文艺团体的相关信息了解较少。比如在海盐县的95份问卷调查，当问到“您觉得目前的文化展演活动，哪些方面令您不满意？（可多选）”，选择“活动信息很难及时了解”占33.1%。可见，由于各种媒体对群众自发性文艺团体相关信息宣传报道较少，而导致群众对群众自发性文艺团体活动信息很难及时了解，已成为一个不满意的重要原因。另外，由于部分群众自发性文艺团队在设施方面落后，文艺产品的创新力量不足，政府体制改革滞后造成与文化站、文化中心等公办文艺团体之间的不公平竞争，表演形式内容等难以找到老百姓感兴趣的点，和老百姓的文化需求对接难等原因，导致群众参与度不高，从而使得群众自发性文艺团体的持续化发展难以实现。

四、群众自发性文艺团队可持续发展的政策建议

(一)团队人才引领政策:保障群众自发性文艺团队创新发展

1. 核心管理类人才培养政策

各类组织间的竞争在于人才的竞争,核心竞争力来自于核心人才。所谓核心人才,即占组织成员10%～20%的,从事核心业务,真正决定组织战略目标发展的人,因此,核心人才又被称为组织的“形象代言人”。在群众自发性文艺团队中,核心管理类人才的决策无疑在决定团队发展目标和发展策略上具有非常重要的作用,甚至在某种程度上决定团队的命运。因此,作为群众自发性文艺团队的领军人物,核心管理类人才的培养显得至关重要。

2. 综合艺技类人才培训政策

除了核心管理类人才外,对群众自发性文艺团队中的专业技艺类人才进行培训也显得非常重要。对综合性技艺人才的培训主要是对口培训和对口交流。在对口培训方面,可以采取政府下派辅导员的形式进行针对性的培训,也可以采取各种人才对口专项集中培训的政策,由相应团队推荐有发展潜力的人员到政府指定培训点进行集中培训。对口交流,一方面可以采取竞技交流的方式,让同样性质的表演团队经常在某一个区域进行集中展演交流活动;另一方面可以采取同样性质的表演团队之间互派技艺人才相互学习的方式。

3. 团队人才激励政策

在对核心管理人才和综合技艺类人才进行培训的同时,还必须考虑对整个团队进行激励。激励的目标是群众自发性文艺团队能够充分发挥应有的功能,积极开展相关的活动,而且积极创新活动开展形式,不断推出新的群众喜闻乐见的内容,最终目标是满足人民群众日益增长的多元化文化精神需要。采取的政策措施是“绩效激励+创新激励”。绩效激励,是指采取绩效管理的方法去激励团队人才脱颖而出。创新激励,是指在绩效激励政策设置中简化绩效激励的指标,使得每个团队人员承担的关键绩效指标数量大幅下降,只针对与人员岗位职责密切相关的工作进行设置指标,进行考核;对与人员岗位职责关系不紧密的工作,不设置考核指标,而是对其进行培训辅导,开展各种演艺竞赛、QC小组、业务创新、管理创新、技艺创新等工作,把对人员和团队管理的关注点部分从绩效考核转移到促进创新合作上。相应的,对绩效的激励也部分转移到对创新的激励上来,将绩效激励的奖励成功、惩罚失败转变为奖励成功、奖励作为和

惩罚不作为上来，给团队人才成长以宽松的氛围。

(二)公共财政扶持政策：保障群众自发性文艺团队长效发展

从调研可以看出，经费不足是当前大多数群众自发性文艺团队发展面临的最大难题，无疑也是所有群众自发性文艺团队最为关注的话题。因此，加大公共财政扶持力度，保障群众自发性文艺团队的长效发展是一个非常关键而急需解决的问题。建议采取的总体思路是"市场为主、政府扶持、社会参与、市场化运作"思路，突破单一的"官办文化"模式，防止财政"越位"；但另一方面，也要防止财政"缺位"。

1.制定公共财政稳定来源与合理增长政策

按照"增长优先，兼顾公平与稳定"的原则，在制定群众自发性文艺团队的公共财政扶持政策时，首先要考虑的就是制定公共财政稳定来源与合理增长政策。

2.公共财政扶持的区别化原则

在公共财政扶持时，应该避免"撒胡椒面"的做法，在整体上扶持群众自发性文艺团队的同时，采取有重点、有差别的扶持政策。一方面，为了保障内容健康、老百姓喜闻乐见的群众自发性文艺团队基本的生存需要，不使其因为经费问题而消亡，政府有关部门应该在核算成本的基础上，给予团队普遍性的基础扶持资金，给予基本的活动经费。另一方面，又要相对集中财力，用于重点支持和保障最急需提供公共财政扶持的群众自发性文艺团队建设，如非物质文化遗产技艺表演，有很强的群众基础但仅仅因为经费不足难以快速发展的团队，以及与城市文化形象紧密结合并受到群众欢迎的团队。

3.鼓励公共财政扶持的机制创新

当前，就群众自发性文艺团队的公共财政扶持机制来说，大多数地区采取了"以奖代补"的投入机制。应该说，"以奖代补"在一定程度上克服了以前公共财政直接拨款的弊端，加强了群众自发性文艺团队的绩效考核力度，有助于提高财政资金的使用效益。但是，当前的"以奖代补"政策也存在一定的问题，主要是完全以"以奖代补"来代替原来的财政直补，造成对较好发展基础的团队锦上添花，对发展基础相对薄弱的团队没有雪中送炭，反而是雪上加霜。建议在积极稳妥实施"以奖代补"政策的同时实施"项目立项"机制，每年拨出部分专项资金专门用于资助群众自发性文艺团队建设，可以考虑以项目申报的方式进行立项资助。另外，建议充分吸取公共文化服务领域较为成熟的政府购买服务的方式对群众自发性文艺团队进行资金投入。

4. 强化公共财政使用的绩效评估

对于公共财政的使用绩效要强化评估，但评估方式上要注意群众自发性文艺团队作为公共文化产品的特殊性，强化过程评估，相对弱化结果评估。而过程评估的重点是财政投入的杠杆效应和社会效益。

(三)外部环境优化政策：保障群众自发性文艺团队协调发展

从当前的实际情况来看，影响群众自发性文艺团队生存和发展的外部环境主要有五点：一是外部资金的进入与投入；二是与政府主导的文艺团队的公平竞争与交流；三是文艺市场供求信息的不对称；四是活动场地的协调；五是社会环境的影响。要改善群众自发性文艺团队生存与发展的外部环境，保障团队的协调发展，必须对以上五点进行政策性制定和制度性优化。

1. 强化政策导向功能，引导社会力量参与扶持与建设

建议政府在加大公共财政投入保障政策制定的同时出台配套政策，通过政策导向，引导社会力量参与群众自发性文艺团队的扶持与建设。因为，在当前情况下，由于受体制机制的限制和政府财力的制约，大幅度提高群众自发性文艺团队的公共财政支持力度基本上是不现实的。这些社会力量包括政府主导的文艺团队、民间组织、民营资本等。其中，与政府主导的文艺团队市场化改革相结合，通过政策的引领促使这些专业的文艺团队能够在某种程度上下沉，或者对区域内的群众自发性文艺团队给予专业技艺上的指导，或者从群众自发性文艺团队草根文化中吸取养料，或者到群众自发性文艺团队挂职，提升其管理水平，帮助一些有较好基础的群众自发性文艺团队逐步走向成熟。对于民间组织、民营资本投入群众自发性文艺团队的资金，建议参照企业办教育的优惠方式进行税收减免、信贷优惠等，提升其参与和扶持群众自发性文艺团队建设的积极性。

2. 构建信息互动平台，共享文艺市场供求信息

当前，文艺表演信息不对称和供需对接难成为困扰演出市场的一大难题，群众自发性文艺团队演出市场更是如此。信息化，成为群众自发性文艺团队生存和发展的重要支撑。建议采用信息卡技术，构建互动信息平台，为政府部门、文艺表演团队或个人提供信息搜索、信息发布、信息互动等融为一体的信息服务模式，在信息互动中，建议采取菜单式实时更新模式，加强文化配送服务的研究和试验，使群众自发性文艺团队与需求对象之间实现供与求的无缝对接，以加强团队与群众的互动性，提高团队黏性和竞争力。

3. 创新团队活动载体，引导群众自发性文艺团队参与市场合作与适度竞争

当前，制约群众自发性文艺团队生存和发展的另一个因素是缺乏团队之间

的交流和合作。在引导群众自发性文艺团队参与市场合作方面，可以出台相关政策鼓励团队之间的联合演出、联合编剧、联合创新、互派挂职锻炼人员等，以实现团队之间的合作互补。还可以鼓励文艺演出市场中介组织和专业性服装道具市场的建设，通过这些中介市场和专业性市场的构建，优化群众自发性文艺团队的生存空间和发展后劲。在引导群众自发性文艺团队适度竞争方面，可以采取适度竞演，组织较大规模的展演，将政府公共财政的拨付与演出场次、演出效果挂钩等方式促进团队适当参与市场竞争，提高团队的市场竞争力。

4.建立跨区域协调机制，扩大群众自发性文艺团队生存空间

在群众自发性文艺团队的发展过程中，打破区域限制，使团队走向更为广阔的发展空间是群众自发性文艺团队做大做强的必由之路。

但是，在当前的行政区划条块分割情况下，作为地域性、基层性、草根性很强的群众自发性文艺团队要走向外区域发展并非易事。因此，政府相关部门需要建立跨区域的协调机制，积极实施群众自发性文艺团队“走出去”战略，把“请进来”与“走出去”相结合，引导群众自发性文艺团队增加交流机会，提高其市场竞争力。

5.规范文艺市场行为，净化群众自发性文艺团队生存环境

客观而论，在当前社会的转型时期，人们的思想观念、价值观念表现出多元而混乱的特点，各种庸俗的表演冲击着原本纯净的文艺市场，过度的娱乐化、庸俗化给老百姓的身心健康带来了伤害，也污染了社会风气。建议文化部门联合工商、城管、公安等部门加大文艺市场的检查、巡查力度，建立文艺表演备案审查制度，对扰乱社会秩序、败坏社会风气的表演行为坚决予以取缔。同时，加大力度培育健康的群众喜闻乐见的群众性文艺活动，引导群众的文化消费行为，充实人们的闲暇时间，提高人们的欣赏水平，从源头上消除一切庸俗、低俗表演的生存空间。

（四）科学考核评价制度：保障群众自发性文艺团队健康发展

对于群众自发性文艺团队而言，构建一套具有针对性的科学考核评价制度至关重要。

1.以团队成员认同感和社会群众满意度为重点，制度性界定考核评价的主体和客体

我们建议在构建群众自发性文艺团队的考评制度时，要大大增加民意考量的比重和“社会评价”的内容，以团队成员认同感和社会群众满意度为重点，尊重民意，并以民意作为考评制度是否科学的评判标准。在考评的主体上，针对

当前群众自发性文艺团队的现实情况，我们建议以社区、村镇等基层自治组织群众代表组成考评团，成员由社区干部组织群众推荐或选举，淡化文化部门的行政化考评和管理功能。在考评的客体上，建议不以群众自发性文艺团队的经济效益作为考核客体，仅考评其社会效益，具体指标为表演场次、频率、群众参与度、群众满意度等。

2.以科学性和可操作性为目标，系统构建分层分类考评制度

在构建群众自发性文艺团队考评体系时，除了考虑科学性之外，还需要充分考虑其可操作性。由于各个地方经济、政治、文化情况的差异，以及群众自发性文艺团队发展情况的不同，我们在构建群众自发性文艺团队的考评制度时切不可照搬其他地区的经验，必须因地制宜，充分调研，根据不同类型、不同发展层次的团队，系统构建团队分层分类考评制度，切不可一刀切。

3.以考核的公信力和实效性为核心，科学建立考核评价结果综合运用制度

一方面，我们要有科学的考评人员选拔机制，如前所述，要尽量避免由文化行政管理部门直接进行考评；另一方面，在制定考评体系的同时，要确保考评过程的公正性和考评结果的公信力。这就需要加大考评过程的透明度和考评结果的公示力度。把考评人员、考评过程和结果都置于群众的阳光监督之下。此外，在改革完善群众自发性文艺团队考评制度的同时，还要特别注重机制创新和结果运用。在考评结果的综合运用上，建议将考评结果与公共财政的拨付挂钩。而且，根据考评结果建立配套的群众自发性文艺团队分级分类制度以及升级、降级制度。还可以将群众自发性文艺团队建设“项目申报”与考评结果挂钩，对于考评结果优秀的可以适当增加建设“项目”，考评不好的适当减少甚至停止建设“项目”，而建设“项目”与群众自发性文艺团队建设资金投入和培训力度相关联。要本着科学严谨的态度和实事求是的作风，根据考评实际情况和试行效果充分吸收符合群众性文艺团队发展规律和时代需要的考评因素，坚决取消不科学、不合理的考评指标，并合理拓展考评范围，做到客观、全面地反映群众自发性文艺团队的发展质量和社会效益。

（五）组织运行规范制度：保障群众自发性文艺团队稳定发展

群众自发性文艺团队的扶持和建设始终离不开组织运行的规范，这是保障群众自发性文艺团队稳定发展的前提。

1.建立政府对群众自发性文艺团队的管理服务制度体系

群众自发性文艺团队的扶持和建设必须明确建立相应的政府管理服务制度体系，做到各部门分工合作、协调有序、职责明确。首先，制度性界定政府主

管部门。我们建议群众自发性文艺团队的政府主管部门设在文化部社会文化司，统一归口管理群众自发性文艺团队的扶持与建设，国家宣传部文化事业处、财政部、民政部民间组织管理局、人力资源与社会保障部协助管理和服务。其次，规范化建立制度管理体系。建议制定相关制度，要求所有群众自发性文艺团队都必须到文化部社会文化司所属地方行政管理部门和民政局民间组织管理局进行双重备案，较大型的演出也必须提前备案；达到社会组织构成条件的还必须同时到民政部民间组织管理局下属相关行政管理部门进行登记。至于备案和登记的方式，为了方便群众，建议文化部和民政部统一建立群众自发性文艺团队网络在线备案和登记审查制度，最好是建立一个全国性的融合群众自发性文艺团队和政府主导的文艺团队演艺信息的综合性信息互动网站，把政府管理部门的备案、登记、团队的演艺信息和群众的需求信息统一放置和搜索，甚至团队考核过程和结果等都在网站公示，打造全国统一的综合性演艺信息互动一站式网络平台。第三，科学化建立跨部门工作协调机制。多个部门协调工作，必然涉及跨部门工作协调问题。为了避免多头管理、重复管理和出现问题相互推诿，建议在部门之间职责划分清晰的前提下制定跨部门工作协调机制，统一协调各部门的工作。这个协调，包括与当地政府和基层自治组织的组织协调，与公安、民政等部门的工作协调，与新闻媒体的沟通协调等。

2.指导群众自发性文艺团队自身组织规范化建设

除了建立政府对群众自发性文艺团队的管理服务制度体系之外，政府还应该积极指导群众自发性文艺团队进行自身组织的规范化建设，促使其顺利成长。首先，组织体系的规范化构建。根据群体发展理论，一般群体的发展要经历四个阶段：形成期、冲撞期、规范期、运转期。根据调研，当前大多数群众自发性文艺团队还处于形成期和冲撞期，少数具有规范期的部分特点，极少数处于运转期。因此，大量的团队需要政府部门提供帮助，使其缩短冲撞期，尽快进入规范期。其次，组织行为的制度性约束。成熟的团队组织行为上应该是有一套制度性的约束机制，领导的“作用”降低，集体的“决策”成为主流，而且团队依靠自身形成的“规律”有条不紊地运转，而不是依赖领导的个人意志运转。第三，组织发展的科学化引导。成熟的团队应该成为学习型的组织，全体成员在团队中可以得到学习和提高。在组织发展的目标上，有全体成员共同参与制定的科学决策过程；在组织发展的关键性、阶段性环节和重大问题上能够通过充分的讨论形成一致意见，以保障组织发展的科学化。

后　记

《2012年嘉兴经济社会发展蓝皮书》是第一部全面描写嘉兴市经济社会发展概况的报告，各级领导和部门高度重视并给予了大力支持。本书的顺利出版使我们感到了莫大的欣慰，今后我们将更加努力地推进这项工作。

本书是中共嘉兴市委党校课题组集体劳动的成果，课题组成员付出了大量艰辛的劳动。市委副书记冯志礼十分重视本书的撰写质量，亲自过问并查看相关内容，强调蓝皮书要反映嘉兴市情的实际，当好决策参谋，并将其作为提高市委党校教学与科研水平的重要途径。

在本书的编写过程中，始终得到了市委、市政府有关领导及相关部门的指导和支持，调研过程中各个部门给予了大力帮助，使得课题组能够获得第一手资料，后期的编辑中也给予了大量的意见，保证了本书的撰写质量。在此，谨对所有支持和帮助本书撰写的各位领导和同志表示衷心的感谢！

本书是嘉兴市发行出版的第一部蓝皮书，是一项崭新的工作，由于缺乏经验和自身能力有限，难免存在一些疏漏之处，衷心希望有关专家和广大读者提出宝贵意见。

编　者

2012年4月

图书在版编目（CIP）数据

2012年嘉兴经济社会发展蓝皮书 / 陈新友主编．—杭州：浙江大学出版社，2012.6
ISBN 978-7-308-09988-2

Ⅰ．①2… Ⅱ．①陈… Ⅲ．①区域经济发展—白皮书—嘉兴市—2012②社会发展—白皮书—嘉兴市—2012 Ⅳ．①F127.553

中国版本图书馆CIP数据核字（2012）第116225号

2012年嘉兴经济社会发展蓝皮书

陈新友 主编

责任编辑 田 华
封面设计 刘依群
出版发行 浙江大学出版社
（杭州市天目山路148号 邮政编码310007）
（网址：http://www.zjupress.com）
排　　版 杭州中大图文设计有限公司
印　　刷 杭州日报报业集团盛元印务有限公司
开　　本 710mm×1000mm 1/16
印　　张 15.5
字　　数 290千
版 印 次 2012年6月第1版 2012年6月第1次印刷
书　　号 ISBN 978-7-308-09988-2
定　　价 40.00元
